Marc Aurel

Selbstbetrachtungen

SELBST
M·A·R·C
BETRACH
A·U·R·E·L
TUNGEN

Übersetzt und herausgegeben
von Gernot Krapinger

Mit einem Begleittext von
Helmut Schmidt (†)

Reclam

INHALT

SELBSTBETRACHTUNGEN

ANHANG

SELBSTBETRACHTUNGEN

ERSTES BUCH

1
Von meinem Großvater Verus die edle Gesinnung und Gelassenheit.

2
Von den ruhmvollen Berichten über meinen Vater die Bescheidenheit und die männliche Art.

3
Von meiner Mutter die Frömmigkeit, die Freigebigkeit und den Abscheu nicht nur vor bösen Taten, sondern auch bloß vor Gedanken daran; ferner die einfache Lebensweise, weit entfernt von der Lebensart der Reichen.

4
Von meinem Urgroßvater den Umstand, dass ich nicht in öffentliche Schulen gehen musste, gute Hauslehrer hatte und die Erfahrung machte, dass man dafür viel Geld aufwenden muss.

5
Von meinem Erzieher, dass ich weder ein Anhänger der Grünen noch der Blauen, aber auch keiner der Rundschilde oder Langschilde wurde; auch das Ertragen von Mühen und Bedürfnislosigkeit, selbst Hand anzulegen, mich nicht um die Angelegenheiten anderer zu kümmern und auf Verleumdungen nicht zu achten.

6

Von Diognetos den Verzicht auf eitles Streben und dem Gerede der Wundertäter und Zauberer über Beschwörungen, Dämonenaustreibungen und dergleichen nicht zu glauben, nicht Wachtelschlagen zu spielen und ähnlichen Leidenschaften nachzugehen, ein offenes Wort zu ertragen, und dass ich mit der Philosophie vertraut wurde, zuerst Bakchios, dann Tandasis und Markian zu hören, schon als Knabe Dialoge zu verfassen und ein Klappbett mit Fell zu verlangen, und was sonst noch der griechischen Lebensweise entspricht.

7

Von Rusticus die Vorstellung, dass mein Charakter der Verbesserung und Pflege bedürfe und dass ich nicht der Bewunderung der Sophisten verfiel und keine leeren Theorien verfasste, keine Mahnreden hielt oder heuchlerisch den Asketen oder Weltbeglücker spielte; durch ihn blieb mir das geistreiche Reden der Rhetoren und Dichter fremd; ich stolzierte nicht im Philosophenkleid durchs Haus und dergleichen mehr; auch dass ich meine Briefe in schlichter Sprache verfasste wie der, den er meiner Mutter aus Sinuessa schrieb, und mich denen gegenüber, die mich beleidigt und verletzt haben, nachsichtig und versöhnlich zeigte, sobald sie von sich aus bereit waren, ihr Verhalten zu bereuen; und dass ich meine Lektüre mit Sorgfalt betreibe und mich nicht damit begnüge, das Gelesene nur oberflächlich zu erfassen, und den Schwätzern nicht vorschnell zustimme. Schließlich machte er mich noch mit den Aufzeichnungen über Epiktet vertraut, die er mir aus seiner Bibliothek zukommen ließ.

8
Von Apollonios die freie Denkungsart und unbedingte Vorsicht gegenüber dem Zufall, auf nichts anderes Rücksicht zu nehmen, auch nicht für kurze Zeit, als auf die Vernunft und bei heftigen Schmerzen, beim Verlust eines Kindes und bei langer Krankheit stets Gleichmut zu bewahren. Er war mir auch ein anschauliches und lebendiges Beispiel dafür, dass ein und derselbe Mensch sehr energisch und zugleich gelassen sein kann, und er wurde bei der Textauslegung nie unwillig; und so sah ich in ihm einen Menschen, der offenbar seine Erfahrung und Geschicklichkeit beim Vermitteln von Lerninhalten für die geringsten seiner Vorzüge hielt. Auch lernte ich von ihm, wie man die scheinbaren Wohltaten von Freunden hinnehmen muss, ohne sich deswegen zu demütigen oder sie achtlos zu übergehen.

9
Von Sextus das gütige Wesen und das Vorbild eines guten Familienvaters, die Vorstellung von einem naturgemäßen Leben, ungekünstelte Würde, fürsorgende Rücksichtnahme auf die Freunde, Duldsamkeit gegenüber schlichten Gemütern und solchen, die ohne Überlegung ihre Meinung äußern, die Fähigkeit, mit allen Menschen gut auszukommen, so dass der Umgang mit ihm erquicklicher war als alle Schmeichelei und er doch zugleich bei eben jenen Menschen höchste Achtung genoss; ferner seine Art, die für das Leben notwendigen Leitsätze mit sicherer Methode zu finden und zu ordnen und niemals auch nur den Anschein von Zorn oder irgendeiner anderen Leidenschaft zu erwecken, sondern zugleich ganz leidenschaftslos und ganz liebevoll zu sein; und schließlich zu loben, ohne dabei großes Aufsehen zu machen, und reiches Wissen, ohne damit anzugeben.

10

Von Alexander, dem Grammatiker, auf Tadel zu verzichten und denen keine Vorwürfe zu machen, die fremdartige, fehlerhafte oder misstönende Ausdrücke gebraucht hatten; sondern einfach nur im Zuge der Antwort, einer Bestätigung oder einer gemeinsamen Überlegung der Sache selbst, nicht aber des Wortes, den richtigen Ausdruck geschickt ins Gespräch zu bringen oder im Zuge sonst einer passenden beiläufigen Bemerkung.

11

Von Fronto die Erkenntnis, was tyrannische Verleumdung, Heimtücke und Heuchelei ist, und (die Erkenntnis), dass die bei uns so genannten Patrizier im Allgemeinen ziemlich lieblos und grausam sind.

12

Von dem Platoniker Alexander, nicht ständig, auch wenn es gar nicht nötig ist, jemandem zu sagen oder zu schreiben: »Ich habe keine Zeit«, und sich solcherart unter dem Vorwand obwaltender Umstände dauernd den Verpflichtungen zu entziehen, die sich aus unseren Beziehungen zu den Mitmenschen ergeben.

13

Von Catulus, die Vorwürfe eines Freundes nicht gering zu achten, selbst wenn er sie ohne Grund erheben sollte, sondern zu versuchen, sein Vertrauen zurückzugewinnen, weiters aufrichtigen Herzens nur Gutes über die Lehrer zu sagen, wie in den Erzählungen über Domitius und Athenodotos, und wahre Liebe zu den Kindern.

14

Von Severus die Liebe zur Familie, zur Wahrheit und zur Gerechtigkeit. Durch ihn lernte ich Thrasea, Helvidius, Cato, Dion und Brutus kennen und bekam eine Vorstellung von einem Staat mit gleichen bürgerlichen Rechten und Pflichten, der auf der Basis der Gleichheit vor dem Gesetz und der Redefreiheit verwaltet wird, und von einer Monarchie, die vor allem die Freiheit der Untertanen achtet; ferner Schlichtheit und Ausdauer in der Hochachtung der Philosophie, Gutes zu tun und reichlich freigebig zu sein; Zuversicht und Vertrauen darauf, von den Freunden geliebt zu werden, wenn sie aber Anlass zur Missbilligung geben, diese unverhohlen zu zeigen; und dass seine Freunde nicht auf Vermutungen angewiesen waren, was er wollte, sondern dass dies klar zu erkennen war.

15

Von Maximus Selbstbeherrschung und Beharrlichkeit in allem, guten Mutes zu sein in allen Nöten und bei Krankheiten, Gelassenheit, Freundlichkeit und Würde und die gewissenhafte Erledigung obliegender Aufgaben. Bei ihm war jeder davon überzeugt, dass er es so meinte, wie er es sagte, und dass seine Taten ohne böse Hintergedanken waren. Er wunderte sich über nichts, noch war er leicht aus der Fassung zu bringen, war nie in Eile, kannte kein Zögern und Zaudern, wusste immer eine Lösung, war nie niedergeschlagen, nie nur zum Schein fröhlich oder umgekehrt zornig oder argwöhnisch. Er war wohltätig, stets bereit zu verzeihen, und ohne Lug und Trug. Er vermittelte eher den Eindruck eines Mannes, der nicht vom rechten Weg abzubringen ist, als den eines Mannes, der der Verbesserung bedürfte. Niemand hätte je geglaubt, er werde von ihm verachtet, niemand hätte sich je erdreistet anzunehmen, dass er ihm überlegen sei. Auch verfügte er über Witz im guten Sinne.

16

Von meinem Adoptivvater Sanftmut und unerschütterliches Festhalten an den nach reiflicher Prüfung gewonnenen Urteilen, ferner Verachtung eitler Ehren, Arbeitseifer und Ausdauer. Er hörte bereitwillig die gemeinnützigen Vorschläge anderer, ließ jedem unbeirrt das zukommen, was ihm gebührte, und wusste, wo Strenge und wo Nachsicht angebracht war. Der Knabenliebe erteilte er eine Absage. Auch konnte er sich in andere gut hineinversetzen, verlangte nicht, dass seine Freunde immer mit ihm speisten und ihn auf Reisen begleiteten, sondern wurde von denen, die aus irgendwelchen dringenden Gründen daheim geblieben waren, nach seiner Rückkehr stets gleich freundlich angetroffen. In den Beratungen legte er Gründlichkeit und Ausdauer bei den Untersuchungen an den Tag, hörte nicht vorzeitig auf nachzuforschen und begnügte sich nicht mit oberflächlichen Vorstellungen. Er verstand es, sich seine Freunde zu erhalten, wurde ihrer nie überdrüssig, war aber auch nicht vernarrt in sie. Er war in allem selbstgenügsam und heiter. Ferner sein außerordentlicher Weitblick und seine Fähigkeit, selbst die kleinsten Dinge ohne viel Aufsehen schon im Vorhinein zu planen. Alle Beifallskundgebungen und Schmeicheleien wies er für sich zurück. Er hatte stets die Bedürfnisse des Staates im Auge, war sparsam mit den öffentlichen Mitteln und ertrug es, wenn man ihm deshalb mitunter Vorwürfe machte. Den Göttern gegenüber war er frei von Aberglauben; was die Menschen betrifft, buhlte er nicht um die Gunst des Volkes und unterließ es, sich beim Volk einzuschmeicheln, vielmehr blieb er in allem nüchtern und standhaft und war nie geschmacklos oder auf Neuerungen aus. Dinge, die zur Annehmlichkeit des Lebens beitragen, wie sie das Glück so reichlich gewährt, gebrauchte er bescheiden, aber ohne Bedenken, so dass er sie, wenn sie vorhanden waren, ungezwungen benutzte, wenn sie aber nicht da waren, auch nicht vermisste. Niemand konnte ihm nachsagen, er sei ein Sophist, ein Witzbold oder ein weltfremder Gelehrter, vielmehr (musste jeder zugestehen), dass er ein reifer, fertiger Mann ist, erhaben über Schmeichelei, einer, der imstande ist, seine eigenen Angelegenheiten wie auch die der anderen erfolgreich zu vertreten. Dazu kam noch die Wertschätzung wahrer Philosophen, ohne deswegen die anderen zu schmähen; er ließ sich aber von ihnen auch nicht täuschen. Ferner seine Umgänglichkeit und Liebenswürdigkeit, die jedoch nie übertrieben war, seine angemessene Fürsorge für den eigenen Körper, nicht wie bei einem, der aus lauter Lust am Leben auf eine schöne Figur aus ist, aber auch ohne Vernachlässigung; es war vielmehr so, dass er bei der ihm eigenen Aufmerksamkeit ganz selten ärztliche Hilfe, Medikamente oder Umschläge brauchte. Besonders hervorzuheben ist, dass er neidlos denen den Vorrang einräumte, die eine besondere Fähigkeit besaßen, wie zum Beispiel (die Fähigkeit) zur Redekunst, Rechtskunde, Ethik oder zu sonst einer Wissenschaft, und dass er sich gemeinsam mit ihnen darum bemühte, dass ein jeder entsprechend seinen eigenen Vorzügen die ihm gebührende Anerkennung fand. In all seinem Tun ließ er sich vom Vorbild der Väter leiten, wollte aber nie den Anschein erwecken[, er tue es nur aus Tradition]. Er war auch nicht wankelmütig oder unbeständig, sondern blieb gerne an denselben Orten und bei denselben Beschäftigungen. Auch dass er sich nach den heftigen Anfällen von Kopfschmerzen gleich wieder frisch und voller Kraft an die gewohnte Arbeit machte und dass er nur ganz wenige und selten Geheimnisse hatte, und zwar ausschließlich im Interesse des Gemeinwohls. Er war besonnen und maßvoll bei der Veranstaltung von öffentlichen Spielen, der Errichtung von Bauwerken, der Verteilung von Geldspenden an das Volk und Ähnlichem und richtete sein Augenmerk nur auf das, was getan werden musste, und nicht auf den Ruhm seiner Taten. Er badete nicht zur Unzeit, war nicht darauf aus, ständig neue Bauten zu errichten, hatte keinen Sinn für erlesene Speisen, für Gewebe und Farben von Kleidern oder für die Schönheit seiner Sklaven. Seine Kleidung stammte aus Lorium, seinem Landgut in der Ebene; das meiste sonst aus Lanuvium. (Man denke nur) an seinen Umgang mit dem Steuerpächter in Tusculum, der ihn um Verzeihung bat, und sein ganzes derartiges Wesen. Da war nichts Barsches, nichts Unerbittliches, nichts Ungestümes, so dass niemand je hätte sagen können: »Bis zum Schweiß«, sondern alles war bis ins kleinste Detail wohldurchdacht, wie bei einem wissenschaftlichen Vortrag, ohne Leidenschaft, gut geordnet, kraftvoll und ohne inneren Widerspruch. Auf ihn dürfte zutreffen, was man von Sokrates erzählt, dass er entbehren und genießen konnte, wo viele zum Entbehren zu schwach und beim Genuss zu unmäßig sind. Aber in beidem stark, standhaft und nüchtern zu sein, [zeugt von einem Mann mit einem aufrechten und unbesiegbaren Charakter,] wie es sich auch bei der Krankheit des Maximus zeigte.

17
Von den Göttern, dass ich gute Großväter, gute Eltern, eine gute Schwester, gute Lehrer, gute Angehörige, Verwandte und Freunde, ja fast nur gute Menschen um mich hatte und dass ich nicht darauf verfiel, einem von ihnen etwas Böses anzutun, obgleich ich durchaus die Anlage dazu in mir trug, so dass ich, wenn es sich ergeben hätte, etwas Derartiges getan hätte. Nur der Gunst der Götter verdanke ich, dass ich nie die Gelegenheit zu solchen Taten bekam, die mich überführt hätte; auch, dass ich nicht länger bei der Geliebten meines Großvaters aufwuchs, dass ich mir meine jugendliche Unschuld bewahrte und nicht vorzeitig zum Mann wurde, sondern mir damit noch etwas Zeit ließ; dass ich einem Herrscher und Vater untertan war, der mich von jedem Dünkel befreien und zur Einsicht führen sollte, dass es möglich ist, selbst bei Hofe ohne Leibwächter zu leben, ohne Prunkgewänder, Kronleuchter, ohne irgendwelche Bildsäulen dieser Art und ähnlichen Prunk, dass es vielmehr möglich ist, sich beinahe wie ein Privatmann einzuschränken, ohne sich deshalb den Pflichten des Herrschers für das Wohl des Staates schlechter oder sorgloser zu widmen. Dass mir ein solcher Bruder beschieden war, der mich durch seinen Charakter ermunterte, Sorge für mich selbst zu tragen, und mir zugleich durch seine Achtung und Liebe Freude bereitete, und dass ich keine Kinder bekam, die untalentiert oder körperlich behindert waren; ferner dass ich keine größeren Fortschritte in der Rhetorik und Dichtkunst noch in anderen Studien machte, bei denen ich vielleicht hängen geblieben wäre, wenn ich gemerkt hätte, dass ich darin gut vorankomme; dass ich schon bald meine Erzieher in die Stellungen brachte, die zu wünschen sie mir schienen, und sie nicht damit vertröstete, ich würde dies, weil sie ja

noch jung seien, später tun. Dass ich Apollonios, Rusticus und Maximus kennenlernte, dass ich immer wieder intensiv darüber nachdachte, was es denn heißt, der Natur gemäß zu leben, so dass mich, soweit es auf die Götter, auf die von ihnen kommenden Gaben, Hilfen und Eingebungen ankommt, nichts daran hinderte, nunmehr ein Leben im Einklang mit der Natur zu führen, ich aber aus eigener Schuld noch ein gutes Stück davon entfernt bin, weil ich die Mahnungen, ja geradezu Weisungen der Götter nicht beachtete. Ferner dass mein Körper ein solches Leben so lange ausgehalten hat; dass ich mich weder mit Benedicta noch mit Theodotos eingelassen habe, sondern auch später, als ich in Liebesleidenschaften verfiel, wieder gesund wurde, dass ich Rusticus, obwohl ich mich oft über ihn ärgerte, nichts weiter angetan habe, was ich hätte bereuen müssen, dass meine Mutter, die jung sterben sollte, dennoch ihre letzten Jahre bei mir zubringen konnte, dass ich, sooft ich einem Armen oder sonst irgendwie Bedürftigen helfen wollte, niemals zu hören bekam, ich hätte kein Geld dafür, dass ich auch selbst nie in eine ähnliche Notlage geraten bin, so dass ich von einem anderen etwas hätte annehmen müssen; dass meine Frau so war, so hingebungsvoll, so zärtlich, so schlicht und einfach; dass es mir gelang, für meine Kinder geeignete Erzieher aufzutreiben; dass mir in meinen Träumen Ratschläge zuteilwurden, zumal gegen Blutspucken und Schwindelanfälle; und das Wort des Mannes in Caieta, gleichsam eines Wahrsagers. Und dass ich, als ich Lust zur Philosophie bekam, nicht an irgendeinen Sophisten geriet und mich in die Schriftstellerei verirrte oder meine Zeit mit der Auflösung von Syllogismen und mit meteorologischen Studien verbrachte. Zu all dem bedarf es der Hilfe der Götter und des Glücks.

Geschrieben bei den Quaden am Gran.

ZWEITES BUCH

1

Frühmorgens sage zu dir: Ich werde mit einem kleinlichen, undankbaren, unverschämten, falschen, neidischen, egoistischen Kerl zusammentreffen. Alle diese Eigenschaften haben die Menschen, weil sie nicht wissen, was gut und böse ist. Ich aber, der ich das Wesen des Guten erkannt habe, dass es schön ist, und des Bösen, dass es hässlich ist, und dass die Natur dessen, der sich an mir vergeht, mit mir verwandt ist, nicht weil er dasselbe Blut hat oder aus demselben Samen stammt, sondern weil er an demselben Geist und an denselben göttlichen Gaben teilhat, kann weder von einem dieser Menschen einen Schaden erleiden – denn niemand wird mich in Hässliches verstricken – noch kann ich meinem Verwandten zürnen oder Feind sein. Wir sind ja zur Zusammenarbeit geschaffen, wie die Füße, Hände, Augenlider oder die obere und untere Zahnreihe. Gegen einander zu arbeiten, ist wider die Natur. Unwillig sein und sich abwenden aber ist ein Arbeiten gegeneinander.

2

Was auch immer ich bin, es ist ein wenig Fleisch, ein wenig Atem und die herrschende Vernunft. Fort mit den Büchern! Lass dich durch sie nicht länger ablenken! Das darfst du nicht. Verachte vielmehr das armselige Fleisch, als ob du schon sterben müsstest, es ist ja nur schmutziges Blut, Knochen und ein Gewebe aus Sehnen, Venen und Arterien. Betrachte auch den Atem und was er ist: ein Lufthauch, aber nicht immer derselbe, sondern zu jeder Zeit ausgestoßen und wieder eingezogen. Das Dritte ist also die herrschende Vernunft. Überlege nun Folgendes: Du bist alt; lass sie (die Vernunft) nicht länger Sklavin sein, lass sie nicht länger von wilden Trieben wie eine Marionette hin und her gerissen werden, nicht länger über das gegenwärtige Verhängnis murren oder vor dem künftigen ängstlich zurückweichen.

3

Was von den Göttern kommt, ist voll von Vorsehung, was vom Zufall kommt, ist nicht frei von Natur oder ohne Verflechtung und Verknüpfung mit dem, was die Vorsehung durchwaltet; alles hat dort seinen Ursprung. Dazu kommt noch das Notwendige und das für den ganzen Kosmos Nützliche, von dem du ein Teil bist. Für jeden Teil der Natur ist gut, was die Natur des Ganzen mit sich bringt und was diese erhält. Den Kosmos aber erhält die Verwandlung sowohl der Elemente wie auch der aus ihnen zusammengesetzten Körper. Das soll dir genügen, wenn es deine Grundsätze sind. Den Durst nach Büchern aber gib auf, damit du dereinst nicht murrend stirbst, sondern wahrhaft heiter und von Herzen dankbar gegenüber den Göttern.

4

Denk daran, wie lange du das schon aufschiebst und wie oft du schon von den Göttern Termine gesetzt bekamst, die du ungenutzt verstreichen ließest. Du musst doch endlich einmal einsehen, von welchem Kosmos du ein Teil bist und welchem Weltenlenker du als Abkömmling unterstehst und dass deine Zeit kurz bemessen ist; wenn du sie nicht zu deiner Erleuchtung benützt, dann wird sie vorbei sein, und eine zweite Gelegenheit wirst du nicht bekommen.

5
Denke jede Stunde fest daran, als Römer und als Mann, das, was du in Händen hast, mit strenger und ungekünstelter Würde und Hingebung, frei von Leidenschaften und mit gerechtem Sinn zu tun und alle anderen Vorstellungen von dir fernzuhalten. Das wird dir gelingen, wenn du jede Tat so vollbringst, als wäre es die letzte deines Lebens, ohne Überstürzung und leidenschaftliche Abneigung gegenüber dem Urteil der Vernunft und frei von Heuchelei, Eigenliebe und Unzufriedenheit mit dem, was das Schicksal beschieden hat. Du siehst, wie wenig es ist, was man beherrschen muss, um ein erfülltes und gottgefälliges Leben zu führen. Denn auch die Götter werden von dem, der das befolgt, nichts weiter verlangen.

6
Misshandle, ja misshandle dich nur, o Seele! Dich zu ehren, wirst du nicht mehr Zeit haben. Ist nicht unser beider Leben kurz? Deines ist beinahe schon vorbei, ohne dass du Achtung vor dir hast, denn du suchtest ja dein Glück in den Seelen anderer.

7
Was lässt du dich von Äußerlichkeiten und Zufällen ablenken? Nimm dir Zeit, etwas Gutes dazuzulernen, und höre auf, planlos umherzuirren. Jetzt gilt es auch, sich vor dem anderen Irrweg in Acht zu nehmen: Denn auch jene sind Toren, die durch ihr Tun im Leben sich erschöpft und kein Ziel haben, auf das sie all ihren Eifer und überhaupt jede Vorstellung richten könnten.

8

Kaum jemand wird für unglücklich gehalten, weil er sich nicht um das kümmerte, was in der Seele eines anderen vorgeht. Diejenigen aber, die nicht auf die Bewegungen der eigenen Seele achten, sind zwangsläufig unglücklich.

9

Man muss sich immer vor Augen halten, was die Natur des Ganzen und was meine eigene ist und wie sich diese zu jener verhält und welcher Teil von welchem Ganzen sie ist und dass es niemanden gibt, der dich daran hindern könnte, stets das zu tun und zu sagen, was im Einklang mit der Natur steht.

10

In seiner vergleichenden Darstellung sittlicher Verfehlungen, wie man ja gewöhnlich derartige Vergleiche anstellen mag, sagt Theophrast, ganz als Philosoph: Schwerer wiegen die Verfehlungen aus Begierde als die aus Zorn. Denn der Zornige wendet sich offenbar unter einem gewissen Schmerzgefühl und mit verborgener Mutlosigkeit von der Vernunft ab. Wer aber aus Begierde und von Lust überwältigt sündigt, ist offenbar irgendwie ungezügelter und weibischer in seinen Verfehlungen. Richtig und eines Philosophen würdig sagte Theophrast also, dass eine Verfehlung, die mit Lust verbunden ist, schwereren Tadel verdiene als eine, die mit Schmerz verbunden ist. Überhaupt gleicht der eine mehr jemandem, der zuvor Unrecht erlitten hat und der aus Schmerz dazu gezwungen ist, in Zorn auszubrechen. Der andere aber ist von sich aus zum Unrecht gekommen, denn er hat sich dazu hinreißen lassen, etwas aus Begierde zu tun.

11

Man soll alles so tun, sagen und denken, als bestünde die Möglichkeit, jetzt gleich aus dem Leben zu scheiden. Von den Menschen zu scheiden ist, wenn es Götter gibt, nichts Schlimmes; denn sie werden dich wohl nicht ins Unglück stürzen. Wenn es aber keine Götter gibt oder sie sich nicht um die menschlichen Angelegenheiten kümmern, was soll mir dann ein Leben in einer Welt ohne Götter oder ohne Vorsehung? Es gibt aber Götter, und sie kümmern sich um die menschlichen Angelegenheiten, und sie haben es ganz dem Menschen anheimgestellt, nicht in wahrhaft Böses zu verfallen. Wenn aber unter den anderen Dingen etwas Böses wäre, dann hätten sie auch dafür Vorsorge getroffen, dass es in jedermanns Macht stünde, ihm nicht zu verfallen. Was aber den Menschen nicht schlechter macht, wie könnte das wohl das Leben eines Menschen schlechter machen? Die Natur des Ganzen hätte das weder aus Unwissenheit übersehen noch wäre sie, wenn sie es wüsste, nicht imstande gewesen, dem vorzubeugen oder es zu korrigieren, noch hätte sie aus Unvermögen oder Ungeschicklichkeit einen so schweren Fehler begangen, dass das Gute und das Böse in gleicher Weise den guten wie den schlechten Menschen ohne Unterschied zuteilwird. Tod und Leben jedoch, Ruhm und Verachtung, Mühe und Freude, Reichtum und Armut, all das widerfährt gleichermaßen den guten wie den schlechten Menschen; denn es ist weder schön noch hässlich; es ist also auch weder gut noch böse.

12

Wie schnell doch alles verschwindet, in der Welt die Menschen selbst, in der Ewigkeit die Erinnerung an sie. So ist es mit allem Sichtbaren und vor allem mit dem, was uns durch Lust ködert oder durch Mühsal abschreckt oder aus Eitelkeit berühmt geworden ist. Wie wertlos und verächtlich, wie schmutzig, hinfällig und tot das ist, das zu begreifen ist Sache unseres Denkvermögens. Was sind denn die Leute, deren Ansichten und Reden einem Ruhm oder Ruhmlosigkeit verschaffen? Was ist denn das Sterben? Wenn man es für sich allein betrachtet und durch begriffliche Zergliederung das davon trennt, was in der Vorstellung damit verbunden ist, dann wird man zu der Annahme gelangen, es sei nichts anderes als ein Werk der Natur. Das Wirken der Natur zu fürchten, ist aber kindisch. Das Sterben ist freilich nicht nur ein Werk der Natur, sondern auch nützlich für sie. Wie kommt ein Mensch in Berührung mit Gott und mit welchem Teil von sich, und wie verhält sich dann dieser Teil des Menschen?

13

Nichts ist erbärmlicher als ein Mensch, der ständig im Kreis läuft und der, wie es heißt, den Dingen unter der Erde nachspürt und die Vorgänge in der Seele seiner Mitmenschen durch Vermutungen zu erkunden sucht, der aber nicht bemerkt, dass es genügt, nur bei dem göttlichen Geist in seinem Inneren zu verbleiben und ihm aufrichtig zu dienen. Ihm zu dienen bedeutet aber, dass man ihn rein hält von Leidenschaft, Unbesonnenheit und Unzufriedenheit gegenüber allem, was von den Göttern und Menschen kommt. Was von den Göttern kommt, ist wegen seiner Vortrefflichkeit verehrungswürdig, was von den Menschen kommt, ist uns lieb, weil wir ja miteinander verwandt sind, mitunter aber verdient es auch irgendwie Mitleid, weil es auf der Unkenntnis von Gut und Böse beruht. Dieses Gebrechen ist nicht geringer als jenes, das uns die Fähigkeit raubt, weiß und schwarz zu unterscheiden.

14
Selbst wenn du dreitausend Jahre leben solltest oder gar zehnmal so lange, denke dennoch daran, dass niemand ein anderes Leben verliert als das, welches er lebt, und dass er kein anderes Leben lebt, als das, welches er verliert. Es läuft also das längste Leben auf dasselbe hinaus wie das kürzeste. Denn die Gegenwart ist für alle gleich und die Vergangenheit ebenso, und was wir verlieren, erscheint so nur ganz wenig. Niemand kann wohl Vergangenes oder Zukünftiges verlieren. Was einer nämlich nicht hat, wie könnte ihm das jemand wegnehmen? Man muss also stets an diese beiden Dinge denken: Erstens, dass sich alles seit ewigen Zeiten in einem unveränderlichen Kreislauf befindet und dass es keinen Unterschied macht, ob jemand dasselbe in hundert oder zweihundert Jahren oder in unendlicher Zeit sehen wird; zweitens, dass, wer am längsten lebt, dasselbe verliert wie, wer sehr jung stirbt. Denn nur das Gegenwärtige wird ihm geraubt, weil er nur das besitzt und weil er, was er nicht besitzt, auch nicht verlieren kann.

15
Alles beruht nur auf Annahme. Denn es ist klar, was man gegen den Kyniker Monimos sagte. Klar ist aber auch die Nützlichkeit seines Ausspruchs, wenn man ihn auf das, was daran wahr ist, einschränkt.

16
Die Seele des Menschen misshandelt sich selbst vor allem dann, wenn sie ein Geschwür und so etwas wie ein Auswuchs des Kosmos wird, soweit es auf sie ankommt; denn sich über etwas ärgern, was geschieht, ist ein Abfall von der Natur, welche in ihren

jeweiligen Teilen die Natur aller anderen Wesen umfasst; ferner aber auch dann, wenn sie sich von einem Menschen abwendet oder gar ihm feindlich entgegentritt, um ihm zu schaden, wie es die Seelen der Zornigen tun. Drittens misshandelt sie sich selbst, wenn sie sich von Lust oder Leid überwältigen lässt. Viertens, wenn sie sich verstellt und mit ihren Taten und Worten heuchelt und lügt. Fünftens, wenn sie mit ihren Handlungen und Bestrebungen kein Ziel verfolgt, sondern alles Mögliche planlos und inkonsequent begeht, während doch selbst das Unbedeutendste im Hinblick auf ein bestimmtes Ziel geschehen sollte. Das Ziel der vernünftigen Lebewesen aber ist, der Vernunft und dem Gesetz des ältesten Staates zu folgen.

17

Die Dauer des Menschenlebens ist nur ein Punkt, das Sein aber in dauerndem Fluss, die Wahrnehmung trüb, das Gefüge des ganzen Leibes schnell verwesend, die Seele unstet, das Schicksal unergründlich, der gute Ruf ein eitles Geschwätz. Kurz, alles Körperliche ein Fluss, alles Seelische Schall und Rauch, das Leben aber ein Kampf und ein Aufenthalt eines Fremden, der Nachruhm Vergessenheit. Was kann da noch helfen? Einzig und allein die Philosophie. Eben dadurch, dass man den göttlichen Geist in seinem Innern vor Misshandlungen und Schaden bewahrt, Lust und Leid besiegt und weder planlos handelt noch mit Lug und Heuchelei, unabhängig davon, ob ein anderer etwas tut oder nicht tut; dass man ferner das, was einem widerfährt und zuteilwird, hinnimmt, als käme es irgendwie von dort, woher er selbst gekommen ist; zuletzt, dass man den Tod mit heiterem Gemüt erwartet, als wäre er nichts anderes als eine Auflösung der Elemente, aus denen jedes Lebewesen besteht. Wenn es aber für die Elemente selbst nichts Schlimmes ist, dass sich jedes einzelne von ihnen unablässig in ein anderes verwandelt, warum sollte man dann die Umwandlung aller scheel ansehen? Das entspricht ja der Natur, und nichts, was der Natur entspricht, ist schlecht.

DRITTES BUCH

Geschrieben in Carnuntum

1

Nicht nur das muss man bedenken, dass das Leben mit jedem Tag aufgebraucht wird und ein ständig kleinerer Teil von ihm zurückbleibt, sondern man sollte sich auch bewusst machen, dass es, selbst wenn jemand länger leben sollte, doch ungewiss ist, ob seine Denkkraft künftig die gleiche bleiben und für das Begreifen der Dinge und ihre Betrachtung ausreichen wird, die auf die Erkenntnis des Göttlichen und Menschlichen abzielt. Denn wenn jemand anfängt, dummes Zeug daherzureden, so wird doch seine Fähigkeit zu atmen und sich zu ernähren, sich etwas vorzustellen und zu erstreben, und was es sonst dergleichen noch gibt, nicht nachlassen. Die Fähigkeit aber, über sich selbst zu verfügen, die Zahl der Verpflichtungen genau zu kennen, die Erscheinungen genau einzuordnen und sich gerade darüber im Klaren zu sein, ob man seinem Leben schon ein Ende setzen soll, und was sonst noch eines geschulten Verstandes bedarf, erlischt vor der Zeit. Man muss sich also beeilen, nicht nur weil man tagtäglich dem Tod näher kommt, sondern auch weil die Fähigkeit, die Dinge zu verstehen und zu begreifen, schon vor der Zeit aufhört.

2

Ferner muss man noch beachten, dass selbst das, was die Naturvorgänge begleitet, etwas Reizvolles und Anziehendes hat. So bekommen zum Beispiel einige Teile des Brotes beim Backen Risse, und diese Zwischenräume, die gewissermaßen im Widerspruch zum Vorhaben des Brotbackens stehen, fallen irgendwie ins Auge und erhöhen eigenartigerweise die Lust auf den Verzehr. Auch die Feigen platzen, wenn sie ganz reif sind, auf. Und bei den voll ausgereiften Oliven verleiht der Zustand unmittelbar vor der Fäulnis der Frucht eine eigentümliche Schönheit. Auch die sich zu Boden neigenden Ähren, die Stirnfalten des Löwen, der Schaum aus dem Maul des Ebers und viele anderen Dinge, die, für sich allein betrachtet, alles andere als schön sind, tragen doch zu deren Zierde bei und haben einen gewissen Reiz, weil sie Begleiterscheinungen des Naturgeschehens sind; wenn also jemand ein Gefühl und ein tieferes Verständnis für das Geschehen des Weltganzen hat, dann gibt es kaum etwas von solchen Begleiterscheinungen, das ihm nicht irgendwie in einer angenehmen Beziehung erscheinen wird. Ein solcher Mensch wird sogar den offenen Rachen wilder Tiere im wirklichen Leben nicht weniger gern anschauen als den von Malern und Bildhauern in Nachahmung verfertigten. Er wird auch in der Lage sein, die Reife und Blüte einer alten Frau und eines alten Mannes und den Liebreiz von Kindern mit keuschen Augen zu sehen. Vieles dieser Art leuchtet nicht jedem ein, sondern einzig und allein dem, der mit der Natur und ihren Werken wirklich vertraut ist.

3

Hippokrates, der viele Krankheiten geheilt hatte, wurde selbst krank und starb. Die Chaldäer sagten vielen Menschen den Tod voraus, dann ereilte auch sie das Schicksal. Alexander, Pompeius und Gaius Caesar, die so oft ganze Städte von Grund auf zerstört hatten und in der Schlacht viele tausende Reiter und Fußsoldaten niedermetzeln ließen, mussten auch selbst einmal aus dem Leben scheiden. Heraklit, der so viele Betrachtungen über die Vernichtung der Welt durch Feuer angestellt hatte, starb, mit Kuhmist beschmiert, an Wassersucht. Demokrit töteten die Läuse, den Sokrates andere Läuse. Was will ich damit sagen? Du hast ein Schiff bestiegen, fuhrst zur See und landetest. Jetzt steige aus! Geht's in ein anderes Leben, so ist auch dort alles voll von Göttern. Wenn du aber in den Zustand der Empfindungslosigkeit kommst, dann werden deine Schmerzen und Freuden ein Ende haben, und du wirst aufhören, eingeengt einem Gefäß zu dienen, das um so viel schlechter ist als sein Besitzer. Denn das eine ist Geist und göttliches Wesen, das andere aber Erde und Schmutz.

4

Vergeude nicht den Rest deines Lebens mit Gedanken über andere, wenn du dich dabei nicht auf ein Gemeinwohl beziehst; [denn sonst wirst du von einer anderen Tätigkeit abgehalten,] – das heißt, wenn du darüber nachdenkst, was dieser oder jener tut, warum er es tut, was er sagt, was er denkt, was er ausheckt, und über all solche Dinge, die bewirken, dass du von der Beobachtung der eigenen herrschenden Vernunft abgelenkt wirst. Man muss also das Planlose in der Reihe seiner Vorstellungen meiden, ganz besonders aber das Unnütze und Bösartige. Man muss sich auch daran gewöhnen, nur solche Vorstellungen zu haben, bei denen man, wenn man unverhofft gefragt würde: »Woran denkst du gerade?«, ganz offen sofort antworten könnte: »An dies oder das«, so dass sich sogleich von selbst klar zeigt, dass all dies einfach und wohlwollend ist und dass es Gedanken eines Wesens mit Gemeinsinn sind, das keine lust- oder genussvollen Vorstellungen kennt, auch keinen Ehrgeiz, Neid oder Argwohn und dergleichen mehr, worüber man erröten müsste, wenn man erklärte, dass man gerade daran denkt. Denn fürwahr, ein solcher Mensch, der es nicht mehr aufschiebt, schon jetzt zu den Besten zu gehören, ist eine Art Priester und Diener der Götter, weil er mit dem ihm innewohnenden (göttlichen Geist) Umgang pflegt, der den Menschen unbefleckt von Lüsten, unverwundbar von aller Mühsal, unberührt von jeder Überheblichkeit und unempfindlich gegenüber jeder Schlechtigkeit macht; er macht ihn zum Kämpfer im größten Wettkampf, (er macht,) dass er keiner Leidenschaft unterliegt, von Gerechtigkeit tief durchdrungen ist, mit ganzer Seele freudig alles hinnimmt, was geschieht und ihm zuteilwird, und dass er sich nicht ständig und nur, wenn ihn das Gemeinwohl ausdrücklich dazu nötigt, im Geist damit beschäftigt, was ein anderer sagt, tut oder denkt. Denn er achtet nur darauf, wie er seine eigenen Dinge erledigen könnte, und denkt unablässig an das, was ihm vom Ganzen her vorbestimmt ist; und jenes verrichtet er gut, von diesem aber ist er überzeugt, dass es gut ist. Denn das jedem Einzelnen zugeteilte Schicksal ist (in das Ganze) eingebunden und bindet (ihn seinerseits) mit ein. Er denkt auch daran, dass alles Vernünftige miteinander verwandt ist und dass es der Natur des Menschen entspricht, sich um alle Menschen zu kümmern, dass man sich aber nicht an die Meinung aller Menschen halten darf, sondern nur an die Meinung derjenigen, die im Einklang mit der Natur leben. Wie aber diejenigen, die nicht so leben, sich zu Hause und außer Haus, des Nachts und bei Tag verhalten und mit wem sie sich abgeben, daran denkt er unablässig. Daher legt er auch auf das Lob solcher Menschen, die ja nicht einmal mit sich selbst zufrieden sind, keinerlei Wert.

5

Tue nichts gegen deinen Willen, nichts ohne Rücksicht auf das Gemeinwohl, nichts ohne vorherige Prüfung, nichts, wogegen du noch innere Bedenken hast. Deine Gedanken sollen sich nicht mit gezierten Worten schmücken. Rede nicht viel und misch dich nicht in alles ein. Weiters soll der Gott in dir Herr eines männlichen, reifen, staatsmännischen Wesens sein, eines Römers und Herrschers, der sich selbst seinen Posten zugewiesen hat wie jemand, der gelassen auf das Signal zum Rückzug aus dem Leben wartet, ohne eines Eides oder irgendeines Menschen als Zeugen zu bedürfen. In ihm ist Heiterkeit, er bedarf keiner Hilfe von außen noch der Ruhe, die andere gewähren. Aufrecht muss er sein, nicht erst aufgerichtet.

6

Wenn du etwas Besseres im menschlichen Leben findest als Gerechtigkeit, Wahrheit, Selbstbeherrschung, Tapferkeit und, mit einem Wort, Zufriedenheit deines Denkens mit sich selbst, soweit es dich nach der richtigen Vernunft handeln lässt, und Zufriedenheit mit dem Schicksal in allem, was dir unvorhergesehen zuteilwird, wenn du also, sage ich, etwas Besseres siehst, dann wende dich ihm mit ganzer Seele zu und genieße das, was du als das Beste gefunden hast. Wenn sich dir aber nichts Besseres zeigt als der in dir wohnende göttliche Geist, der deine eigenen Triebe sich unterworfen hat, deine Vorstellungen prüft, sich von den sinnlichen Leidenschaften, wie Sokrates sagte, frei gemacht hat, sich den Göttern unterworfen hat und Vorsorge trägt für die Menschen – wenn du alles andere für geringer und minderwertiger hältst als diesen (Geist), dann lass nichts anderes mehr zu; denn wenn du dich erst einmal anderem zugewandt und hingegeben hast, dann wirst du nicht mehr ungehindert jenem Gut, das dir eigen ist, den Vorzug geben können. Denn es ist nicht recht, diesem Gut, das auf Vernunft und politischem Handeln beruht, irgendetwas Andersartiges an die Seite zu setzen, wie etwa den Beifall der Menge, hohe Ämter, Reichtum oder den Genuss verschiedener Lüste. All diese Dinge überwältigen uns plötzlich und reißen uns mit sich fort, auch wenn sie uns für kurze Zeit zupass zu kommen scheinen. Du aber, sage ich, wähle einfach und ohne Zwang das Bessere und halte daran fest. Besser ist das Nützliche. Wenn es das für dich als vernunftbegabtes Wesen ist, dann bewahre es dir. Wenn es das für dich nur als Lebewesen ist, dann tue es offen kund und halte schlicht an deinem Urteil fest; (achte) nur (darauf,) dass du die Prüfung ohne Wanken vollziehst.

7

Halte niemals etwas für nützlich für dich, was dich einmal zwingen könnte, die Treue zu brechen, die Ehrfurcht zu verlieren, jemanden zu hassen, Argwohn zu hegen, jemandem etwas Böses zu wünschen, zu heucheln und etwas zu begehren, das durch Mauern und Vorhänge verborgen werden müsste. Denn wer die eigene Vernunft, seinen göttlichen Geist und den Dienst an dessen Gedeihen vorzieht, der macht kein Theater, seufzt nicht und wird weder Einsamkeit noch eine große Menschenmenge brauchen. Die Hauptsache ist, er wird leben, ohne zu verfolgen und ohne zu fliehen. Ob er aber seine Seele für eine kürzere oder längere Zeitspanne im Körper eingeschlossen haben wird, das kümmert ihn überhaupt nicht. Denn wenn er auch gleich jetzt aus dem Leben scheiden muss, dann wird er ebenso leicht abtreten, als ob er sonst etwas von dem, was mit Anstand und Würde getan werden kann, verrichten wollte, weil er sich sein ganzes Leben lang davor hütet, dass sein Denken einen Wandel erfährt, der einem mit Vernunft und Gemeinsinn begabten Lebewesen fremd ist.

8

Im Denken eines züchtigen und geläuterten Menschen wirst du nichts Eitriges, nichts Unreines, nichts Faules finden. Nicht unvollendet ist das Leben, auf welches das Schicksal zugreift, wie man es von einem Tragöden sagen könnte, der vor dem Ende, ehe er noch seine Rolle fertiggespielt hat, abtritt. Ferner gibt es in ihm nichts Knechtisches oder Gekünsteltes, nichts, was ihn abhängig macht oder von anderen trennt, und nichts Unselbständiges oder Verstecktes.

9

Halte deine Urteilsfähigkeit in Ehren. Denn ganz an ihr liegt es, dass in deiner herrschenden Vernunft keine Meinung entsteht, die der Natur und der Beschaffenheit des vernunftbegabten Lebewesens nicht entspricht. Diese verlangt Vorsicht beim Zustimmen, den vertrauten Umgang mit Menschen und Gehorsam gegenüber den Göttern.

10

Wirf also alles von dir und halte dich nur an diese wenigen Punkte; denke zugleich auch daran, dass jeder nur diesen winzigen Moment lebt, der gerade gegenwärtig ist. Die übrige Zeit ist entweder schon gelebt oder liegt im Ungewissen. Es ist also eine winzige Zeitspanne, die jeder lebt, und winzig ist auch das Fleckchen Erde, wo er lebt. Winzig ist auch selbst der längste Nachruhm, und dieser beruht nur auf der Erinnerung armseliger Menschen, die sehr bald sterben werden und nicht einmal sich selbst kennen, geschweige denn einen, der schon längst tot ist.

11

Zu den genannten Ermahnungen sei noch eine weitere hinzugefügt: Man muss sich immer einen Begriff oder ein Bild von dem Gegenstand machen, der uns in der Vorstellung unterkommt, so dass man ihn seinem Wesen entsprechend ganz unverhüllt und in allen Einzelheiten sieht und bei sich den ihm eigenen Namen und die Namen aller Teile, aus denen er zusammengesetzt ist und in die er sich wieder auflösen wird, nennen kann. Denn nichts ist in dem Maße geeignet, große Gesinnung zu erzeugen wie das Vermögen, methodisch und wahrheitsgemäß alles, was uns im Leben unterkommt, zu untersuchen und die Dinge stets so zu betrachten, dass uns zugleich klar wird, welcher Art von Welt sie welchen Nutzen bringen, welchen Wert für das Ganze und welchen für den Menschen als Bürger des höchsten Staates sie haben, zu dem die übrigen Staaten gleichsam wie einzelne Häuser gehören, ferner, was denn das ist, das mir jetzt die Vorstellung schafft, und woraus es zusammengesetzt ist, und wie lange es seiner Natur nach bestehen kann, und welche Tugend man dafür braucht, wie zum Beispiel Sanftmut, Tapferkeit, Wahrhaftigkeit, Treue, Schlichtheit, Selbstgenügsamkeit und alle übrigen. Daher muss man sich bei jedem einzelnen Ding sagen: »Dies kommt von Gott, das geschieht durch schicksalhafte Verknüpfung, durch Verflechtung ins Schicksal, durch ein derartiges Zusammentreffen und durch Zufall, jenes aber kommt von meinem Mitbürger, von meinem Verwandten und Gefährten, der freilich nicht weiß, was seiner Natur entspricht. Ich aber weiß es genau. Deshalb verkehre ich mit ihm voll Wohlwollen und Gerechtigkeit gemäß dem natürlichen Gesetz der Gemeinschaft. Zugleich aber richte ich bei den mittleren Dingen zusammen mit ihm mein Augenmerk auf das, was Wert besitzt.«

12

Wenn du der rechten Vernunft folgst und ernsthaft, tatkräftig und wohlgemut das tust, was dir im Augenblick zu tun obliegt, und nichts als nebensächlich außer Acht lässt, sondern deinen göttlichen Geist rein und aufrecht bewahrst, so als ob du ihn schon zurückgeben müsstest, wenn du daran festhältst, ohne etwas zu erwarten oder zu meiden, sondern dich mit der vorliegenden naturgemäßen Tätigkeit begnügst und mit heroischer Wahrheit bei dem, was du sagst und von dir gibst, dann wirst du ein glückliches Leben haben. Und es gibt niemanden, der das verhindern könnte.

13

Wie die Ärzte stets ihre Instrumente und Messer für plötzlich notwendige Behandlungen zur Hand haben, so halte du diese Lehrsätze bereit, um die göttlichen und menschlichen Dinge zu verstehen und alles, selbst das Kleinste, so zu tun wie jemand, der sich der Verkettung beider (Bereiche) miteinander bewusst ist. Denn du wirst weder irgendetwas Menschliches gut tun, ohne dabei das Göttliche miteinzubeziehen, noch umgekehrt.

14

Irre nicht mehr umher! Denn du wirst nicht dazu kommen, deine Aufzeichnungen zu lesen noch die Taten der alten Römer und Griechen und die Auszüge aus ihren Schriften, die du dir für dein Alter beiseitegelegt hast. Eile also zum Ziel, lass die nichtigen Hoffnungen fahren und hilf dir selbst, wenn dir etwas an dir liegt, solange es möglich ist.

15

Die Menschen wissen nicht, was es bedeutet zu stehlen, zu säen, zu kaufen, zu ruhen und zu sehen, was zu tun ist, was freilich nicht mit den Augen geschieht, sondern mit einem anderen Sehvermögen.

16

Körper, Seele, Geist: Dem Körper gehören die Sinne an, der Seele die Triebe und dem Geist die Grundsätze. Vorstellungsgemäße Eindrücke zu bekommen ist auch dem Vieh eigen, durch ihre Triebe werden auch wilde Tiere, feige Memmen, Phalaris und Nero in Bewegung gesetzt. Den Geist als Führer zu dem, was ihnen als Pflicht erscheint, haben auch Menschen, die nicht an die Götter glauben, ihr Vaterland im Stich lassen und alles nur Mögliche tun, wenn sie ihre Türen geschlossen haben. Wenn nun nach dem Gesagten das Übrige allen gemeinsam ist, so bleibt als spezifische Eigenschaft des guten Menschen nur noch die Liebe und das freudige Annehmen all dessen, was ihm vom Schicksal widerfährt; ferner den in seinem Herzen wohnenden göttlichen Geist nicht zu besudeln und durch eine Menge von Vorstellungen zu verwirren, sondern ihn in heiterer Ruhe zu bewahren, indem er der Gottheit in geziemender Weise folgt und weder etwas verlauten lässt, was der Wahrheit nicht entspricht, noch etwas Ungerechtes tut. Wenn ihm aber kein Mensch glaubt, dass er einfach, anständig und guten Mutes lebt, so zürnt er doch keinem von ihnen, noch lässt er sich von dem Weg abbringen, der zum Ziel des Lebens führt, zu dem man rein, mit ruhigem und gelassenem Gemüt und in ungezwungener Übereinstimmung mit seinem Schicksal kommen muss.

VIERTES BUCH

1

Wenn sich die herrschende Vernunft in uns naturgemäß verhält, dann steht sie den Ereignissen so gegenüber, dass sie stets imstande ist, sich leicht auf die Gegebenheiten einzustellen. Denn sie hat keine Vorliebe für eine bestimmte Materie, sondern strebt, unter Vorbehalt, nach Höherem, macht aber, was sich ihr entgegenstellt, für sich zum Stoff, dem Feuer gleich, wenn es sich der hineinfallenden Dinge bemächtigt, von denen eine kleine Flamme zum Erlöschen gebracht worden wäre. Das lodernde Feuer aber eignet sich gar schnell die hineingeworfenen Gegenstände an, verzehrt sie und steigt eben durch sie noch höher empor.

2

Keine Tätigkeit soll aufs Geratewohl oder anders als nach den Regeln vollendeter Kunst ausgeführt werden.

3

Die Menschen suchen sich Plätze, an die sie sich zurückziehen können, auf dem Land, an der Küste des Meeres und in den Bergen. Und doch ist das im höchsten Maße albern, wo es doch möglich ist, sich, wann immer man es will, in sich selbst zurückzuziehen. Denn an keinen ruhigeren und sorgenfreieren Ort kann sich der Mensch zurückziehen als in seine eigene Seele, besonders, wenn er in sich etwas hat, in das er sich versenken und sofort vollkommene Erleichterung finden kann. Unter »Erleichterung« verstehe ich nichts anderes als innere Harmonie. Gönne dir also immer wieder einen solchen Rückzug und erneuere dich selbst. Es soll aber kurz und grundlegend sein, was dir, wenn es dir einfällt, genügen wird, jede Unzufriedenheit wegzuspülen und dich frei von Unwillen wieder zu den Dingen zu entlassen, denen du dich dann wieder zuwenden musst. Worüber ärgerst du dich denn? Über die Schlechtigkeit der Menschen? Vergegenwärtige dir den Satz, dass alle vernünftigen Wesen füreinander da sind und dass es zur Gerechtigkeit gehört, sie zu ertragen, und dass sie unfreiwillig Fehler machen; (bedenke auch,) wie viele Menschen schon untereinander verfeindet waren, sich misstraut, gehasst und bis zum Tod bekämpft haben und dann zu Asche geworden sind. Hör endlich auf damit (dich darüber zu ärgern)! Oder ärgerst du dich auch darüber, was dir vom Ganzen zugeteilt wurde? Rufe dir die Alternative ins Gedächtnis: »entweder Vorsehung oder Atome«, und erinnere dich an die zahlreichen Beweise dafür, dass der Kosmos einem Staat gleicht. Oder wird dich das Körperliche noch berühren? Bedenke, dass sich der Geist nicht mit dem sich ruhig oder heftig bewegenden Lebensatem vermischt, sobald er sich einmal abgesondert und seine eigene Macht erkannt hat, und denk ferner daran, wie viel du über Schmerz und Lust gehört und beherzigt hast. Oder wird dich die Erwartung auf ein bisschen Ruhm täuschen? Sieh doch, wie schnell alles in Vergessenheit gerät, und denk an die Kluft der unendlichen Zeit nach beiden Seiten hin, an die Nichtigkeit des Nachruhmes, an den Wankelmut und die Urteilslosigkeit derer, die dich zu rühmen scheinen, und an die Enge des Raumes, auf den der Ruhm begrenzt bleibt. Die ganze Erde ist ja nur ein Punkt; und ein wie kleines Fleckchen davon ist dieses besiedelte Gebiet? Und wie viele und was für Leute sind hier, die dich preisen werden? Denk also fortan an den Rückzug in dieses kleine Gebiet deiner selbst und lass dich vor allem nicht ablenken und errege dich nicht, sondern sei frei und betrachte die Dinge wie ein Mann, wie ein Mensch, wie ein Bürger, wie ein sterbliches Wesen. Zu den Sätzen, die dir unmittelbar parat sein müssen und nach denen du dich richten sollst, sollen folgende zwei gehören: Erstens, dass die Dinge die Seele nicht berühren, sondern unbewegt außerhalb stehen, dass aber Belästigungen ausschließlich daher rühren, wie wir die Dinge in unserem Inneren aufnehmen. Zweitens, dass sich alles, was du siehst, sogleich verwandeln und nicht mehr sein wird. Denk stets daran, bei wie vielen Dingen du diese Veränderung schon selbst erlebt hast. Der Kosmos ist Veränderung, das Leben nur Annahme.

4

Wenn uns das Denkvermögen gemeinsam ist, dann ist uns auch die Vernunft, der zufolge wir vernünftig sind, gemeinsam. Wenn dem so ist, dann ist uns auch die Vernunft, die uns aufträgt, was zu tun ist und was nicht, gemeinsam. Ist dies der Fall, so ist uns auch das Gesetz gemeinsam. Wenn das richtig ist, dann sind wir alle Bürger und haben somit alle Anteil an einer Art von Staatswesen. Wenn das zutrifft, dann ist der Kosmos so etwas wie ein Staat. Zu welchem gemeinsamen Staatswesen, so könnte einer fragen, sollte das gesamte Menschengeschlecht denn gehören? Von dort aber, von diesem gemeinsamen Staat, haben wir gerade unser Denkvermögen, unsere Vernunft und unser Gesetzeswesen. Oder woher sonst? Denn wie ich das Erdhafte von einer gewissen Erde zugeteilt erhielt, das Feuchte von einem anderen Element, den Atem wiederum und das Warme und Feurige jeweils aus einer eigenen Quelle – denn nichts kommt aus dem Nichts, wie es ja auch nicht in Nichts vergeht –, so kommt auch das Denkvermögen von irgendwoher.

5

Der Tod ist ebenso wie die Geburt ein Geheimnis der Natur; diese ist eine Verbindung aus denselben Grundstoffen, wie jener eine Auflösung in sie ist; aber da ist nichts, was uns unwürdig vorkommen könnte. Denn für ein vernünftiges Wesen widerspricht er weder der (natürlichen) Abfolge noch widerspricht er dem Sinn seiner Existenz.

6

Es liegt in der Natur der Sache, dass unter Menschen solchen Schlages Derartiges zwangsläufig geschieht. Wer das nicht will, will, dass die Feige keinen Saft hat. Überhaupt erinnere dich daran, dass ihr beide, sowohl du als auch er, in kürzester Zeit sterben werdet und dass binnen Kurzem nicht einmal euer Name übrig sein wird.

7

Sag dich von deiner Einbildung los, dann ist es auch vorbei mit der Vorstellung: »Mir wurde Schaden zugefügt«. Beseitige das: »Mir wurde Schaden zugefügt«, dann ist auch der Schaden beseitigt.

8

Was den Menschen nicht schlechter macht, als er schon ist, das macht auch sein Leben nicht schlechter und schadet ihm weder äußerlich noch innerlich.

9

Das Wesen des Nützlichen ist es, notwendigerweise auch Nützliches zu tun.

10

Alles, was geschieht, geschieht zu Recht. Wenn du genau darauf achtest, wirst du es bestätigt finden. Ich meine nicht nur, dass es folgerichtig ist, sondern auch dass es gerecht ist und wie von jemandem nach Gebühr zugeteilt. Gib also wie bisher Acht und tue alles, was du tust, in dem Bestreben, gut zu sein, wie man sich den Guten im eigentlichen Sinne vorstellt. Daran halte dich bei allem, was du tust.

11

Fass die Dinge nicht so auf, wie sie der beurteilt, der dich beleidigen will, oder wie er es möchte, dass du sie beurteilst, sondern sieh sie so, wie sie wirklich sind.

12

Zu zweierlei musst du stets bereit sein: erstens nur das zu tun, was dir die Stimme der regierenden und gesetzgeberischen Kunst zum Wohle der Menschen eingibt, zweitens deine Meinung zu ändern, falls jemand da ist, der dich korrigiert und von einer falschen Meinung abbringt. Die Meinungsänderung muss freilich immer von der Überzeugung ausgehen, dass etwas gerecht ist oder dem Gemeinwohl dient, und das Abweichen von deiner Meinung muss immer ausschließlich so sein, und nicht weil es angenehm oder ruhmvoll erschien.

13
Besitzt du Vernunft? Ja. Warum gebrauchst du sie also nicht? Denn wenn sie das Ihre tut, was willst du dann noch?

14
Du tratest in die Welt als ein Teil (von ihr). Du wirst wieder in dem verschwinden, was dich gezeugt hat, oder besser: Du wirst verwandelt in die Keimkraft seiner Vernunft aufgenommen werden.

15
Viele Weihrauchkörnchen auf demselben Altar; das eine fiel früher herab, das andere später, doch das macht keinen Unterschied.

16
Binnen zehn Tagen wirst du denen als Gott erscheinen, für die du jetzt ein wildes Tier oder ein Affe bist, vorausgesetzt, dass du wieder zu den Leitsätzen und zur Verehrung der Vernunft zurückkehrst.

17
Tu nicht so, als ob du tausende Jahre zu leben hättest. Das Verhängnis schwebt schon drohend über deinem Haupt. Werde gut, solange du lebst, solange es dir möglich ist.

18
Wie viel Muße gewinnt derjenige, der nicht darauf achtet, was sein Nächster sagt, tut oder denkt, sondern nur darauf, was er selbst tut, damit eben dies gerecht und fromm ist oder einem

guten Menschen entspricht. Du darfst dich nur ja nicht nach einem ruchlosen Charakter umsehen, sondern musst unbeirrt auf der geraden Linie laufen.

19

Wer um seinen Nachruhm fürchtet, denkt nicht daran, dass jeder von denen, die sich an ihn erinnern, selbst sehr bald sterben wird, dann wiederum auch sein Nachfolger, bis endlich jede Erinnerung an ihn, die den Weg durch Entfachen und Verlöschen genommen hat, auch selbst gänzlich erlischt. Nimm einmal an, dass die Menschen, die sich an dich erinnern werden, unsterblich sind und dass auch das Andenken an dich unsterblich ist. Was hättest du denn davon? Und ich sage nicht, dass der Tote nichts davon hat. Doch was hat der Lebende vom Ruhm? Abgesehen von gewissen materiellen Vorteilen. Du lässt jetzt zur Unzeit die Gabe der Natur ungenutzt vorübergehen, wenn du dich abhängig machst vom Gerede irgendeines anderen.

20

Ferner ist alles, was auch nur irgendwie schön ist, aus sich selbst heraus schön und findet bei sich selbst sein Ende; daher bedarf es auch nicht des Lobes. Was man lobt, wird dadurch weder besser noch schlechter. Das sage ich auch von den Dingen, die man gemeinhin als schön bezeichnet, wie zum Beispiel materielle Gegenstände und Kunstwerke. Was sollte das wahrhaft Schöne sonst noch brauchen? Ebenso wenig wie das Gesetz, die Wahrheit, das Wohlwollen oder die Ehrfurcht. Was davon ist schön, weil es gelobt wird, oder geht deshalb zugrunde, weil es getadelt wird? Wird der Smaragd schlechter, wenn er nicht gelobt wird? Wie ist das beim Gold, Elfenbein und Purpur, bei der Leier, beim Dolch und bei einem Blümchen oder bei einem Bäumchen?

21

Wenn die Seelen fortleben, wie finden sie dann von Ewigkeit an Platz in der Luft? Wie finden die Körper, die seit ewigen Zeiten begraben werden, Platz in der Erde? Wie hier ihre Umwandlung und Verwesung Platz für andere Tote schafft, so bleiben auch die in die Luft übergegangenen Seelen nur eine Zeitlang dort; dann verwandeln und verflüchtigen sie sich, werden zu Feuer und werden wieder in die zeugende Vernunft des Alls aufgenommen und schaffen so Platz für die an ihre Stelle nachrückenden Seelen. So könnte die Antwort lauten, wenn man an den Fortbestand der Seelen glaubt. Man muss aber nicht nur an die Menge der so begrabenen Körper denken, sondern auch an die Tag für Tag von uns und anderen Lebewesen verzehrten Tiere. Denn welch große Zahl wird verzehrt und so gleichsam in den Körpern derer, die sich von ihnen ernähren, begraben. Und trotzdem finden sie alle Platz, weil sie in Blut, luftartige oder feurige Substanz verwandelt worden sind. Worauf beruht in diesem Fall die Erforschung der Wahrheit? Auf der Unterscheidung von Materie und Verursachung.

22

Nicht unstet umherschweifen, sondern bei jedem inneren Streben das Gerechte verwirklichen und sich bei allen Vorstellungen klares Denken bewahren.

23
Ich stimme mit allem überein, was mit dir, Kosmos, übereinstimmt. Für mich ist nichts zu früh oder zu spät, was für dich rechtzeitig ist. Für mich ist alles eine Frucht, was deine Jahreszeiten bringen, Natur. Von dir kommt alles, in dir ist alles, in dich kehrt alles zurück. Jener (Dichter) sagt: »Geliebte Stadt des Kekrops.« Wirst du nicht sagen: »Geliebte Stadt des höchsten Gottes«?

24
»Tue nur Weniges«, sagt er, »wenn du guten Mutes sein willst.« Ist es nicht besser, nur das Notwendige zu tun und nur das, was die Vernunft eines seiner Natur nach politischen Wesens gebietet, und so, wie sie es gebietet? Denn das bringt guten Mut, nicht nur, weil man dann das Richtige tut, sondern auch, weil man nur wenig tut. Denn wenn man das meiste von dem, was wir sagen und tun, unterlässt, weil es ja unnötig ist, wird man mehr Muße und inneren Frieden haben. Deshalb soll man sich auch jeweils daran erinnern: Ist das wirklich notwendig? Man muss aber nicht nur die unnötigen Handlungen vermeiden, sondern auch solche Vorstellungen. Denn so werden auch keine überflüssigen Handlungen folgen.

25
Versuche einmal, wie dir das Leben eines guten Menschen bekommt, der mit dem zufrieden ist, was ihm vom Weltganzen zugeteilt worden ist, und mit dem eigenen gerechten Handeln und mit seiner eigenen wohlwollenden Gesinnung sein Auskommen findet.

26
Hast du das gesehen? Dann sieh auch Folgendes: Beunruhige dich nicht selbst. Werde schlicht und einfach. Begeht jemand einen Fehler? Er begeht ihn nur für sich selbst. Ist dir etwas zugestoßen? Gut. Alles, was dir widerfährt, wurde dir von Anfang an vom Weltganzen aus zugeteilt und mitbestimmt. Überhaupt: Das Leben ist kurz; man muss die Gegenwart mit Vernunft und Gerechtigkeit nützen. Sei nüchtern und entspannt.

27
Fürwahr, entweder ist die Welt wohlgeordnet, oder sie ist ein zufällig zustande gekommenes Gemisch, aber ohne jede Ordnung. Oder kann in dir eine Ordnung sein, im Ganzen aber eine Unordnung, und das, wo doch alles, so getrennt und zerteilt es auch ist, miteinander in Beziehung steht?

28
Schwarzer Charakter, ein weibischer Charakter, ein halsstarriger, tierischer, viehischer, kindischer, dummer, falscher, verschlagener, krämerhafter, tyrannischer Charakter.

29
Wenn derjenige ein Fremdling im Kosmos ist, der die Dinge, die in ihm sind, nicht begreift, dann ist der nicht weniger ein Fremdling, der die Vorgänge in sich nicht erkennt. Ein Flüchtling ist, wer sich der politischen Vernunft entzieht, ein Blinder, wer das Auge der Vernunft schließt, ein Bettler, wer einen anderen braucht und nicht alles für das Leben Notwendige aus sich selbst heraus hat. Ein Abszess des Kosmos ist, wer sich von der Vernunft der ge-

meinsamen Natur absondert und trennt, dadurch dass er sich mit dem, was geschieht, nicht zufrieden gibt. Denn sie, die auch dich hervorgebracht hat, bringt das mit sich. Ein Abtrünniger der Gemeinschaft ist, wer seine eigene Seele von der einen Seele aller Vernünftigen abtrennt.

30

Der eine philosophiert ohne Hemd, der andere ohne Buch. Ein anderer sagt halbnackt: »Ich habe kein Brot und bleibe doch der Vernunft treu.« Ich aber kann mich von den Wissenschaften nicht ernähren und bleibe ihnen doch treu.

31

Liebe das bisschen Kunst, das du gelernt hast, und ruhe dich bei ihr aus. Gehe durch den Rest deines Lebens so, als ob du all das Deine von ganzer Seele den Göttern anvertraut hättest, mach dich aber weder zum Tyrannen noch zum Sklaven irgendeines anderen Menschen.

32

Denk einmal zum Beispiel an die Zeiten unter Vespasian; da wirst du all das sehen: Menschen, die heiraten, Kinder großziehen, krank sind, sterben, Krieg führen, feiern, Handel treiben, ihr Land bestellen, solche, die schmeicheln, anmaßend, argwöhnisch oder heimtückisch sind, die anderen den Tod wünschen, über die Gegenwart jammern, lieben, Schätze anhäufen oder Konsulate und Königswürden erstreben. Und vom Leben all dieser Menschen nirgends mehr eine Spur. Gehe dann wieder zu den Zeiten Trajans. Abermals wirst du hier alles genauso finden. Tot ist auch dieses Leben. Betrachte gleichfalls die Grabinschriften anderer Zeiten und ganzer Völker und sieh, wie viele Menschen trotz ihrer Anstrengungen nach kurzer Zeit dahinsanken und sich in ihre Grundstoffe aufgelöst haben. Vor allem aber musst du dich an jene erinnern, die du selbst noch kanntest, wie sie nach eitlen Dingen haschten, aber nicht daran dachten, das zu tun, was ihrem eigenen Wesen entsprach, und unablässig daran festzuhalten und sich damit zu begnügen. In diesem Zusammenhang musst du auch daran denken, dass die Hingabe bei all unseren Handlungen einen eigenen Wert hat und den Handlungen angemessen sein soll. Dann wirst du nicht ungeduldig aufhören, wenn du dich nicht länger, als sich's gebührt, mit Kleinigkeiten abgeben musst.

33

Ausdrücke, die einst gang und gäbe waren, sind jetzt veraltet. So sind auch die Namen von Männern, die einst in aller Munde waren, heute gewissermaßen veraltet: Camillus, Caeso, Volesus, Dentatus, bald darauf wird dies aber auch mit Scipio, und Cato, sodann sogar mit Augustus und dann mit Hadrian und Antoninus der Fall sein. Denn alles ist vergänglich; bald weiß nur noch die Sage davon, und so gerät es schnell in völlige Vergessenheit. Und das sage ich von Menschen, deren Ruhm in so erstaunlicher Weise glänzte. Alle Übrigen sind ja zusammen mit ihrem letzten Atemzug verschwunden und verschollen. Was ist denn überhaupt ewiger Nachruhm? Eine völlig nichtige Sache. Was gibt es also, worum man sich so eifrig bemühen sollte? Nur dies eine: eine gerechte Gesinnung, Taten im Dienste der Gemeinschaft, eine Rede, die niemals lügt, und eine Einstellung, die alles, was sich ereignet, als notwendig und vertraut willkommen heißt, weil es einem solchen Urgrund entstammt und aus einer solchen Quelle entspringt (wie wir).

34

Gib dich freiwillig Klotho anheim und lass sie deinen Lebensfaden mit den Dingen zusammenspinnen, mit denen sie will.

35

Alles ist von kurzer Dauer, sowohl, was sich erinnert, als auch, woran es sich erinnert.

36

Betrachte unaufhörlich alles, was durch Verwandlung entsteht, und gewöhne dich an den Gedanken, dass die Natur des Weltganzen nichts so sehr liebt, wie das Seiende zu verwandeln und daraus Neues von gleicher Art zu schaffen. Denn alles Seiende ist gewissermaßen ein Samen dessen, was aus ihm hervorgehen wird. Du aber stellst dir nur das als Samen vor, was in die Erde oder in den Mutterschoß fällt. Diese Vorstellung ist freilich allzu laienhaft.

37

Du wirst bald tot sein und bist noch immer nicht schlicht und einfach, ruhig und ohne Argwohn, du könntest von außen einen Schaden erleiden, bist nicht freundlich zu allen Menschen und setzt dein Denken noch immer nicht ausschließlich darauf, gerecht zu handeln.

38
Durchschaue ihre leitende Vernunft und was die Klugen meiden und wonach sie streben.

39
In der leitenden Vernunft eines anderen entsteht für dich nichts Böses, auch nicht in der Wandlung und Veränderung seiner körperlichen Hülle. Wo dann? Wo bei dir die Meinung über das Böse ihren Sitz hat. Das soll sich nun keine Meinung bilden, und alles ist in Ordnung. Selbst wenn das, was ihm am nächsten steht, der armselige Körper, geschnitten oder gebrannt wird, durch und durch eitert oder fault, so soll trotzdem der Teil, der sich darüber eine Meinung bildet, ruhig bleiben, das heißt, er soll sich zu dem Urteil durchringen, dass das, was gleicherweise einem schlechten wie einem guten Menschen widerfahren kann, weder etwas Schlechtes noch etwas Gutes ist. Was nämlich dem gegen die Natur Lebenden in gleicher Weise wie dem nach der Natur Lebenden widerfährt, das ist weder gemäß der Natur noch wider sie.

40
Sich den Kosmos stets als ein Lebewesen vorstellen, das nur ein Sein und eine Seele hat, und wie alles der einen Wahrnehmung desselben übermittelt wird, wie er alles durch einen einzigen Antrieb bewirkt, wie alles mit allem, was geschieht, in einem ursächlichen Zusammenhang steht und welcher Art diese Verflechtung und Verwobenheit ist.

41
Du bist eine Seelchen, das einen Leichnam trägt, wie Epiktet sagte.

42
Für Dinge, die sich in Umwandlung befinden, gibt es nichts Böses, wie auch nichts Gutes für solche, die aus der Umwandlung hervorgehen.

43
Die Zeit ist ein Strom aus allem, was geschieht, eine gewaltige Flut. Denn kaum kommt etwas zum Vorschein, ist es auch schon vorbeigetrieben, und etwas anderes treibt heran und gleich auch das Nächste.

44
Alles, was geschieht, ist so vertraut und bekannt wie die Rose im Sommer und das Obst im Herbst. So ist's auch mit der Krankheit und dem Tod, mit Schmähung, Nachstellung, und was sonst noch den Toren erfreut oder schmerzt.

45
Das Nachfolgende schließt sich jeweils dem Vorausgehenden verwandtschaftlich an. Denn das ist nicht etwa eine Aufzählung von unzusammenhängenden Dingen, die nur zwangsweise erfolgt, sondern es hat einen vernünftigen Zusammenhang. Und wie das Seiende harmonisch angeordnet ist, so zeigt auch alles Geschehen nicht ein bloßes Nacheinander, sondern eine wunderbare innere Verwandtschaft.

46

Stets an die Worte des Heraklit denken: Der Tod der Erde ist es, Wasser zu werden, der Tod des Wassers ist es, Luft, der der Luft, Feuer zu werden, und umgekehrt. Aber auch an den denken, der vergisst, wohin der Weg führt. Auch daran, dass sie vor allem mit der Vernunft, mit der sie doch dauernd zu tun haben und die das Weltganze durchwaltet, am wenigsten in Einklang stehen und dass ihnen gerade das, dem sie doch täglich begegnen, fremd erscheint; und dass man nicht wie im Schlaf handeln und reden darf; denn auch im Schlaf scheinen wir ja zu handeln und zu reden; und dass man auch nicht »wie die Kinder der Eltern« handeln darf, das heißt einfach ausgedrückt, »wie wir es übernommen haben«.

47

Wie du, wenn dir ein Gott sagte, du würdest morgen sterben oder allenfalls übermorgen, es nicht mehr für wichtig hieltest, ob es eher übermorgen oder morgen sein wird, zumindest wenn du kein ganz minderwertiger Mensch bist – wie groß ist denn der Unterschied? –, so miss auch der Frage, ob du erst in vielen Jahren sterben wirst oder schon morgen, keine große Bedeutung zu.

48

Immer daran denken, wie viele Ärzte schon gestorben sind, die oft über ihre Kranken die Stirn gerunzelt haben, wie viele Astrologen, die den Tod anderer als etwas Großes vorausgesagt, wie viele Philosophen, die über Tod und Unsterblichkeit endlose Reden gehalten, wie viele Helden, die zahlreiche Feinde getötet, und wie viele Tyrannen, die ihre Gewalt über Leben und Tod mit furchtbarem Übermut missbraucht haben, als ob sie selbst unsterblich wären. Wie viele Städte sind sozusagen zur Gänze gestorben, Helike, Pompeji, Herculaneum und unzählige andere. Gehe auch der Reihe nach alle, die du gekannt hast, durch; der eine hat diesen bestattet, der andere jenen, und ist dann selbst bestattet worden, und das alles in so kurzer Zeit. Kurz und gut: Immer das Menschliche als vergänglich und nichtig betrachten, gestern noch ein bisschen Schleim, morgen Mumie oder Asche. Diese winzige Spanne Zeit also gemäß der Natur durchwandern und dann heiter abgehen, wie eine Olive, die reif vom Baum fällt, die Erde preist, die sie hervorbrachte, und dem Baum dankt, der sie wachsen ließ.

49

Der Klippe gleich sein, an der sich unaufhörlich die Wogen brechen. Sie aber steht fest, und rings um sie beruhigt sich das tosende Wasser. »Ich Unglücklicher, dass mir das widerfahren musste.« Doch nein, sag das nicht, sondern: »Ich Glücklicher, dass ich, wiewohl mir das widerfahren ist, unbekümmert bleibe, ungebrochen vom gegenwärtigen Unglück und ohne Furcht vor der Zukunft.« Denn solches könnte jedem widerfahren, aber nicht jeder wäre darüber unbekümmert geblieben. Warum also sollte jenes Ereignis mehr Unglück als Glück sein? Kann man überhaupt etwas als Unglück des Menschen bezeichnen, was nicht ein Missgeschick der menschlichen Natur ist? Scheint dir das ein Missgeschick der menschlichen Natur zu sein, was nicht gegen den Willen seiner Natur ist? Wie nun? Den Willen kennst du. Hindert dich etwa dieses Ereignis daran, gerecht, großherzig, beherrscht, besonnen, zurückhaltend, wahrhaftig, bescheiden, unabhängig zu sein und all die anderen Eigenschaften zu haben, in deren Zusammentreffen die Eigentümlichkeit der Natur des Menschen besteht? Denke künftig bei allem, was dir Leid bereitet, daran, dich an folgenden Grundsatz zu halten: Das ist kein Unglück, im Gegenteil, es mit Anstand zu ertragen, ist ein Glück.

50

Es ist ein läppisches, aber dennoch wirksames Mittel zur Verachtung des Todes, sich diejenigen zu vergegenwärtigen, die zäh an ihrem Leben hingen. Was hatten sie denn denen voraus, die früher verstorben sind? Jedenfalls liegen irgendwo ein Caedicianus und Fabius, ein Iulianus und ein Lepidus oder sonst wer, die viele zu Grabe getragen haben, dann aber selbst zu Grabe getragen wurden. Überhaupt ist die unterschiedliche Zeitspanne (zwischen der Lebensdauer einzelner Personen) nur gering, und unter wie viel (Mühen), mit welchen Menschen und in welch elendem Leib wird sie zurückgelegt! Halte sie also nicht für wichtig! Blicke zurück in die endlose Vergangenheit und nach vorne in die grenzenlose Zukunft. Was ist dann noch für ein Unterschied zwischen einem Kind, das nur drei Tage alt geworden ist, und einem Mann, der dreimal so alt wurde wie der greise Nestor?

51

Nimm immer den kürzesten Weg! Der kürzeste Weg aber ist der, der mit der Natur übereinstimmt. All unser Reden und Tun erfolgt dann auf die gesündeste Weise. Ein solcher Vorsatz befreit dich von Mühsal und Zaudern und von jeder Berechnung und Verschlagenheit.

FÜNFTES BUCH

1

Wenn du des Morgens widerwillig aufwachst, dann sei dein erster Gedanke: Ich wache auf, um die Arbeit eines Menschen zu verrichten. Da sollte ich noch schlechte Laune haben, wo ich mich doch anschicke, das zu tun, weswegen ich da bin und wozu ich zur Welt gekommen bin? Oder bin ich dazu bestimmt, im Bett zu liegen und mich zu wärmen? »Aber das ist doch angenehmer.« Bist du also zum Genießen da? Ja überhaupt, zum Vergnügen oder zum Arbeiten? Siehst du nicht die Pflanzen, die Vögel, die Ameisen, die Spinnen, die das ihnen zugedachte Werk verrichten und für ihren Teil den Kosmos mitgestalten? Und da weigerst du dich, deine Arbeit als Mensch zu tun? Eilst nicht zu dem, was deiner Natur gemäß ist? »Aber man muss sich doch auch ausruhen.« Gewiss. Das meine auch ich. Doch auch dafür hat die Natur Grenzen gesetzt, wie für Essen und Trinken. Und trotzdem gehst du über das, was dir genügen sollte, hinaus? Nur nicht bei deinen Taten, da »bleibst du im Bereich des Möglichen«. Du liebst dich eben selbst nicht. Denn sonst würdest du auch deine Natur und ihren Willen lieben. Andere lieben ihre Künste, bieten all ihre Kräfte für die entsprechenden Leistungen auf und vergessen dabei ganz, sich zu waschen und zu essen. Du aber achtest deine Natur weniger als der Bildhauer die Bildhauerkunst oder der Tänzer die Tanzkunst oder der Geldgierige das Geld oder der Ruhmsüchtige das bisschen Ruhm? Und wenn diese Leute sich ihrer Leidenschaft hingeben, dann wollen sie weder schlafen noch essen, sondern nur das weiterbringen, wozu es sie treibt. Dir aber scheinen die Taten für die Gemeinschaft weniger wertvoll zu sein und weniger Eifer zu verdienen?

2

Wie leicht ist es, jede lästige Vorstellung von sich zu weisen und wegzuwischen, wenn sie uns nichts angeht, und sofort wieder völlig beruhigt zu sein.

3

Halte dich für würdig jedes Wortes und jeder Tat, die der Natur entsprechen. Und dabei sollen dich der darauf folgende Tadel oder das Gerede irgendwelcher Leute nicht irremachen, sondern halte es deiner nicht für unwürdig, wenn du etwas Richtiges getan oder gesagt hast. Jene haben eben ihre eigenen Leitlinien und folgen ihrem eigenen Antrieb. Darum brauchst du dich nicht zu kümmern, gehe vielmehr geradewegs auf dein Ziel zu und folge so deiner eigenen und der allgemeinen Natur. Beide haben doch nur ein und denselben Weg.

4

Ich gehe den Weg des Naturgemäßen, bis ich hingesunken bin und ausruhe und meinen Atem dorthin ausgehaucht habe, von wo ich ihn täglich geschöpft habe, bis ich dort hingesunken bin, von wo mein Vater den Samen, meine Mutter das Blut und meine Amme die Milch erhielt, von wo ich mich täglich so viele Jahre lang ernähre und was mich trägt, während ich es mit Füßen trete und so mannigfach missbrauche.

5

Scharfsinn können die Leute an dir nicht bewundern. Sei's drum. Aber vieles andere, von dem du nicht sagen kannst: »Ich bin dafür nicht begabt.« Zeige demnach das, was ganz in deiner Macht steht: Lauterkeit, Würde, Ausdauer, Verachtung der Sinnenlust, Zufriedenheit mit dem Schicksal, Bedürfnislosigkeit, Wohlwollen, Unabhängigkeit, Schlichtheit, Abkehr von Geschwätzigkeit und innere Größe. Merkst du nicht, wie viel du schon zu bieten hast, bei dem du dich nicht auf fehlende Begabung und Unfähigkeit herausreden kannst? Und dennoch bleibst du immer noch aus freien Stücken auf deinem niedrigen Niveau? Oder bist du etwa gezwungen, zu murren, knickerig zu sein, zu schmeicheln, deinem armseligen Körper die Schuld zu geben, vor den Menschen zu kriechen, zu prahlen und deiner Seele so viel Unruhe zu bereiten, weil du unbegabt bist? Nein, bei den Göttern. Du könntest vielmehr davon schon längst befreit sein und allenfalls, wenn überhaupt, als recht langsam und schwer von Begriff verurteilt werden. Aber auch daran muss man arbeiten, ohne dabei unaufmerksam zu sein und ohne an seiner eigenen Trägheit Gefallen zu finden.

6

So mancher, der jemandem eine Gefälligkeit erwiesen hat, ist schnell geneigt, ihm die Gunst vorzurechnen. Ein anderer ist zwar nicht so schnell damit, denkt aber sonst bei sich an ihn wie an einen Schuldner und ist sich seiner Wohltat doch bewusst. Ein dritter aber weiß gewissermaßen nicht einmal, was er getan hat, sondern gleicht einem Weinstock, der Trauben getragen hat und nichts weiter verlangt, nachdem er einmal seine eigene Frucht hervorgebracht hat. Ein Mensch, der Gutes getan hat, strebt nach nichts, sondern geht gleich zur nächsten Wohltat über, wie ein Weinstock, der sich anschickt, rechtzeitig wieder Trauben zu tragen, wie ein Pferd nach dem Rennen, wie ein Hund, der das Wild aufgespürt, und eine Biene, die Honig erzeugt hat. Man soll zu denen gehören, die das Gute gewissermaßen ohne Überlegung tun. »Ja. Aber man muss dabei doch auch überlegen. Denn, wie es heißt, ist es eine Eigentümlichkeit des zur Gemeinschaft bestimmten Menschen, sich dessen bewusst zu sein, dass er gemeinschaftsbezogen handelt, und, beim Zeus, zu wünschen, dass auch seine Mitmenschen das merken.« Was du sagst, ist zwar richtig, was ich aber jetzt meine, hast du nicht verstanden. Deshalb wirst du zu denen gehören, die ich vorhin erwähnt habe. Denn auch sie lassen sich durch ein logisch überzeugendes Argument in die Irre führen. Wenn du aber den Sinn des Gesagten begreifen willst, dann fürchte nicht, deswegen eine gemeinschaftsfördernde Tat zu unterlassen.

7

Ein Gebet der Athener: Lass es regnen, lass es regnen, lieber Zeus, auf die Felder der Athener und auf ihre Wiesen. Entweder soll man gar nicht beten oder so einfach und aufrichtig.

8

Wie man sagt: »Asklepios verordnete diesem Menschen Reiten, kalte Bäder oder Barfußgehen«, genauso gut könnte man auch sagen: »Die Allnatur verordnete diesem Menschen Krankheit, Verstümmelung, oder Verlust (von Gliedmaßen) oder etwas anderes dieser Art.« Denn auch dort bedeutet das Wort »verordnete« etwa

Folgendes: »Er verordnete ihm das, weil es der Gesundheit entspricht.« Und hier ist ihm das, was jedem Einzelnen widerfährt, irgendwie dem Schicksal nach entsprechend verordnet. So sagen wir auch, dass sich die Dinge für uns »fügen« (uns widerfahren), wie auch die Baufachleute sagen, dass die Quadersteine in die Mauern oder Pyramiden passen, wenn sie sich nach einem bestimmten Verfahren miteinander verbinden. Denn überhaupt ist alles eine einzige Harmonie (Fügung), und wie der Kosmos sich aus allen Einzelkörpern zu einem so vollkommenen Körper zusammensetzt, so setzt sich das Schicksal aus allen Ursachen zu einer so vollkommenen Ursache zusammen. Was ich sage, verstehen auch die ganz einfachen Leute; denn sie sagen: »Das hat es (das Schicksal) für ihn gebracht.« Also wurde ihm das gebracht, und somit wurde ihm dieses verordnet. Nehmen wir es also so an wie das, was Asklepios verordnet. Vieles ist freilich auch bei diesem hart, aber wir begrüßen es in der Hoffnung auf Gesundheit. Die vollständige Verwirklichung der Dinge, die die allgemeine Natur beschlossen hat, soll dir deiner Gesundheit vergleichbar erscheinen. Und so heiße alles, was geschieht, willkommen, wenn es auch noch so hart erscheint, weil es dorthin führt: zur Gesundheit des Kosmos und zur Wohlfahrt und zum erfolgreichen Wirken des Zeus. Denn er hätte das nicht für den Menschen gebracht, wenn es nicht dem Ganzen zuträglich wäre. Denn auch eine beliebige Natur bringt nichts, was nicht dem von ihm durchwalteten Wesen angemessen ist. Du musst also aus zwei Gründen das, was dir widerfährt, lieben: erstens, weil es dir passierte, dir verordnet wurde und irgendwie mit dir verbunden ist, vom Schicksal dir von oben her aus den ältesten Ursachen zugedacht; zweitens, weil es für den, der das Weltganze durchwaltet, die Ursache seiner

Wohlfahrt und seiner Vollkommenheit und, beim Zeus, auch ihrer Fortdauer ist. Denn das Ganze wird verstümmelt, wenn du aus seinem Zusammenhang und Zusammenhalt auch nur ein einziges seiner Glieder herausbrichst; und mit den Ursachen ist es genauso. Was aber dich betrifft, so brichst du etwas heraus, wenn du unzufrieden bist, und in gewisser Weise richtest du damit das Ganze zugrunde.

9

Keinen Ekel empfinden, nicht den Mut verlieren und nicht verzweifeln, wenn es dir nicht immer gelingt, all deine richtigen Beschlüsse umzusetzen; kehre vielmehr nach Misserfolgen zu deinen Beschlüssen zurück und gib dich damit zufrieden, wenn die Mehrzahl deiner Handlungen einigermaßen menschenwürdig ist, und liebe das, zu dem du zurückgekehrt bist; kehre nicht zur Philosophie wie zu einem Schulmeister zurück, sondern wie die Augenkranken zum Schwämmchen und zum Eiweiß, oder wie ein anderer zum Pflaster und zu Umschlägen. Denn so wirst du nicht stolz darauf verweisen, dass du der Vernunft gehorchst, sondern dich bei ihr erholen. Denk daran, dass die Philosophie nur das will, was deine Natur will; du aber wolltest etwas anderes, was nicht der Natur entspricht. Was ist denn angenehmer als das? Täuscht denn nicht die Lust eben dadurch? Überlege aber, ob nicht Großmut, Unabhängigkeit, Einfachheit, Güte und Frömmigkeit angenehmer sind. Was ist denn angenehmer als die Einsicht selbst, wenn du bedenkst, wie in allen Dingen ihr geistiges Fassungsvermögen unfehlbar und erfolgreich ist?

10

Die Dinge sind gewissermaßen in ein solches Dunkel gehüllt, dass nicht wenige Philosophen, und zwar nicht die schlechtesten, glaubten, man könne sie überhaupt nicht erkennen; nur die Stoiker halten sie für – wenn auch nur schwer – erkennbar. Auch all unsere Zustimmung (zu den Ergebnissen der Sinneswahrnehmung) ist veränderlich. Denn wo gibt es jemanden, der keiner Veränderung unterworfen ist. Wende dich einmal den materiellen Dingen zu, wie kurzlebig und wertlos sie sind, und dass sie auch im Besitz eines Unzüchtigen, einer Dirne oder eines Räubers sein können. Dann denk an den Charakter deiner Mitmenschen, von denen man selbst den liebenswürdigsten kaum ertragen kann, um nicht zu sagen, dass man sich sogar selbst nur mit Mühe erträgt. Ich vermag nicht einzusehen, was man bei solchem Dunkel und Schmutz und bei einer so großen Veränderung des Seins, der Zeit, der Bewegung und des Bewegten für wertvoll halten oder überhaupt erstreben könnte. Im Gegenteil, man muss sich selbst gut zureden und auf die natürliche Erlösung warten und darf nicht über die Verzögerung unwillig sein, sondern sich allein bei folgenden Gedanken beruhigen: erstens, dass mir nichts widerfahren wird, was gegen die Natur des Weltganzen ist; zweitens, dass es mir freisteht, nichts gegen meinen Gott und gegen meinen göttlichen Geist zu tun. Denn es gibt niemanden, der mich zwingen könnte, mich ihm zu widersetzen.

11

Wozu brauche ich denn jetzt eigentlich meine Seele? Bei allem und jedem muss man sich dies fragen und prüfen: »Was geht jetzt bei mir in diesem Teil vor, den man den herrschenden nennt, und wessen Seele habe ich jetzt? Etwa die eines Knaben, eines Jünglings, einer schwachen Frau, eines Tyrannen, eines zahmen Tieres oder einer Bestie?«

12

Was die breite Masse für gut hält, könntest du aus Folgendem entnehmen: Wenn nämlich jemand über Dinge nachdenkt, die tatsächlich gut sind, wie zum Beispiel Einsicht, Selbstbeherrschung, Gerechtigkeit und Tapferkeit, dann könnte er, nachdem er zuvor über diese Dinge nachgedacht hat, kein weiteres Wort mit dem Attribut »gut« mehr hören. Denn das wird dann nicht mehr passen. Wenn aber jemand zuvor an die Dinge gedacht hat, die der breiten Masse als gut erscheinen, so wird er sich das Wort des Komödiendichters anhören und gern als zutreffend hinnehmen. Denn so kann sich auch die breite Masse den Unterschied vorstellen. Denn sonst würde uns jenes Wort nicht anstößig und unwürdig vorkommen, wenn es aber auf den Reichtum und die dem Luxus oder dem Ansehen dienenden Annehmlichkeiten angewandt wird, billigen wir es als zutreffende und witzige Formulierung. Geh nun weiter und frage, ob derlei Dinge wirklich zu schätzen und als gut anzusehen sind, die man sich nur vorzustellen braucht, um nachher passend hinzuzufügen, dass ihr Besitzer vor lauter Überfluss »nicht mehr wüsste, wo er hinscheißen soll«.

13

Ich bestehe aus Ursächlichem und Stofflichem. Keines von beidem wird in Nichts vergehen, wie es ja auch nicht aus dem Nichts entstanden ist. Es wird also jeder Teil von mir durch Umwandlung in einen Teil des Kosmos versetzt werden, und dieser wird sich wieder in einen anderen Teil des Kosmos verwandeln und so weiter bis ins Unendliche. Durch eine solche Verwandlung bin auch ich entstanden, und ebenso meine Eltern und so weiter bis in eine andere Unendlichkeit. Denn nichts hindert mich daran, so zu sprechen, auch wenn der Kosmos in begrenzten Perioden eingerichtet ist.

14

Die Vernunft und die Kunst des Denkens sind Fähigkeiten, die sich selbst und den ihnen entsprechenden Leistungen genügen. Sie nehmen also ihren Ausgang von dem ihnen eigentümlichen Prinzip und nehmen ihren Weg auf das ihnen vorliegende Ziel; daher werden solche Handlungen »richtige Handlungen« genannt, weil sie die Richtigkeit des Weges aufzeigen.

15

Der Mensch darf keines von den Dingen beachten, die ihm, sofern er ein Mensch ist, nicht zustehen. Sie sind keine Erfordernisse für den Menschen, noch sind sie ein Versprechen der Natur des Menschen, und ebenso wenig dienen sie der Vollendung der menschlichen Natur. Auf ihnen beruht also weder das Ziel des Menschen noch das, was dazu beiträgt, dieses Ziel zu erreichen. Wenn ferner etwas von diesen Dingen dem Menschen zustünde, dann stünde es ihm nicht zu, sie zu verachten und sich gegen sie aufzulehnen, und derjenige verdiente kein Lob, der beweist, dass er sie nicht benötige, noch wäre der ein guter Mensch, der sich selbst in einem von ihnen einschränkt, wenn diese Dinge wirklich gut wären. Nun aber ist es so: Je mehr sich einer von diesen oder ähnlichen Dingen befreit oder es erträgt, wenn ihm etwas davon entzogen wird, desto besser ist er.

16

Dein Denken wird so sein, wie du dir gewöhnlich die Dinge vorstellst. Denn die Seele wird von den Vorstellungen gefärbt. Färbe sie daher durch dauernde Vorstellungen wie etwa: Wo man leben kann, kann man auch gut leben. Am Kaiserhof kann man leben. Also kann man auch am Kaiserhof gut leben. Ferner: Wozu ein jedes Wesen ausgerüstet ist, da wird es hingezogen. Wo es hingezogen wird, dort liegt sein Ziel. Wo aber sein Ziel ist, dort liegt auch der Nutzen und das Gute eines jeden Wesens. Das Gute des vernunftbegabten Lebewesens ist die Gemeinschaft. Denn dass wir zur Gemeinschaft geschaffen sind, ist längst bewiesen. Oder ist es nicht klar, dass die niedrigeren Wesen wegen der höheren da sind, und die höheren füreinander? Höher aber als die nicht beseelten Wesen sind die beseelten, höher aber als die beseelten Wesen sind die vernunftbegabten.

17

Unmöglichem nachzujagen ist Wahnsinn; unmöglich aber ist es, dass die schlechten Menschen nicht Schlechtes tun.

18

Niemandem widerfährt etwas, was er nicht von Natur aus ertragen könnte. Einem anderen widerfährt dasselbe (wie dir), und doch bleibt er ruhig und unverletzt, entweder weil er nicht weiß, dass es ihm widerfahren ist, oder weil er seine Charakterstärke dabei zur Schau stellen will. Es wäre aber schlimm, wenn Unwissenheit und Gefallsucht stärker wären als Einsicht.

19

Die Dinge an sich berühren die Seele in keiner Weise; sie haben keinen Zugang zur Seele und können sie auch nicht beeinflussen oder bewegen. Einzig und allein sie selbst beeinflusst und bewegt sich, und nur nach ihren eigenen Werturteilen macht sie für sich die an sie herantretenden Dinge so.

20

Nach der einen Überlegung ist für uns ein Mensch das vertrauteste Wesen, sofern wir ihm Gutes tun und ihn ertragen müssen. Sofern mich aber einige an der Erfüllung der eigenen Aufgaben hindern, wird für mich der Mensch zu einem der gleichgültigen Dinge, nicht anders als die Sonne, der Wind oder ein Tier. Von diesen könnte zwar meine Tätigkeit irgendwie behindert werden, aber für mein Wollen und meine Einstellung gibt es wegen der Möglichkeit eines Vorbehalts und des Ausweichens keine Hindernisse. Denn die Vernunft wendet und lenkt die Behinderung der Tätigkeit ganz und gar in das Vorhaben, und so wird für eine Tat förderlich, was dieselbe zuvor aufhalten wollte, und was zuvor den Weg zu dieser Tätigkeit behindern wollte, gibt ihn jetzt frei.

21

Ehre das stärkste der Dinge im Kosmos. Dieses ist aber das, was alles gebraucht und alles ordnet. Ebenso ehre aber auch das Stärkste in dir. Es ist das, was jenem verwandt ist. Denn auch bei dir ist es das, was alles andere gebraucht und dein Leben ordnet.

22
Was dem Staat nicht schadet, schadet auch dem einzelnen Bürger nicht. Bei jeder Vorstellung, dass du einen Schaden erleidest, wende diese Regel an: Wenn der Staat dadurch nicht geschädigt wird, habe auch ich keinen Schaden. Wenn aber der Staat einen Schaden erleidet, darf man dem nicht zürnen, der den Staat schädigt, sondern man muss ihm zeigen, was sein Versehen ist.

23
Denk oft daran, wie schnell das Seiende und das Werdende vorbeizieht und entschwindet. Denn das Sein ist wie ein Fluss in dauernder Strömung, die Tätigkeiten unterliegen einem ständigen Wechsel und die Ursachen unzähligen Veränderungen, und fast nichts hat Bestand. Denk an die Nähe des unermesslichen Abgrundes der Vergangenheit und der Zukunft, in der alles verschwindet. Wie sollte da der nicht ein Narr sein, der sich unter solchen Umständen aufbläst, sich hin und her zerren lässt oder jammert, als ob ihm etwas dauernd zur Last fiele?

24
Denk an das gesamte Sein, von dem du nur ein winziger Teil bist, und an die ganze Ewigkeit, von der dir nur ein kurzer und kleiner Abschnitt zugemessen ist, und an das Schicksal: Ein wie geringer Teil davon bist du!

25
Ein anderer versündigt sich an mir? Mag er selbst zusehen. Hat er doch seine eigene Verfassung, seine eigene Art zu handeln. Ich habe jetzt, was ich nach dem Willen der Allnatur jetzt haben

soll, und tue, was ich nach dem Willen meiner eigenen Natur zu tun habe.

26

Das leitende und beherrschende Prinzip deiner Seele soll von den sanften oder heftigen Bewegungen in deinem Fleisch unbeeinflusst bleiben und sich nicht mit ihnen verbinden, sondern sich selbst abgrenzen und jene Leidenschaften in den Gliedern in Schranken halten. Wenn sie aber infolge des anderen Mitempfindens in das Denkvermögen eindringen, was ja bei dem vereinigten Körper der Fall sein kann, dann versuche zwar nicht, gegen die sinnliche Wahrnehmung, die ja natürlich ist, anzukämpfen, aber das leitende Prinzip soll von sich aus nicht die Auffassung hinzufügen, es handle sich dabei um etwas Gutes oder Böses.

27

Mit den Göttern Gemeinschaft pflegen. Das tut nur derjenige, der ihnen unablässig zeigt, dass seine Seele mit dem, was ihm zuteilwird, zufrieden ist, und dass sie das tut, was der göttliche Geist will, den Zeus als ein Stück von sich selbst einem jeden als Beschützer und Führer gegeben hat. Das aber ist der Geist und die Vernunft jedes Einzelnen.

28

Du zürnst doch nicht dem Menschen, der nach Schweiß stinkt? Oder dem, der aus dem Mund riecht? Was wird er dir antun? Er hat nun einmal einen solchen Mund und solche Achseln; von solchen Stellen geht unweigerlich eine derartige Ausdünstung aus. »Aber der Mensch hat doch Vernunft«, sagt einer, »und kann, wenn er überlegt, begreifen, worin sein Fehler besteht.« Sehr gut. Doch auch du hast Vernunft; bewege mit deiner vernünftigen Verfassung die seine, zeig ihm seinen Fehler und erinnere ihn daran. Denn wenn er auf dich hört, wirst du ihn kurieren, und es besteht kein Grund zum Zorn. Weder Schauspieler noch Dirne.

29

Wie du nach deinem Hinscheiden zu leben gedenkst, so kannst du auch hier schon leben. Gestattet man dir das aber nicht, dann scheide aus dem Leben, freilich so, als sei dir nichts Schlimmes widerfahren. Wenn es raucht, gehe ich weg. Warum scheint dir das eine große Sache zu sein? Solange mich aber nichts Derartiges vertreibt, bleibe ich da als freier Mann, und niemand wird mich daran hindern zu tun, was ich will. Was ich aber will, entspricht der Natur eines Lebewesens mit Vernunft und Gemeinschaftssinn.

30

Der Geist des Ganzen ist gemeinschaftsfördernd. Daher hat er die niederen Wesen wegen der höheren geschaffen und die höheren miteinander verbunden. Du siehst, wie er die einen unterordnete, die anderen zusammenstellte, jedem nach seinem Wert das Seinige zuteilte und die hervorragendsten Wesen zur Eintracht miteinander zusammenführte.

31

Wie hast du bis jetzt die Götter, Eltern, Brüder, Frau und Kinder, Lehrer, Erzieher, Freunde, Verwandte und Sklaven behandelt? Ob auch für dich allen gegenüber bis jetzt das Wort des Dichters gilt:

»Niemandem etwas Böses gesagt oder getan zu haben«? Erinnere dich aber auch daran, was du durchgemacht und was du tüchtig ertragen hast, und dass die Geschichte deines Lebens schon vollendet und dein Dienst beendet ist, wie viel Schönes du gesehen und wie viele Freuden und Mühen du hingenommen, wie viele Gelegenheiten, Ruhm zu ernten, du nicht beachtet hast und wie vielen undankbaren Menschen du mit Wohlwollen begegnet bist.

32

Warum bringen ungebildete und unwissende Seelen eine gebildete und verständige Seele aus der Fassung? Welche Seele ist nun gebildet und verständig? Doch diejenige, die den Ursprung, das Ziel und die Vernunft kennt, die das ganze Sein durchdringt und das All durch alle Ewigkeit hindurch in festgesetzten Perioden lenkt.

33

Bald schon Asche oder Skelett und nur noch ein Name oder nicht einmal mehr das. Der Name aber ist nur Schall und Rauch. Was im Leben hoch geschätzt wird, ist nichtig, morsch und bedeutungslos, jungen Hunden gleich, die sich (gegenseitig) beißen, und zankenden Kindern, die lachen und dann gleich weinen. Aber Treue, Ehrfurcht, Recht und Wahrheit entflohen »zum Olymp von der Erde mit ihren breiten Wegen«. Was hält uns hier noch fest, wenn die wahrnehmbaren Dinge in ständigem Wandel begriffen und nicht von Dauer sind, unsere Sinne schwach und leicht zu täuschen sind, die arme Seele selbst eine Ausdünstung aus Blut und der Ruhm bei solchen Menschen völlig wertlos ist? Warum erwartest du nicht heiter das Verlöschen oder den Übergang (in ein anderes Dasein)? Was hilft uns aber, bis die Zeit dafür gekommen ist? Was sonst, als die Götter zu ehren und zu preisen, den Menschen Gutes zu tun, sie zu ertragen oder sie zu meiden. Was aber außerhalb der Grenzen deines jämmerlichen Fleisches und Atems ist, das ist – vergiss es nie – weder dein eigen, noch steht es in deiner Macht.

34

Du kannst immer glücklich sein, wenn du nur willens bist, den rechten Weg zu gehen und nach diesem dein Meinen und Handeln auszurichten. Diese beiden Dinge sind der Seele der Gottheit, der des Menschen und der eines jeden vernunftbegabten Lebewesens gemeinsam: Sich nicht von einem anderen behindern zu lassen und in der auf die Gemeinschaft bezogenen Einstellung sowie im Handeln am Guten festzuhalten und damit sein Streben und Trachten zu stillen.

35

Wenn das weder eine Schlechtigkeit von mir noch eine Tat infolge meiner Schlechtigkeit ist und der Gemeinschaft nicht schadet, was rege ich mich darüber auf? Welchen Schaden hat die Gemeinschaft davon?

36

Sich nicht gänzlich von der Vorstellung mitreißen lassen, sondern nach Kräften und nach Gebühr den Menschen helfen; selbst wenn sie in belanglosen Dingen einen Nachteil erleiden, soll man sich nicht vorstellen, dass das ein Schaden sei. Denn das ist eine schlechte Angewohnheit. Mach es vielmehr auch hier so wie der alte Mann, der bei seinem Abschied den Kreisel seines Pflegekindes zurückverlangte, wohl wissend, dass es nur ein Kreisel war. [Sonst wirst du zum Sprecher] auf der Rednerbühne. Mensch, hast du vergessen, was das war? »Ja, aber die Leute hier nehmen das sehr ernst.« Deswegen musst auch du zum Narren werden?

37

Ich war einmal, wo immer ich mich befand, ein vom Schicksal begünstigter Mensch. Vom Schicksal begünstigt ist einer, der sich selbst ein gutes Schicksal zugeteilt hat. Ein gutes Schicksal bedeutet gute Neigungen der Seele, gutes Bestreben, gute Handlungen.

SECHSTES BUCH

1

Das Sein des Ganzen ist fügsam und leicht wandelbar. Die Vernunft aber, die dieses Sein durchwaltet, hat keine Veranlassung in sich, Böses zu tun. Denn sie ist ohne Bosheit; sie fügt keinem Ding Böses zu, und nichts erleidet von ihr Schaden. Alles geschieht und vollendet sich nach ihr.

2

Es soll dir nicht darauf ankommen, ob du frierend oder schwitzend deine Pflicht erfüllst, ob du schläfrig oder gut ausgeschlafen bist, ob du geschmäht oder gelobt wirst und ob du gerade im Sterben liegst oder etwas anderes tust. Denn auch das Sterben ist eine der Tätigkeiten, die zum Leben gehören. Es genügt also, wenn du auch dabei die gegenwärtige Situation gut meisterst.

3

Schau nach innen. Bei keiner Sache soll dir ihre eigene Besonderheit und ihr Wert entgehen.

4

Alle Gegenstände werden sich schnell ändern oder in Rauch aufgehen, wenn das Sein eine Einheit ist, oder sie werden in ihre Bestandteile zerfallen.

5

Die Vernunft, die alles durchwaltet, weiß, mit welcher Absicht sie was und an welcher Materie tut.

6
Die beste Art sich zu wehren ist, nicht Gleiches mit Gleichem zu vergelten.

7
Nur an einem erfreue dich und finde darin Erholung: Von einer gemeinschaftsfördernden Tat zur nächsten fortzuschreiten und dabei an Gott zu denken.

8
Der leitende Seelenteil ist derjenige, der sich selbst erweckt und lenkt und sich selbst zu dem macht, was er jeweils will, und der bewirkt, dass ihm alles, was ihm widerfährt, so erscheint, wie er es will.

9
Nach der Natur des Ganzen kommen alle Dinge zu ihrer Vollendung, nicht nach irgendeiner anderen Natur, welche die Dinge von außen umfasst oder in ihrem Inneren enthalten ist oder außerhalb von ihnen losgelöst ist.

10
Entweder ist es (die Welt) ein Gemisch, eine Verflechtung und Wiederauflösung oder eine Einheit, Ordnung und Vorsehung. Wenn nun das Erstere der Fall ist, was begehre ich da noch, in einem zufälligen Gemisch und in einem solchen Wirrwarr zu verweilen? Was soll ich mich da noch um etwas anderes kümmern als, wie ich einmal mein Leben beende? Was rege ich mich noch auf? Auf mich kommt ja die Auflösung zu, was immer ich

tue. Wenn aber das andere der Fall ist, dann bin ich voll Ehrfurcht und guten Mutes und vertraue auf den Weltenlenker.

11

Wenn du von den Umständen erzwungen irgendwie aus der Fassung gerätst, dann kehre schnell zu dir selbst zurück und lass dich nicht unnötigerweise aus dem Gleichgewicht bringen. Denn du wirst die innere Harmonie besser beherrschen, wenn du immer wieder zu ihr zurückkehrst.

12

Wenn du gleichzeitig eine Stiefmutter und eine Mutter hättest, würdest du jene zwar ehren, aber trotzdem immer wieder zu deiner Mutter zurückkehren. Das ist für dich jetzt der Kaiserhof und die Philosophie. Kehre daher oft zu dieser zurück und erhole dich bei ihr; durch sie wird dir auch das Leben bei Hofe erträglich erscheinen, und du selbst wirst dort erträglich sein.

13

Wie man bei Delikatessen und ähnlichen Speisen sich vorstellen sollte: »Das hier ist ein toter Fisch, das ein toter Vogel oder ein totes Schwein«, und ferner: »Der Falerner ist nur der Saft einer Traube, und das Purpurgewand nur Wolle eines Schafes, die mit dem Blut einer Schnecke getränkt wurde«, und beim Geschlechtsverkehr: »Er ist nur das Reiben des Gliedes und die Absonderung von Schleim unter gewissen Zuckungen«, wie diese Vorstellungen also den Sachen selbst auf den Grund gehen und sie durchdringen, so dass man sehen kann, worum es sich dabei eigentlich handelt, so muss man es im ganzen Leben machen, und wo einem die Dinge allzu vertrauenswürdig vorkommen, muss man sie entblößen, ihre Nichtigkeit durchschauen und ihnen den Anschein, mit dem sie sich brüsten, rauben. Denn die Aufgeblasenheit ist eine gewaltige Betrügerin, und gerade dann, wenn du glaubst, du hättest es mit ernsthaften Dingen zu tun, dann wirst du am meisten betrogen. Sieh doch, was Krates selbst über einen Mann wie Xenokrates sagt.

14

Das meiste von dem, was die Menge bewundert, lässt sich auf die allgemeinsten Gegenstände zurückführen, die von ihrer natürlichen Beschaffenheit zusammengehalten werden, auf Steine, Holz, Feigenbäume, Weinreben, Oliven. Was von etwas höherstehenden Menschen bewundert wird, lässt sich auf Sachen zurückführen, die von einer Seele zusammengehalten werden, wie etwa Schaf- und Rinderherden. Was von Menschen mit noch höherer Bildung bewundert wird, geht auf solche Dinge zurück, die von einer vernünftigen Seele zusammengehalten werden, freilich nicht sofern sie vernünftig ist, sondern sofern sie Sachverstand besitzt oder in anderer Weise bewandert ist, oder einfach gesagt: ihre Bewunderung gilt dem Besitz von vielen Sklaven. Wer aber eine vernünftige, auf die menschliche Gemeinschaft bezogene Seele schätzt, kümmert sich nicht mehr um die anderen Dinge, sondern sucht vor allem seine eigene Seele in einer vernünftigen und gemeinschaftsbezogenen Verfassung und Bewegung zu erhalten und arbeitet zu diesem Zweck mit dem zusammen, was ihm verwandt ist.

15

Das eine eilt ins Dasein, das andere aus dem Dasein; und von dem, was im Werden begriffen ist, ist ein Teil schon wieder verschwunden. Eine unaufhörliche Flut von Veränderungen erneuert den Kosmos, wie der nie versiegende Strom der Zeit die grenzenlose Ewigkeit stets erneuert. Man kann nichts finden, was man da von den Dingen, die in diesem Strom vorübertreiben, hoch schätzen sollte. Das wäre gerade so, wie wenn sich jemand zu einem von den vorüberfliegenden Sperlingen hingezogen fühlte, der aber seinen Augen schon wieder entschwunden ist. Solcher Art ist auch jedes menschliche Leben, nichts anderes als das Aufdampfen aus dem Blut und das Einatmen aus der Luft. Denn wie es ist, die Luft einmal einzuziehen und sie dann wieder von sich geben, was wir ja jeden Augenblick tun, genauso ist es auch, deine ganze Fähigkeit zu atmen, die du gestern oder vorgestern mit deiner Geburt erworben hast, dorthin wieder zurückzugeben, von wo du sie ursprünglich bezogen hast.

16

Das Ausdünsten wie die Pflanzen, das Atemholen wie das Vieh und die Raubtiere, und durch die Vorstellungskraft Eindrücke zu empfangen oder sich durch seine Triebe zu bewegen oder sich zusammenzuscharen und sich zu ernähren, all das hat keinen Wert. Denn es ist ebenso wertlos wie das Ausscheiden der Überreste unserer Nahrung. Was ist nun wertvoll? Beklatscht zu werden? Nein. Also auch nicht, von den Zungen beklatscht zu werden. Denn die Lobpreisungen der Menge sind ein Beifallsklatschen der Zungen. Du hast also auch auf das bisschen Ruhm verzichtet. Was bleibt dann noch als wertvoll übrig? Ich glaube, der eigenen

Anlage gemäß sich zu bewegen und sich an das zu halten, wozu uns auch die Wissenschaften und Künste anleiten. Denn jede Kunst zielt darauf ab, dass ihr Erzeugnis für das geeignet ist, wofür es hergestellt worden ist. Der Winzer, der sich um die Weinreben kümmert, der Pferdebereiter, der Hundezüchter, sie alle wollen das erreichen. Worum bemühen sich Erziehung und Unterricht? Da also liegt der Wert. Und wenn das nur richtig ist, wirst du dich um nichts anderes mehr kümmern. Willst du nicht aufhören, noch vieles andere für wertvoll zu erachten? Dann wirst du weder frei noch unabhängig noch leidenschaftslos sein. Denn dann ist es unvermeidlich, dass du Neid, Eifersucht und Argwohn gegenüber denen empfindest, die dir jene Dinge wegnehmen können, und dass du denen nachstellst, die das besitzen, was du für wertvoll hältst. Überhaupt muss der, dem eines von jenen Dingen fehlt, in Unruhe sein und obendrein ständig mit den Göttern hadern. Aber Achtung und Ehrfurcht vor der eigenen Vernunft werden bewirken, dass du mit dir selbst zufrieden bist und in Eintracht mit den Menschen und in Harmonie mit den Göttern lebst, das heißt, dass du alles gutheißt, was jene dir zuteilen und auferlegt haben.

17

Auf, ab und im Kreis bewegen sich die Elemente. Aber die Bewegung der Tugend liegt ganz woanders, sie ist etwas Göttlicheres und kommt auf einem schwer zu begreifenden Weg zu ihrem Ziel.

18

Was doch die Menschen tun! Sie wollen diejenigen, die ihre Zeitgenossen sind und die mit ihnen zusammenleben, nicht loben; sie selbst aber legen großen Wert darauf, von den Nachkommen gelobt zu werden, die sie weder jemals gesehen haben noch sehen werden. Das aber ist beinahe so, wie wenn du darüber betrübt wärest, dass nicht schon deine Vorfahren Lobreden auf dich gehalten haben.

19

Wenn für dich etwas schwer zu bewältigen ist, dann glaube nicht, dass es für den Menschen an sich unmöglich sei, sondern wenn etwas für den Menschen möglich und angemessen ist, dann glaube, dass das auch für dich erreichbar ist.

20

Beim Ringen hat uns jemand mit den Nägeln gekratzt und am Kopf verletzt; aber das verübeln wir ihm nicht, nehmen daran keinen Anstoß, noch argwöhnen wir später, dass es Absicht war. Freilich, wir nehmen uns vor ihm in Acht, aber nicht wie vor einem Feind und voll Argwohn, sondern indem wir ihm wohlwollend aus dem Weg gehen. So sollte es auch im übrigen Leben sein. Vieles sollten wir bei denen, die sich gleichsam mit uns im Ringkampf messen, unbeachtet lassen. Denn es ist, wie gesagt, möglich, ihnen ohne Argwohn und ohne Hass aus dem Weg zu gehen.

21

Wenn mich jemand widerlegen und überzeugen kann, dass meine Ansichten oder mein Handeln nicht richtig sind, werde ich mit Freuden meinen Standpunkt ändern. Denn ich suche die Wahrheit, durch die noch nie jemand geschädigt wurde. Schaden erleidet jedoch derjenige, der auf seinem Irrtum und auf seiner Unwissenheit beharrt.

22

Ich tue meine Pflicht, alles andere kümmert mich nicht. Denn es ist entweder seelenlos oder unvernünftig oder irrt nur herum ohne Kenntnis des Weges.

23

Vernunftlose Lebewesen und überhaupt Dinge und Gegenstände behandle großzügig und ungezwungen, wie eben ein Vernünftiger mit Vernunftlosem umgeht; Menschen aber, die Vernunft besitzen, behandle freundlich. Bei allem rufe die Götter an und quäle dich nicht mit dem Gedanken, wie lange du das noch tun wirst. Es genügen ja schon drei solche Stunden.

24

Alexander von Makedonien und sein Maultiertreiber wurden durch ihren Tod in dieselbe Lage versetzt. Denn entweder wurden sie in dieselbe zeugende Vernunft des Kosmos aufgenommen oder sie wurden gleichermaßen unter die Atome zerstreut.

25

Überlege, wie viele körperliche und seelische Vorgänge sich zugleich in jedem von uns in demselben kurzen Augenblick ereignen. Dann wirst du dich nicht wundern, wenn noch viel mehr, ja überhaupt alles, was geschieht, in der einen Gesamtheit, die wir Kosmos nennen, gleichzeitig eintritt.

26

Wenn dir jemand die Frage vorlegt, wie man den Namen Antoninus schreibt, wirst du dann nicht angespannt jeden einzelnen Buchstaben anführen? Was nun, wenn sich die Leute darüber ärgern? Wirst auch du dich dann etwa ärgern? Wirst du dann nicht geduldig jeden einzelnen Buchstaben der Reihe nach aufzählen? So denk auch hier daran, dass jede Pflicht sich aus irgendwelchen Zahlen zusammensetzt. Auf diese muss man achten und unaufgeregt, ohne Unwillen mit Unwillen zu vergelten, methodisch die vorliegende Aufgabe erfüllen.

27

Wie grausam ist es, den Menschen nicht zu gestatten, nach dem zu streben, was ihnen vertraut und vorteilhaft erscheint. Und doch erlaubst du ihnen gewissermaßen nicht, eben das zu tun, wenn du dich darüber ärgerst, dass sie Fehler begehen. Dann jedenfalls werden sie zu dem getrieben, was für sie vertraut und vorteilhaft ist. »Aber so ist es nicht.« Dann belehre und weise sie auf ihren Fehler hin, ohne dich darüber zu ärgern.

28

Der Tod ist das Ende der Sinneseindrücke, der Bewegung durch die Triebe, der geistigen Auseinandersetzungen und des Dienstes am Fleisch.

29

Es ist eine Schande, wenn in einem Leben, in dem der Körper nicht versagt, die Seele schon vorher versagt.

30
Achte darauf, dass du nicht zum Kaiser gemacht wirst und der Purpur auf dich abfärbt. Denn so etwas kommt vor. Bleibe ein einfacher, guter Mensch, integer, ernsthaft, schlicht, ein Freund der Gerechtigkeit, gottesfürchtig, wohlwollend, liebevoll und standhaft in der Erfüllung deiner Pflichten. Kämpfe darum, dass du so bleibst, wie dich die Philosophie haben wollte. Ehre die Götter, rette die Menschen. Das Leben ist kurz. Die einzige Frucht des Lebens hier auf Erden sind eine fromme Gesinnung und gemeinnützige Werke. Sei in allem ein Schüler des Antoninus: beharrlich wie er bei vernünftigen Taten, ausgeglichen in allem, ebenso fromm und heiter in deiner Miene, freundlich, frei von Dünkel und eifrig bemüht um die Erkenntnis der Dinge. Und wie er überhaupt nichts aufgab, bevor er es nicht völlig durchschaut und klar begriffen hatte. Und wie er die Leute ertrug, die ihn zu Unrecht tadelten, ohne ihnen seinerseits wieder Vorwürfe zu machen. Und wie er nichts übereilte und Verleumdungen kein Gehör schenkte. Und wie sorgfältig er Charaktere und Taten prüfte, frei von Schmähsucht, frei von Angst, frei von Argwohn und Sophisterei. Und wie er sich mit Wenigem begnügte, was seine Wohnung, sein Bett, seine Kleidung, seine Nahrung und seine Dienerschaft betraf. Und wie fleißig und geduldig er war. Und wie er infolge seiner frugalen Lebensweise imstande war, bis zum Abend an Ort und Stelle auszuharren, und nicht das Bedürfnis hatte, außerhalb der gewohnten Zeit seine Notdurft zu verrichten. Und seine Festigkeit und Treue in seinen Freundschaften. Und seine Fähigkeit, Leute zu ertragen, die offen seinen Ansichten widersprachen, und seine Freude, wenn ihn jemand eines Besseren belehrte. Und wie gottesfürchtig er war, ohne abergläubisch zu sein. (Denke an all

das,) damit du, wenn deine letzte Stunde kommt, ein ebenso gutes Gewissen hast wie er.

31

Werde nüchtern und ermuntere dich, und wenn du [aufgewacht bist und] erkannt hast, dass es Träume waren, die dich quälten, dann betrachte die Dinge hier, wie du jene (im Traum) betrachtet hast.

32

Ich bestehe aus Leib und Seele. Für den Leib ist alles ohne Unterschied. Denn er vermag nicht zu unterscheiden. Für die Seele aber ist, was nicht zu ihrer Betätigung gehört, ohne Unterschied. Was aber zu ihrer Betätigung gehört, das alles steht in ihrer Macht. Freilich gilt das nur für ihre gegenwärtigen Tätigkeiten. Denn ihre zukünftigen und vergangenen Tätigkeiten sind für sie gleichfalls schon ohne Unterschied.

33

Für die Hand oder für den Fuß ist keine Mühe unnatürlich, solange der Fuß die Aufgabe des Fußes und die Hand die Aufgabe der Hand erfüllen. So ist auch für einen Menschen als Menschen die Mühe nicht unnatürlich, solange er dabei die Aufgabe des Menschen erfüllt. Wenn sie aber für ihn nicht unnatürlich ist, dann ist sie auch kein Übel für ihn.

34

Wie groß sind doch die Freuden, die Räuber, Unzüchtige, Vatermörder und Tyrannen genießen.

35
Siehst du nicht, wie sich die gemeinen Handwerker bis zu einem gewissen Grad den Laien anpassen, aber nichtsdestoweniger an den Gesetzen ihrer Kunst festhalten und nicht gewillt sind, von ihnen abzuweichen? Ist es nicht schlimm, wenn der Baumeister und der Arzt die Gesetze ihrer eigenen Kunst mehr achten als der Mensch die seinen, die er mit den Göttern gemeinsam hat?

36
Asien und Europa, zwei Winkel des Kosmos. Das ganze Meer nur ein Tropfen im Kosmos. Der Athos ein Erdklumpen im Kosmos. Die ganze Gegenwart ein Punkt in der Ewigkeit. Alles ist winzig, leicht wandelbar und darin verschwindend. Alles kommt von dort, von jenem allgemeinen leitenden Prinzip in Bewegung gesetzt oder als Begleitvorgang. Auch der Rachen des Löwen, das Gift und alles Schädliche, wie Dornen oder Schmutz, sind nur Nebenfolgen des Erhabenen und Schönen. Bilde dir also nicht ein, es hätte nichts mit dem zu tun, was du verehrst, sondern denk dabei an den Ursprung aller Dinge.

37
Wer das Gegenwärtige gesehen hat, hat alles gesehen, was seit Ewigkeit geschehen ist und was in Ewigkeit sein wird. Denn alles ist miteinander verwandt und gleichartig.

38
Erwäge immer wieder die Verknüpfung aller Dinge im Kosmos und ihr Verhältnis zueinander. Denn alles ist in gewisser Weise

miteinander verflochten und insofern einander lieb. Denn infolge der durch Spannung bewirkten Bewegung, der Übereinstimmung und der Einheit des Seins folgt das eine aus dem anderen.

39

Pass dich den Dingen an, mit denen dich dein Los verbunden hat. Und die Menschen, mit denen dich das Schicksal zusammengebracht hat, die habe lieb, aber aufrichtig.

40

Jedes Werkzeug, jedes Instrument, jedes Gerät ist gut, wenn es leistet, wozu es verfertigt worden ist. Allerdings ist der Hersteller bei dessen Anwendung nicht mehr zugegen. Aber bei den von Natur zusammengehaltenen Dingen ist und bleibt die Kraft, die sie hergestellt hat, in ihrem Inneren. Dementsprechend musst du sie auch mehr achten und glauben, dass bei dir alles nach deinem Sinn geht, wenn du dich selbst gemäß dem Willen dieser Kraft verhältst und danach lebst. Denn so richtet sich auch im Weltganzen alles[, was zu ihm gehört,] nach seinem Sinn.

41

Was immer du dir von den Dingen, die nicht in deiner Macht stehen, als gut oder schlecht vorstellst, du musst, wenn so etwas Schlechtes eintritt oder wenn du so etwas Gutes verlierst, mit den Göttern hadern und die Menschen hassen, die ja die Ursache dafür sind oder die du im Verdacht hast, sie könnten in Zukunft die Ursache für den Verlust oder das Unglück sein. Aber wir tun auch viel Unrecht, weil wir diese Dinge so wichtig nehmen. Wenn wir aber nur das, was in unserer Macht steht, für gut und schlecht halten, dann gibt es keinen Grund mehr, einen Gott anzuklagen oder gegen einen Menschen eine feindliche Stellung einzunehmen.

42

Wir alle wirken gemeinsam auf ein Ziel hin, die einen mit vollem Bewusstsein, die anderen unwissend, wie auch Heraklit, glaube ich, die Schlafenden als Arbeiter und Mitwirkende an dem, was im Kosmos geschieht, bezeichnet. Jeder arbeitet auf eine andere Weise mit, zu allem Überfluss auch derjenige, der sich beschwert und versucht, dem Lauf der Dinge entgegenzutreten und ihn aufzuhalten. Denn auch ihn braucht der Kosmos. Mach dir also nunmehr klar, zu welchen Menschen du dich zählst. Denn jener, der das Weltganze lenkt, wird dich auf jeden Fall richtig verwenden und als Teil seiner Mitarbeiter aufnehmen. Aber werde nicht ein solcher Teil wie der wertlose und lächerliche Vers im Drama, von dem Chrysipp spricht.

43

Verlangt etwa die Sonne, die Aufgabe des Regens zu erfüllen? Will etwa Asklepios die Aufgaben der »Fruchtbringerin« übernehmen? Wie steht's mit jedem der Sterne? Sind sie nicht verschieden und dienen doch alle zusammen demselben Ziel?

44

Wenn die Götter über mich und über das, was mir widerfahren soll, Überlegungen angestellt haben, dann haben sie richtig überlegt. Denn ein unüberlegter Gott ist nur schwer vorstellbar. Aus welchem Grund sollten die Götter darauf aus sein, mir Böses anzutun? Denn was hätten sie oder das Weltganze, für das sie doch vor allem sorgen, davon? Wenn sie aber nicht über mich ganz persönlich Überlegungen angestellt haben, dann haben sie es doch sicher über das Weltganze getan; ich muss daher auch das, was daraus folgt, akzeptieren und liebgewinnen. Sollten sie aber überhaupt keine Überlegungen anstellen – das zu glauben wäre eine Gotteslästerung –, so wollen wir nicht mehr opfern, beten, schwören oder all die anderen Dinge tun, die wir jeweils im Hinblick auf die Gegenwart der Götter und ihr Zusammenleben mit uns tun. Wenn die Götter also über keines der uns betreffenden Dinge Überlegungen anstellen, dann habe ich die Möglichkeit, selbst für mich zu überlegen, und es liegt an mir, darüber nachzudenken, was für mich nützlich ist. Nützlich aber ist für jeden, was seiner Veranlagung und Natur entspricht. Meine Natur aber ist eine vernünftige und auf die staatliche Gemeinschaft bezogene. Die staatliche Gemeinschaft und das Vaterland ist für mich als Antoninus Rom, für mich als Mensch aber der Kosmos. Was für diese Gemeinschaften nützlich ist, nur das ist für mich gut.

45

Was dem Einzelnen widerfährt, ist dem Ganzen förderlich. Das sollte genügen. Aber auch das wirst du, wenn du darauf achtest, gewöhnlich sehen: Was dem Einzelnen nützt, nützt auch den anderen Menschen. Der Begriff »nützlich« soll hier in einem allgemeineren Sinne für die mittleren Dinge aufgefasst werden.

46

Wie dir, was sich im Amphitheater und ähnlichen Orten abspielt, zuwider ist, weil man dort immer dasselbe sieht und die Eintönigkeit das Zuschauen vergällt, dasselbe empfindest du auch sonst im ganzen Leben. Denn alles ist in seinem Auf und Ab ein und dasselbe und entspringt demselben. Wie lange noch?

47

Denk immer an die mannigfaltigsten Menschen mit den unterschiedlichsten Berufen und aus den verschiedensten Völkern, die bereits verstorben sind, bis du bei Philistion, Phoibos und Origanion angelangt bist. Wende dich jetzt anderen Gruppen zu. Dorthin müssen wir uns jetzt in Gedanken versetzen, wo so viele gewaltige Redner, so viele ehrwürdige Philosophen, Heraklit, Pythagoras und Sokrates, so viele Heroen der Vorzeit und so viele Feldherren und Tyrannen der späteren Zeit sind. Dazu noch Eudoxos, Hipparchos, Archimedes und andere scharfsinnige, hochgesinnte, arbeitsame, gewandte, selbstbewusste Naturen, Spötter über das hinfällige und kurze Leben der Menschen, wie zum Beispiel Menippos und andere dieser Art. Bei all diesen denk daran, dass sie längst im Grab liegen. Wieso ist das so schlimm für sie? Wieso denn für die anderen, die nicht einmal mehr dem Namen nach bekannt sind? Hier ist nur eines von wirklichem Wert: Mit Wahrhaftigkeit und Gerechtigkeit voll Wohlwollen gegenüber Lügnern und Ungerechten durchs Leben zu gehen.

48

Wenn du dir selbst eine Freude bereiten willst, dann denk an die Vorzüge deiner Mitmenschen, so etwa bei dem einen an seine Tatkraft, bei dem anderen an seine Bescheidenheit und bei dem nächsten an seine Freigebigkeit, bei einem anderen wieder an etwas anderes. Denn nichts macht so viel Freude wie die Abbilder der

Tugenden, die in den Charakteren unserer Mitmenschen sichtbar werden und dort möglichst zahlreich zusammentreffen. Deshalb muss man sie sich auch stets vergegenwärtigen.

49

Du grämst dich doch nicht darüber, dass du so und so viel Pfund wiegst und nicht dreihundert? So darfst du dich auch nicht darüber grämen, dass du nur so und so viele Jahre zu leben hast und nicht mehr. Denn wie du mit dem dir bestimmten Körpergewicht zufrieden bist, so sei es auch mit der dir zugemessenen Lebensdauer.

50

Versuche, die Menschen zu überzeugen, handle aber auch gegen ihren Willen, wenn dich der Gedanke an die Gerechtigkeit dazu treibt. Wenn sich dir aber jemand mit Gewalt widersetzt, so zeige dich zufrieden und unbekümmert und nimm die Behinderung zum Anlass für eine andere Tugend und denk daran, dass du nur unter Vorbehalt auf etwas aus warst und nicht nach Unmöglichem strebtest. Wonach denn? Nach einem Bestreben dieser Art. Das hast du ja erreicht. Wozu wir uns getrieben fühlen, das verwirklicht sich auch.

51

Der Ruhmsüchtige beansprucht fremde Leistungen als etwas Gutes für sich, der Vergnügungssüchtige seinen eigenen Genuss, wer aber Verstand besitzt, sein eigenes Tun.

52
Es ist möglich, sich in dieser Sache keine Meinung zu bilden und seine Seele nicht damit zu belasten. Denn es liegt nicht in der Natur der Dinge, unsere Urteile hervorzubringen.

53
Gewöhne dich daran, über das von einem anderen Gesagte genau nachzudenken, und versetze dich nach Möglichkeit in die Seele des Sprechenden.

54
Was dem Schwarm nicht nützt, nützt auch der Biene nicht.

55
Wenn die Matrosen den Steuermann oder die Kranken den Arzt schmähten, würden sie dann auf etwas anderes achten, als wie man selbst die Rettung der Besatzung oder die Gesundheit der Patienten bewerkstelligen könnte?

56
Wie viele von denen, mit denen ich in die Welt gekommen bin, sind schon dahingegangen!

57
Den an Gelbsucht Erkrankten erscheint der Honig bitter, den von tollwütigen Hunden Gebissenen das Wasser fürchterlich und den Kindern der Ball schön. Weshalb rege ich mich da auf? Oder scheint dir die falsche Meinung weniger Einfluss zu haben als die Galle bei der Gelbsucht und das Gift bei der Tollwut?

58
Niemand kann dich daran hindern, nach dem Gesetz der Natur zu leben. Gegen das Gesetz der allumfassenden Natur wird dir nichts widerfahren.

59
Was sind das doch für Menschen, denen man gefallen will, und wegen welcher Vorteile und mit welchen Taten (will man ihnen gefallen)! Wie schnell wird die Ewigkeit alles verhüllen und wie vieles hat sie schon verhüllt!

SIEBENTES BUCH

1

Was ist Schlechtigkeit? Es ist das, was du schon oft gesehen hast. Und bei allem, was dir widerfährt, halte dir vor Augen: das ist etwas, was du schon oft gesehen hast. Überhaupt wirst du bei allem Auf und Ab stets dasselbe finden, wovon die Geschichten der alten, mittleren und neueren Zeit voll sind und wovon auch jetzt die Städte und Häuser angefüllt sind. Nichts ist neu. Alles ist wohlvertraut und von kurzer Dauer.

2

Wie könnten deine Grundsätze vernichtet werden, wenn nicht die ihnen entsprechenden Vorstellungen ausgelöscht werden? Es liegt an dir, sie immer wieder von Neuem zu entfachen. Ich kann mir von dem, was notwendig ist, eine Meinung bilden. Wenn ich es also kann, warum lasse ich mich dann aus der Ruhe bringen? Was außerhalb meines Denkens liegt, berührt mein Denken überhaupt nicht. Begreife das, und du bist auf dem rechten Weg. Du kannst wieder aufleben. Sieh dir die Dinge wieder so an, wie du sie gesehen hast. Denn darin besteht das Wiederaufleben.

3

Eitles Bemühen um einen Festzug, Dramen auf der Bühne, Schaf- und Rinderherden, Lanzenwettkämpfe, ein Knochen vor die Hunde geworfen, ein Happen in den Fischteich gefallen, Mühsal und Plackerei von Ameisen, Hin- und Herrennen aufgescheuchter Mäuse, Puppen durch Fäden bewegt. Solchen Sachen muss man zwar gutmütig und ohne sich zu sträuben beiwohnen, man muss aber begreifen, dass jeder nur so viel wert ist, wie das, womit er sich beschäftigt.

4

Man muss das, was gesagt wird, Wort für Wort und das, was geschieht, nach dem jeweiligen Beweggrund begreifen, bei dem einen sofort darauf schauen, worauf es hinauswill, bei dem anderen darauf achten, was darunter zu verstehen ist.

5

Reicht mein Denken dazu aus oder nicht? Wenn ja, gebrauche ich es für diese Aufgabe als ein mir von der Natur des Weltganzen gegebenes Werkzeug. Wenn nicht, dann trete ich von der Aufgabe zurück und überlasse sie dem, der sie besser erfüllen kann, oder wenn sich kein anderer dafür findet, tue ich es selbst, so gut ich kann, wobei ich jemanden hinzuziehe, der imstande ist, das für die Allgemeinheit im Augenblick Passende und Nützliche zu verrichten, indem er sich meiner lenkenden Vernunft dabei bedient. Denn bei allem, was ich aus eigener Kraft oder zusammen mit einem anderen tue, darf es nur ein Ziel geben, nämlich das für die Gemeinschaft Nützliche und Angemessene.

6

Wie viele hochberühmte Menschen sind schon in Vergessenheit geraten. Wie viele, die sie gerühmt haben, sind längst dahin.

7
Schäme dich nicht, dir helfen zu lassen. Denn du musst deine Pflicht erfüllen wie ein Soldat beim Mauersturm. Was nun, wenn du lahmst und die Zinne allein nicht erklimmen kannst, wohl aber zusammen mit einem anderen?

8
Die Zukunft soll dich nicht beunruhigen. Denn du wirst ihr, wenn es nötig sein wird, mit derselben Vernunft begegnen, die dir auch jetzt schon für die Gegenwart zu Gebote steht.

9
Alles ist miteinander verflochten, und die Verknüpfung ist heilig, und das eine ist dem anderen wohl nicht fremd. Denn es ist zusammengefügt und bildet so gemeinsam denselben Kosmos. Denn es gibt nur einen Kosmos, der aus allem besteht, und nur einen Gott, der alles durchdringt, und nur ein Sein und ein Gesetz, nämlich die allen denkenden Wesen gemeinsame Vernunft, und eine Wahrheit, vorausgesetzt dass es nur eine Vollkommenheit der Wesen gibt, die miteinander verwandt sind und an derselben Vernunft Anteil haben.

10
Alles Materielle verschwindet sehr bald im Sein des Ganzen, jede Ursache wird sehr bald in die Vernunft des Ganzen aufgenommen, und die Erinnerung an alles wird sehr bald von der Ewigkeit verschüttet.

11

Für das vernünftige Wesen ist dieselbe Handlung natur- und vernunftgemäß.

12

Aufrecht, nicht aufgerichtet.

13

Wie bei Geschöpfen, die eine Einheit bilden, die Glieder des Körpers sind, ein solches Verhältnis haben bei voneinander getrennten Körpern die Vernunftwesen, die zu einem einheitlichen Zusammenwirken geschaffen sind. Das wirst du besser begreifen, wenn du dir immer wieder sagst: »Ich bin ein *melos* (Glied) der Vereinigung der vernünftigen Wesen.« Wenn du dich aber unter Verwendung des Buchstabens R als *meros* (Teil) bezeichnest, so liebst du die Menschen noch nicht von Herzen, dann macht dir das Wohltun noch keine endgültige Freude; ebenso, wenn du es einfach nur tust, weil es sich schickt, noch nicht wie einer, der sich selbst Gutes damit tut.

14

Mag, was da will, von außen die Dinge treffen, die darunter leiden können. Denn jene Dinge werden sich, wenn sie wollen, darüber beklagen; ich dagegen habe noch keinen Schaden erlitten, wenn ich nicht annehme, dass das, was mir widerfährt, ein Übel ist. Es steht mir aber frei, das nicht anzunehmen.

15
Was immer jemand tut oder sagt, ich muss gut sein; wie wenn das Gold, der Smaragd oder der Purpur immer sagte: »Was immer jemand tut oder sagt, ich muss ein Smaragd bleiben und meine Farbe behalten.«

16
Die leitende Vernunft fällt sich selbst nicht zur Last, sie erschreckt sich zum Beispiel nicht, betrübt sich nicht und reizt sich nicht selbst zur Begierde. Wenn aber jemand anderes sie erschrecken oder betrüben kann, dann soll er es tun. Denn von selbst wird sie aufgrund ihrer eigenen Meinung nicht solche Wendungen vollziehen. Der Leib mag, wenn er kann, dafür sorgen, dass er nichts erleidet, und soll, wenn er etwas erleidet, es auch sagen. Die Seele aber, die sich erschreckt und betrübt und sich überhaupt über solche Dinge eine Meinung bildet, wird gewiss nicht leiden. Denn sie hat nicht die Fähigkeit zu einem solchen Urteil. Die leitende Vernunft ist, soweit es sie selbst betrifft, bedürfnislos, wenn sie sich nicht selbst Bedürfnisse schafft; aus diesem Grund ist sie auch ungestört und unbehindert, wenn sie sich nicht selbst stört oder behindert.

17
Glück ist ein guter Dämon oder ein Leben, das dem guten Dämon entspricht. Was tust du also hier, Vorstellung? Geh weg, um Gottes willen, so wie du gekommen bist. Denn ich brauche dich nicht. Gekommen bist du nach alter Gewohnheit. Ich zürne dir nicht. Nur geh weg.

18

Jemand hat Angst vor Veränderung? Was kann denn ohne Veränderung geschehen? Was ist der Natur des Weltganzen lieber oder vertrauter? Kannst du selbst (warm) baden, wenn sich das Holz nicht verändert? Kannst du dich ernähren, wenn sich die Speisen nicht verändern? Kann sonst etwas Nützliches vollbracht werden ohne Veränderung? Siehst du denn nicht, dass deine eigene Veränderung mit dem vergleichbar ist und gleich notwendig ist für die Natur des Weltganzen?

19

Durch das Sein des Weltganzen gehen alle Körper hindurch wie durch einen reißenden Strom, dem Ganzen verwandt, und sie wirken gemeinsam mit ihm, wie es unsere Glieder gemeinsam tun. Wie viele Männer wie Chrysipp, wie Sokrates, wie Epikur hat die Ewigkeit schon verschlungen! Dasselbe soll dir auch bei jedem beliebigen Menschen und bei jeder beliebigen Sache einfallen.

20

Mich bewegt nur das eine, dass ich selbst nichts tue, was die Verfassung des Menschen nicht will, oder wie sie es nicht will, oder wie sie es jetzt nicht will.

21

Die Zeit, wo du alles vergessen hast, ist nahe, nahe auch die Zeit, wo dich alle vergessen haben.

22
Dem Menschen ist es eigen, auch die Irrenden zu lieben. Das geschieht, wenn dir dabei in den Sinn kommt, dass sie mit dir verwandt sind und aus Unwissenheit und gegen ihren Willen fehlen und dass ihr beide in Kürze tot sein werdet und vor allem, dass der Irrende dir keinen Schaden zugefügt hat. Denn er hat deine leitende Vernunft nicht schlechter gemacht, als sie vorher war.

23
Die Natur des Weltganzen hat aus dem gesamten Sein wie aus Wachs eben ein Pferd geformt, dann aber schmolz sie es wieder ein und gebrauchte seine Masse für einen Baum, dann für einen Menschen und dann wieder für etwas anderes. Jedes davon existierte nur für ganz kurze Zeit. Es ist aber für das Kistchen nichts Schlimmes, auseinandergenommen zu werden, ebenso wenig wie zusammengefügt zu werden.

24
Eine finstere Miene ist ganz gegen die Natur. Wenn im Gesicht immer wieder die Freundlichkeit erstirbt, verlischt sie zuletzt ganz, so dass sie überhaupt nicht mehr entzündet werden kann. Eben deshalb versuche ich zu verstehen, dass dies wider die Vernunft ist. Denn wenn einmal das Bewusstsein für unsere Fehler schwindet, was gibt es dann noch für einen Grund zu leben?

25
Alles, was du siehst, wird die Natur, die das Weltganze durchwaltet, sogleich verwandeln, und sie wird anderes aus ihrem Sein

schaffen und dann wiederum anderes aus dem Sein jener Dinge, damit der Kosmos ewig neu ist.

26

Wenn dir jemand etwas antut, dann überlege sofort, was er sich dabei Gutes oder Schlechtes dachte. Denn wenn du das erkannt hast, wirst du mit ihm Mitleid haben und dich weder wundern noch erzürnen. Denn entweder hältst auch du dasselbe wie er für gut oder etwas Ähnliches. Du musst ihm also verzeihen. Wenn du aber nicht mehr solche Ansichten von Gut und Böse hast, wird dein Wohlwollen gegenüber dem, der dir etwas angetan hat, umso leichter sein.

27

Nicht an abwesende Dinge denken, als ob sie schon da wären, sondern unter den vorhandenen die besten auswählen und sich bei ihnen daran erinnern, wie heftig man nach ihnen verlangen würde, wenn sie nicht da wären. Hüte dich aber zugleich davor, dass du dich daran gewöhnst, die Dinge zu überschätzen, weil du solche Freude an ihnen hast, so dass es dich beunruhigt, wenn sie einmal nicht mehr da sind.

28

Ziehe dich in dich selbst zurück. Die leitende Vernunft ist von Natur aus mit sich selbst zufrieden, wenn sie gerecht handelt und eben dadurch inneren Frieden hat.

29
Mach deinen Vorstellungen ein Ende. Gebiete deiner Hektik Stillstand. Begrenze die gegenwärtige Zeit. Erkenne, was dir oder einem anderen widerfährt. Unterscheide und zergliedere das Gegebene in Ursache und Stoff. Denk an die letzte Stunde. Was ein anderer falsch gemacht hat, lass dort, wo der Fehler entstanden ist.

30
Sein Denken auf das richten, was gesprochen wird. Den Geist in das versenken, was geschieht und was es bewirkt.

31
Dein Schmuck sei Einfachheit, Zurückhaltung und Gleichgültigkeit gegenüber dem, was zwischen Tugend und Schlechtigkeit liegt. Liebe das Menschengeschlecht. Folge Gott.

Jener sagt zwar: »Alles entspricht nur der herkömmlichen Meinung, in Wahrheit aber gibt es nur Elemente.« Es genügt, sich daran zu erinnern, dass alles nur der herkömmlichen Meinung nach so ist. Das ist schon wenig genug.

32
[Über den Tod:] Entweder Zerstreuung, falls Atome, oder falls Einheit, Erlöschen oder Übergang.

33
[Über den Schmerz:] Das Unerträgliche führt zum Tod, was aber von Dauer ist, ist erträglich. Auch die Seele bewahrt sich ihre innere Ruhe durch Rückzug in sich selbst, und dadurch ist der leitende Geist nicht schlechter geworden. Die Teile aber, die durch

Leid geschädigt werden, sollen sich dazu äußern, wenn sie dazu imstande sind.

34
[Über den Ruhm:] Sieh dir ihre Gesinnung an, wie sie ist, was sie meidet und was sie erstrebt. Und dass, wie die Sanddünen sich übereinanderschieben und die früheren überdecken, so auch im menschlichen Leben das Frühere vom Nachkommenden rasch verdeckt wird.

35
»Glaubst du, dass einem, der über einen großartigen Verstand und einen Überblick über die ganze Zeit und das gesamte Sein verfügt, das menschliche Leben als etwas Großes erscheint? – Unmöglich, antwortet er. – Also wird ein solcher Mensch auch den Tod für nichts Schlimmes halten? – Keineswegs.«

36
»Los der Könige ist es, Gutes zu tun, aber einen schlechten Ruf zu haben.«

37
Eine Schande ist es, wenn unser Gesicht dem Verstand gehorcht und sich nach seinen Befehlen formt und ordnet, der Verstand selbst aber von sich aus sich nicht formt und ordnet.

38
Den Dingen darf man nicht zürnen; »denn sie kümmern sich nicht darum«.

39
»Mögest du den unsterblichen Göttern und uns Freude bereiten.«

40
Das Leben ernten wie eine reife Ähre »und dass der eine ist, der andere aber nicht ist«.

41
Wenn sich die Götter um mich und meine beiden Kinder nicht »kümmerten, so hat auch das seinen Grund«.

42
»Denn das Gute und die Gerechtigkeit sind auf meiner Seite.«

43
Nicht mitjammern, sich nicht erregen.

44
»Ich aber könnte diesem Mann wohl mit Recht antworten: Du hast nicht Recht, Mensch, wenn du glaubst, dass ein Mann, der auch nur wenig wert ist, die Gefahr auf Leben und Tod in Betracht zieht und nicht bei seinem Tun vielmehr allein darauf schaut, ob er gerecht oder ungerecht handelt und ob sein Tun das eines guten oder das eines schlechten Menschen ist.«

45
»Denn so verhält es sich in Wahrheit, Männer von Athen: Wo sich jemand hingestellt hat im Glauben, dass es so am besten sei, oder wo er von seinem Vorgesetzten hingestellt wurde, dort muss er,

wie mir scheint, ausharren und die Gefahr auf sich nehmen, ohne den Tod oder sonst etwas mehr als die Schande in Betracht zu ziehen.«

46
»Aber, mein Bester, sieh zu, ob nicht das Edle und das Gute etwas anderes ist, als zu retten und gerettet zu werden. Denn den Gedanken an ein möglichst langes Leben muss ein wirklicher Mann aufgeben, und er darf nicht am Leben hängen, sondern muss es der Gottheit anheimstellen und den Frauen glauben, dass niemand seinem Schicksal entgeht; außerdem muss er überlegen, wie er die Zeit, die er noch zu leben hat, möglichst gut verbringt.«

47
Den Lauf der Sterne beobachten, als ob man sich mit ihnen herumdrehte, und immer an die Verwandlung der Elemente ineinander denken. Denn die Vorstellungen davon waschen den Schmutz des irdischen Lebens ab.

48
Wer über Menschen redet, muss auch gleichsam von einer höheren Warte aus die irdischen Dinge betrachten, Tierherden, Heere, Ackerbau, Hochzeiten, Scheidungen, Geburten, Todesfälle, Lärm bei Gerichtsverhandlungen, verödete Landschaften, mancherlei Völker von Barbaren, Feste, Totenklagen, Märkte, dieses Durcheinander und das aus den Gegensätzen harmonisch Geordnete.

49
Das Vergangene betrachten und die so zahlreichen Veränderungen dessen, was einmal war. Es ist auch möglich, das Zukünftige vorauszusehen. Denn es wird ganz ähnlich sein und wird nicht aus dem Rhythmus des Geschehenden aussteigen können. Daher ist es auch ganz gleich, ob man das menschliche Leben vierzig oder zehntausend Jahre hindurch erforscht. Denn was wirst du da noch mehr sehen?

50
Und: Was aus der Erde gewachsen ist, das kehrte zur Erde zurück; »was aber aus himmlischem Samen entspross, das kehrte wieder / zurück zum Himmelspol«.

51
Und: Mit Speisen, Getränken und Zaubermitteln »den Todesstrom ablenkend«. Man muss den Sturm, der von der Gottheit herweht, »trotz der Erschöpfung ohne Klagen aushalten«.

52
Besser im Ringkampf, aber an Gemeinsinn, Bescheidenheit und Gehorsam gegenüber dem, was widerfährt, oder an Milde gegenüber den Verfehlungen der Mitmenschen nicht überlegen.

53
Wo ein Werk gemäß der den Göttern und den Menschen gemeinsamen Vernunft vollbracht werden kann, dort gibt es nichts Schlimmes. Denn wo es möglich ist, durch eine sich auf dem rechten Weg befindliche und der Anlage entsprechend voranschrei-

tende Tätigkeit Nutzen zu erlangen, da braucht man keinen Schaden zu befürchten.

54

Überall und jederzeit liegt es an dir, dich dem gegenwärtigen Geschick fromm zu fügen, die Menschen deiner Umgebung gerecht zu behandeln und die gegenwärtigen Vorstellungen gründlich zu erforschen, damit sich nichts einschleicht, was du noch nicht begriffen hast.

55

Kümmere dich nicht um die leitende Vernunft anderer Leute, sondern sieh genau dorthin, wohin dich die Natur führt, nämlich die Natur des Weltganzen durch das, was dir widerfährt, und deine eigene Natur durch das, was du tun musst. Jeder aber muss das tun, was seiner Anlage entspricht. Die übrigen Wesen sind wegen der vernünftigen Wesen geschaffen, und auch sonst ist immer das Geringere wegen des Besseren da, die vernünftigen Wesen aber sind füreinander da. Das Wichtigste in der menschlichen Veranlagung ist das Gemeinschaftsgefühl; an zweiter Stelle kommt dann die Unnachgiebigkeit gegenüber körperlichen Leidenschaften. Denn der vernünftigen und geistigen Tätigkeit ist es eigen, sich abzugrenzen und weder den Bewegungen der Sinne noch der Triebe zu unterliegen; denn beide sind tierisch, die vernunftbedingte Tätigkeit aber will immer den Vorrang haben und sich von jenen nicht unterwerfen lassen. Gewiss mit Recht. Denn sie ist von Natur dazu geschaffen, sich jener zu bedienen. Das Dritte in der vernunftbestimmten Veranlagung des Menschen ist, nicht voreilig zuzustimmen und sich nicht täuschen zu lassen. Wenn sich die leitende Vernunft daran hält, dann soll sie geradewegs auf ihr Ziel losgehen, und so hat sie, was ihr gebührt.

56

Wie einer, der schon gestorben ist und nur bis jetzt gelebt hat, den Rest der noch vorhandenen Zeit im Einklang mit der Natur leben.

57

Nur das lieben, was einem widerfährt und was vom Schicksal verhängt wird. Denn was wäre angemessener?

58

Bei jedem Ereignis sich jene vor Augen halten, denen dasselbe widerfahren ist und die sich daraufhin ärgerten, Befremden äußerten und schimpften. Wo sind denn jene jetzt? Nirgends. Wie nun? Willst du es ihnen gleichtun? Willst du nicht die fremden Gemütsbewegungen bei denen lassen, die sie auslösten und von ihnen betroffen sind, dich selbst aber ganz damit beschäftigen, wie du mit diesen Ereignissen umgehen sollst? Du wirst den richtigen Gebrauch von ihnen machen, und sie werden für dich Stoff (für dein richtiges Handeln) sein. Pass nur auf und wolle bei allem, was du tust, vor dir selbst gut sein. Und denke an beides: Wichtig ist die Handlung, unwichtig, an welchem Stoff die Handlung vollzogen wird.

59

Grabe in deinem Inneren. Da ist die Quelle des Guten, und sie kann beständig aufsprudeln, wenn du stets wieder nachgräbst.

60
Auch der Körper muss fest sein und darf diese Festigkeit weder in der Bewegung noch in Ruhe verlieren. Denn wie beim Gesicht die Vernunft für einen verständigen und guten Ausdruck sorgt, so muss man es auch beim ganzen Körper verlangen. Nur muss all das ganz ungekünstelt bleiben.

61
Die Lebenskunst ist der Kunst des Ringers ähnlicher als der des Tänzers, sofern sie auf Angriffe und Ereignisse, die nicht vorhersehbar sind, vorbereitet ist und unerschütterlich dasteht.

62
Immer darauf achten, was das für Leute sind, nach deren Billigung du strebst, und was sie für ein Leitvermögen haben. Denn dann wirst du ihre unabsichtlichen Fehler nicht tadeln noch eine Bestätigung brauchen, wenn du auf die Quellen ihrer Meinungen und Begierden schaust.

63
Jede Seele«, sagt er, »wird gegen ihren Willen der Wahrheit beraubt, ebenso der Gerechtigkeit, der Selbstbeherrschung, der Güte und jeder weiteren Tugend dieser Art. Es ist unbedingt notwendig, sich ständig daran zu erinnern. Denn dann wirst du allen Menschen gegenüber sanftmütiger sein.«

64
Bei jedem Leid vergegenwärtige dir, dass es keine Schande ist und dass es die lenkende Vernunft nicht schlechter macht. Denn diese

kann dadurch nicht zerstört werden, weder sofern sie vernunftbegabt ist noch sofern sie sich auf die Allgemeinheit bezieht. Bei den meisten Leiden soll dir das Wort Epikurs helfen, dass sie weder unerträglich sind noch ewig andauern, wenn du an ihre Grenzen denkst und nichts hinzudichtest. Erinnere dich aber auch daran, dass vieles, was dem Leid gleichkommt, unbemerkt unseren Unwillen erregt, so etwa Müdigkeit, Fieber und Appetitlosigkeit. Wenn du also über einen dieser Zustände ungehalten bist, dann sage dir, du überlässt dich eben dem Leid.

65

Sieh zu, dass du nicht für die Unmenschen dasselbe empfindest wie die Unmenschen für die Menschen.

66

Woher wissen wir, ob nicht Telauges in seiner Gesinnung dem Sokrates überlegen war? Denn es genügt nicht, dass Sokrates ruhmvoller starb und geschickter mit den Sophisten diskutierte, standhafter in Eiseskälte die Nacht im Freien zubrachte und sich dem Befehl, den Mann aus Salamis herbeizuschaffen, wie es scheint, tapferer widersetzte und in den Straßen stolz einherschritt, was man, wenn es wahr ist, am meisten bezweifeln möchte. Man muss vielmehr darauf achten, was für eine Seele Sokrates hatte und ob er sich damit zufrieden geben konnte, gegenüber den Menschen gerecht und gegenüber den Göttern fromm zu sein, ohne sich dabei über die Schlechtigkeit zu ärgern oder sich der Unwissenheit von jemandem zu unterwerfen, und nichts, was ihm vom Weltganzen zugeteilt wurde, als fremd hinzunehmen oder als unerträglich zu erdulden und seinem

Denken keinerlei Sympathie mit den Begierden des Fleisches zu gestatten.

67

Die Natur hat dich nicht so mit dem Ganzen vermischt, dass sie einem nicht gestattete, sich abzugrenzen und seine Angelegenheiten selbst in die Hand zu nehmen. Denn es ist durchaus möglich, ein göttlicher Mensch zu werden und doch von niemandem als solcher erkannt zu werden. Daran denke stets und auch daran, dass ein glückliches Leben auf ganz wenigen Dingen beruht. Und wenn du die Hoffnung aufgeben musstest, ein Dialektiker oder Physiker zu werden, brauchst du deshalb doch nicht daran zu verzweifeln, ein freier, bescheidener, auf die Gemeinschaft bedachter und gottesfürchtiger Mensch zu werden.

68

Ohne Zwang in größtem Seelenfrieden das Leben verbringen, auch wenn alle Menschen nach Belieben ihr Geschrei gegen dich erheben und die wilden Tiere die armseligen Glieder dieser um dich gewachsenen Fleischmasse zerreißen wollen. Denn was hindert den Verstand daran, sich trotz allem Gelassenheit, ein richtiges Urteil über die Umstände und einen entschlossenen Gebrauch der ihm unterworfenen Dinge zu bewahren? So dass sein Urteil zu dem, was einen trifft, sagt: »Das bist du dem Wesen nach, auch wenn du der gängigen Meinung nach etwas anderes zu sein scheinst«, und der Gebrauch zu dem, was einen trifft, sagt: »Dich habe ich gesucht; denn immer ist mir das Vorhandene Stoff für die vernünftige und gemeinschaftsbezogene Tugend und überhaupt für die Kunst eines Menschen, der Gott gleichberechtigt ist.« Denn alles, was sich seitens der Götter oder der Menschen ereignet, ist vertraut, und es ist weder neu noch schwer zu bewältigen, sondern bekannt und leicht zu verarbeiten.

69

Die Vollkommenheit des Charakters bringt es mit sich, dass man jeden Tag so verbringt, als wäre er der letzte, und dass man sich weder aufregt noch in seinen Tätigkeiten erlahmt noch sich verstellt.

70

Die Götter, die ja unsterblich sind, regen sich nicht darüber auf, dass sie in alle Ewigkeit, durchaus immer, so minderwertige Menschen in so großer Zahl ertragen müssen. Ja mehr noch, sie sorgen sogar für sie in jeder Hinsicht. Du aber, der du doch bald sterben wirst, verzagst, und das, wo du doch einer der Minderwertigen bist?

71

Es ist lächerlich, der eigenen Schlechtigkeit nicht zu entgehen, was ja möglich wäre, der Schlechtigkeit der anderen aber entgehen zu wollen, was nicht möglich ist.

72

Was das vernünftige und gemeinschaftsbezogene Vermögen weder als vernünftig noch als gemeinschaftsfördernd befindet, das beurteilt es aus gutem Grund als etwas ihm gegenüber Minderwertigeres.

73

Wenn du etwas Gutes getan hast und ein anderer von dir Gutes erfahren hat, was suchst du dann wie die Toren daneben noch ein Drittes, nämlich dass du im Ruf eines Wohltäters stehst oder dafür eine Gegengabe erlangst?

74

Niemand wird müde, sich helfen zu lassen. Helfen ist eine naturgemäße Tätigkeit. Werde also nicht müde, dir helfen zu lassen, wo du selbst hilfst.

75

Die Natur des Ganzen hat den Anstoß zur Schaffung des Kosmos gegeben. Jetzt aber geschieht alles, was geschieht, entweder als Folge daraus, oder aber es sind selbst die wichtigsten Dinge, auf die die leitende Vernunft des Kosmos ihren eigenen Eifer richtet, ganz und gar nichtig. Wenn du das bedenkst, wird es dich vielen Dingen gegenüber gelassener machen.

ACHTES BUCH

1

Auch das führt zur Unterdrückung eitler Ruhmsucht, dass du nicht dein ganzes Leben oder wenigstens das von Jugend an als Philosoph hast zubringen können, sondern vielen anderen wie auch dir selbst als ein Mensch erschienen bist, der der Philosophie fern steht. Der Makel haftet dir also an, so dass es nicht mehr leicht für dich ist, den Ruhm eines Philosophen zu erwerben. Aber auch dein Lebensvorhaben steht dir dabei im Weg. Wenn du also wirklich gesehen hast, worin die Hauptsache liegt, dann lass den Gedanken daran, wie du einmal dastehen wirst, fahren. Begnüge dich damit, wenn du den Rest deines Lebens, wie lange er auch sein mag, so verbringen wirst, wie es deine Natur will. Überlege also, was sie will, und nichts anderes soll dich davon abbringen. Denn du hast ja erfahren, wo du überall umhergeirrt bist und doch niemals das gute Leben gefunden hast; nicht im logischen Denken, nicht im Reichtum, nicht im Ruhm, nicht im Genuss, nirgends. Wo ist es also? Im Tun dessen, was die Natur des Menschen verlangt. Wie willst du das nun schaffen? Wenn du Grundsätze hast, aus denen die Bestrebungen und Handlungen entspringen. Was sind das für Grundsätze? Es sind Grundsätze über das, was gut und schlecht ist, dass für den Menschen nichts gut ist, was ihn nicht gerecht, besonnen, tapfer und frei macht, und dass nichts schlecht ist, was nicht das Gegenteil von dem Genannten bewirkt.

2
Bei jeder Handlung frage dich: Wie verhält sie sich zu mir? Werde ich sie nicht bereuen? Nur noch ein Weilchen, und ich bin tot, und alles ist vorbei. Was verlange ich da noch mehr, wenn mein gegenwärtiges Wirken das eines vernünftigen, auf die Gemeinschaft bezogenen und Gott gleichgestellten Wesens ist?

3
Was sind Alexander, Gaius und Pompeius im Vergleich mit Diogenes, Heraklit und Sokrates? Denn diese haben die Dinge erkannt und ihre Ursachen und das, woraus sie bestehen, und ihre leitende Vernunft folgte nur ihren eigenen Gesetzen. Bei jenen aber Privilegien welcher Art und Unterwerfung unter wie vieles!

4
Dass sie nichtsdestoweniger dasselbe tun werden, auch wenn du darüber zerplatzen solltest.

5
Vor allem lass dich nicht aus der Ruhe bringen. Denn alles geschieht gemäß der Natur des Weltganzen, und in Kürze wirst du nichts und nirgends sein wie Hadrian und Augustus. Dann richte deinen Blick auf die Hauptsache, mach dir bewusst, dass du ein guter Mensch sein musst, und tue das, was die Natur vom Menschen fordert, ohne dich umzusehen, und so, wie es dir am gerechtesten erscheint, stets freundlich, zurückhaltend und ohne Heuchelei.

6
Die Natur des Weltganzen hat die Aufgabe, das, was hier ist, dorthin zu versetzen, es zu verändern, von hier aufzuheben und dorthin zu bringen. Alles ist nur Veränderung, so dass du nichts Neues fürchten musst. Alles ist vertraut.

7
Jede Natur ist mit sich selbst zufrieden, wenn es ihr gut geht. Einer vernünftigen Natur geht es gut, wenn sie weder einer falschen noch unklaren unter ihren Vorstellungen zustimmt, ihr Streben einzig und allein auf gemeinschaftsfördernde Handlungen richtet, wenn sie nur begehrt und meidet, was in unserer Macht liegt, und alles, was uns von der gemeinsamen Natur zugeteilt ist, willkommen heißt. Denn sie ist ein Teil von dieser, wie die Natur des Blattes ein Teil von der Natur der Pflanze ist, nur dass hier die Natur des Blattes ein Teil einer Natur ist, die ohne Sinneswahrnehmung und ohne Vernunft ist und behindert werden kann, während die Natur des Menschen ein Teil einer vernünftigen und gerechten Natur ist, die sich nicht behindern lässt, wenigstens wenn sie jedem Einzelnen den gleichen und ihm gebührenden Anteil an Zeit, Sein, Ursache, Tätigkeit und Geschehen verleiht. Aber die Zuteilungen müssen gleich sein. Achte aber darauf, nicht ob du es Stück für Stück bei jedem Ding gleich finden wirst, sondern ob alles zusammengenommen bei dem einen in seiner Gesamtheit mit dem anderen übereinstimmt.

8
Es ist dir nicht möglich zu lesen; wohl aber ist's dir möglich, Übermut zu unterdrücken. Es ist auch möglich, Freuden und Leiden zu

beherrschen. Es ist möglich, über Ruhmsucht erhaben zu sein. Es ist möglich, sich über gefühllose und undankbare Menschen nicht zu ereifern, ja sogar sich um sie zu kümmern.

9

Niemand soll dich mehr das Leben bei Hofe tadeln hören, auch du dich selbst nicht.

10

Die Reue ist eine Art Vorwurf gegen sich selbst, dass man etwas Nützliches versäumt hat. Das Nützliche aber muss etwas Gutes sein, und der sittlich gute Mensch muss sich darum bemühen. Kein sittlich guter Mensch dürfte aber darüber Reue empfinden, dass er sich eine sinnliche Lust hat entgehen lassen. Also ist die Lust weder nützlich noch gut.

11

Was ist dieses Ding an sich und seiner eigenen Beschaffenheit nach? Was ist sein Wesen und was sein Stoff? Was ist seine Ursache? Was bewirkt es im Kosmos? Wie lange besteht es?

12

Wenn du widerwillig aus dem Schlaf gerissen wirst, dann denke daran, dass es deiner Anlage und der menschlichen Natur entspricht, gemeinnützige Taten zu vollbringen, dass du aber den Schlaf auch mit den vernunftlosen Tieren gemeinsam hast. Was aber für jeden naturgemäß ist, das ist ihm vertrauter, angemessener und daher auch lieber.

13
Ununterbrochen und, wenn möglich, bei jeder Vorstellung naturwissenschaftliche, ethische und logische Überlegungen anstellen.

14
Mit wem du auch zusammentriffst, frage dich sogleich: Was hat dieser für Ansichten vom Guten und Bösen? Denn wenn er von Lust und Leid und den Ursachen von beiden und von Ruhm und Ruhmlosigkeit, von Tod und Leben bestimmte Ansichten hat, dann wird es mich nicht wundern oder befremden, wenn er etwas ganz Bestimmtes tut, und ich werde daran denken, dass er gezwungen ist, so zu handeln.

15
Denk daran, dass es ebenso unangebracht ist, sich darüber zu wundern, dass der Feigenbaum Feigen trägt, wie darüber, dass der Kosmos bestimmte Dinge hervorbringt, von denen er der Erzeuger ist. Auch bei einem Arzt oder Steuermann wäre es unangebracht, wenn er sich darüber wunderte, dass jemand Fieber hat oder dass ein Gegenwind aufgekommen ist.

16
Denk daran, dass es gleichermaßen Freiheit bedeutet, seine Meinung zu ändern, wie dem zu folgen, der uns eines Besseren belehrt. Denn es ist dein eigenes Handeln, wenn du es aus eigenem Antrieb und Urteil und so auch gemäß deiner Vernunft vollziehst.

17

Wenn es in deiner Macht steht, warum tust du es? Wenn es aber in der Macht eines anderen steht, wem machst du Vorwürfe? Den Atomen oder den Göttern? Beides ist Wahnsinn. Man darf niemandem Vorwürfe machen. Wenn du kannst, berichtige ihn. Wenn du das nicht kannst, berichtige die Sache selbst. Wenn auch das nicht möglich ist, was nützen dann die Vorwürfe? Sinnloses soll man ja nicht tun.

18

Was gestorben ist, fällt nicht aus dem Kosmos heraus. Wenn es hier bleibt, dann verwandelt es sich auch hier und löst sich in die Bestandteile des Kosmos auf; aber auch sie verwandeln sich und murren nicht.

19

Jedes einzelne Ding ist zu einem bestimmten Zweck entstanden, so auch das Pferd oder der Weinstock. Was wundert's dich? Auch die Sonne wird sagen: »Ich bin für eine bestimmte Aufgabe entstanden«, und ebenso auch die übrigen Götter. Du nun, wozu bist du da? Um dich zu freuen? Sieh doch, ob die Vernunft das zulässt.

20

Die Natur hat bei jedem Ding nicht weniger sein Ende als seinen Anfang und seinen Weg zum Ziel, wie der Mensch, der einen Ball emporwirft. Welchen Vorteil hat der Ball, wenn er in die Höhe geworfen wird, oder welchen Nachteil, wenn er wieder herabkommt und zu Boden fällt? Welchen Nutzen hat die Wasserblase, wenn sie entsteht, oder welchen Schaden, wenn sie zerplatzt? Dasselbe gilt auch für ein Licht.

21

Dreh das Innere (deines Körpers) nach außen und sieh, wie er ist und wie er im Alter wird, nach Krankheit und Leiden. Kurzlebig sind der Lobende und der Gelobte, der Gedenkende und der, an den man denkt. Außerdem findet das nur in einem Winkel dieser Himmelsgegend statt, und auch da sind sich nicht alle einig, ja nicht einmal eine einzelne Person mit sich selbst; und die ganze Erde ist nur ein Punkt.

22

Richte dein Augenmerk auf den vorliegenden Gegenstand oder auf die Tätigkeit oder auf die Grundüberzeugung oder auf den sprachlichen Ausdruck.

Das geschieht dir zu Recht; denn du willst lieber morgen gut werden, als es heute sein.

23

Tue ich etwas? Ich tue etwas, indem ich es darauf beziehe, den Menschen Gutes zu tun. Widerfährt mir etwas? Ich nehme es an, indem ich es auf die Götter und die Quelle aller Dinge beziehe, aus der alles Geschehen miteinander verwoben wird.

24

Wie dir das Baden erscheint: Öl, Schweiß, Schmutz, klebriges Wasser, lauter eklige Dinge, so ist auch jeder Abschnitt des Lebens und jeder Gegenstand.

25
Lucilla (begrub) den Verus, dann (starb) Lucilla; Secunda (begrub) den Maximus, dann (starb) Secunda; Epitynchanos (begrub) den Diotimos, dann (starb) Epitynchanos; Antoninus (begrub) die Faustina, dann (starb) Antoninus, und so weiter. Celer (begrub) den Hadrian, dann (starb) Celer. Jene klugen Leute aber oder Wahrsager oder aufgeblasenen Kerle, wo sind sie? Wo zum Beispiel Charax, der Platoniker Demetrios, Eudaimon und dergleichen mehr? Alle nur kurzlebig und längst tot. Einige blieben nicht einmal für kurze Zeit in Erinnerung, andere wurden ins Reich der Mythen entrückt, wieder andere sind schon aus dem Mythenreich verschwunden. Daran nun denken, dass dein zusammengesetzter Körper zerfallen oder dein Lebenshauch erlöschen oder entschwinden und anderswohin versetzt werden muss.

26
Die Freude des Menschen ist es, das dem Menschen Eigentümliche zu tun. Eigentümlich für den Menschen aber sind das Wohlwollen gegenüber seinesgleichen, die Verachtung der sinnlichen Regungen, die kritische Prüfung der glaubhaften Vorstellungen und eine Betrachtung der Natur des Weltganzen und dessen, was ihrem Willen nach geschieht.

27
Drei Beziehungen: die eine gegenüber dem Gefäß, das uns umgibt, die zweite gegenüber der göttlichen Ursache, von der alles allen widerfährt, die dritte aber gegenüber den Mitmenschen.

28
Der Schmerz ist entweder für den Körper ein Übel – dann soll er sich dazu äußern – oder für die Seele; aber ihr steht es frei, ihre eigene Heiterkeit und Gelassenheit zu bewahren und nicht anzunehmen, dass er ein Übel ist. Denn jedes Urteil, jedes Streben, jedes Verlangen und Vermeiden ist innerlich und kein Übel dringt dorthin vor.

29
Tilge die Vorstellungen aus, indem du dir unablässig sagst: »Es liegt jetzt an mir, dass in dieser Seele keine Schlechtigkeit, keine Begierde und überhaupt keine Beunruhigung ist. Vielmehr sehe ich alles so, wie es ist, und mache von jedem einzelnen Ding nach Gebühr Gebrauch.« Denke immer an diese Möglichkeit.

30
Im Senat und zu jedermann maßvoll und sehr deutlich reden, wie es der Natur entspricht; sich einer gesunden Ausdrucksweise bedienen.

31
Der Hof des Augustus: Frau, Tochter, Enkel, Stiefkinder, Schwester, Agrippa, Verwandte, Hausgenossen, Freunde, Arius, Maecenas, Ärzte, Priester. Tod des ganzen Kaiserhofes. Dann wende dich den anderen Höfen zu und ihrem Untergang, ferner dem ganzer Städte, aber nicht dem, der den einzelnen Menschen betrifft, sondern zum Beispiel dem von Pompeji; aber auch an jene Grabinschrift denken: »Der Letzte seines Geschlechts«, und wie sehr sich ihre Vorfahren angestrengt haben, um einen Nachfolger

zu hinterlassen; dann muss doch einer der Letzte sein. Wieder hier der Tod eines ganzen Geschlechts.

32

Man muss das Leben aus lauter einzelnen Handlungen zusammensetzen und zufrieden sein, wenn jede nach Möglichkeit ihr Ziel erreicht. Dass sie aber ihr Ziel erreicht, daran kann dich niemand hindern. »Aber es wird sich mir etwas von außen her in den Weg stellen.« Aber nicht dabei, dass du gerecht, besonnen und vernünftig handelst. Vielleicht wird eine andere Betätigung behindert werden; aber dadurch, dass ich mich mit eben diesem Hindernis abfinde und mit Überlegung zu dem übergehe, was gegeben ist, tritt sofort eine andere Handlung an ihre Stelle und fügt sich in den Zusammenhang, von dem die Rede ist.

33

Bescheiden annehmen, bereitwillig hergeben.

34

Wenn du jemals eine abgehauene Hand, einen Fuß oder einen abgeschnittenen Kopf getrennt von dem übrigen Körper daliegen gesehen hast – so etwas tut sich, soweit es an ihm liegt, jemand an, der nicht will, was ihm widerfährt, und sich absondert oder etwas Gemeinschaftswidriges tut. Da hast du dich irgendwie von der naturgemäßen Einheit losgerissen. Denn du warst ja als ein Teil von ihr geschaffen worden. Jetzt hast du dich selbst abgeschnitten. Aber da gibt es noch jene schlaue Lösung, dass es dir möglich ist, dich wieder zu vereinigen. Das hat Gott keinem anderen Teil (des Kosmos) gegeben, dass er, losgetrennt und abgehauen, sich wieder (mit dem Ganzen) vereinigen kann. Überlege dir doch die Güte, mit der Gott den Menschen ausgezeichnet hat. Denn er hat es ihm anheimgestellt, erst gar nicht vom Ganzen losgerissen zu werden und sogar nach seiner Lostrennung wieder zurückzukehren, zusammenzuwachsen und seine Stellung als Teil wieder aufzunehmen.

35

Wie die Natur des Weltganzen so gut wie jedem Vernunftwesen die übrigen Fähigkeiten gleichsam zum Geschenk gemacht hat, so haben wir auch diese von ihr empfangen: Denn wie jene alles, was ihr entgegentritt und sich ihr entgegenstellt, umdreht und in das Schicksal einordnet und zu einem Teil von sich selbst macht, so vermag auch das Vernunftwesen jedes Hindernis zu seinem Stoff zu machen und für sich zu dem zu gebrauchen, worauf es von sich aus ohnehin aus wäre.

36

Die Vorstellung von deinem ganzen Leben soll dich nicht verwirren. Stell dir nicht gleichzeitig vor, welche und wie viele schwere Dinge aller Wahrscheinlichkeit nach auf dich zukommen werden, sondern frage dich bei jedem, wenn es da ist: Was ist an dieser Sache unerträglich und nicht auszuhalten? Du wirst dich ja schämen, etwas zuzugeben. Ferner erinnere dich daran, dass dich weder das Zukünftige noch das Vergangene belastet, sondern stets nur das Gegenwärtige. Dieses aber verliert an Bedeutung, wenn du es allein für sich betrachtest und dein Denken zurechtweist, wenn es nicht imstande ist, diese nackten Tatsachen auszuhalten.

37
Sitzen etwa Pantheia oder Pergamos jetzt noch am Grab des Verus? Wie? Chabrias oder Diotimos an dem des Hadrian? Wie? Wenn sie dasäßen, würden die Verstorbenen es merken? Wie? Wenn sie es merkten, würden sie sich freuen? Wie? Wenn sie sich freuten, würden dann diese unsterblich sein? War es nicht vom Schicksal so bestimmt, dass auch diese zuerst alte Frauen und alte Männer wurden und dann starben? Was also sollten jene später tun, nachdem diese gestorben sind?

38
All das ist Gestank und Blutgesudel in einem Sack. Wenn du scharf sehen kannst, dann sieh hin.

39
»Wenn ich«, sagt er, »die Weisesten beurteile, so sehe ich in der Anlage eines vernünftigen Wesens keine Tugend, die sich gegen die Gerechtigkeit empört. In der Selbstbeherrschung aber sehe ich eine Tugend, die sich gegen die Lust auflehnt.«

40
Wenn du deine Meinung über das, was dich zu kränken scheint, aufgibst, dann stehst du selbst auf ganz sicherem Boden. »Wer selbst?« Die Vernunft. »Aber ich bin ja nicht die Vernunft.« Sei's drum. Jedenfalls soll die Vernunft sich selbst nicht kränken. Wenn sich aber sonst noch etwas in dir in einem schlimmen Zustand befindet, dann soll es sich selbst über sich eine Meinung bilden.

41
Die Behinderung der Sinneswahrnehmung ist ein Übel der beseelten Natur. Die Behinderung des Strebens ist gleichfalls ein Übel der beseelten Natur. Es gibt aber noch etwas anderes, das für die Anlage der Pflanzen ebenfalls hinderlich und ein Übel ist. So ist denn auch die Behinderung des Geistes ein Übel für die denkende Natur. All das übertrage auf dich selbst. Berühren dich Leid und Lust? Die Sinneswahrnehmung wird es sehen. Als du nach etwas strebtest, gab es da ein Hindernis? Wenn du ohne Vorbehalt nach etwas strebst, dann ist das schon ein Übel für ein vernunftbegabtes Wesen. Wenn du aber das Hindernis vorwegnimmst, dann erfährst du keinerlei Schaden und keine Behinderung. Kein anderer pflegt das zu behindern, was dem Geist eigentümlich ist. Denn an ihn rührt kein Feuer, kein Schwert, kein Tyrann, keine Lästerung und nichts dergleichen. Wenn er zur kreisrunden Kugel wird, dann bleibt er es auch.

42
Ich verdiene es nicht, mir selbst Schmerz zuzufügen; denn ich habe ja auch keinem anderen willentlich Schmerz zugefügt.

43
Den einen erfreut dies, den anderen das. Mich aber erfreut es, wenn ich meine leitende Vernunft gesund erhalte und sie sich weder von einem Menschen noch von etwas, was den Menschen widerfährt, abwendet, sondern alles mit freundlichen Augen ansieht, es annimmt und jedes einzelne Ding so gebraucht, wie es ihm gebührt.

44

Diese Zeit hier widme dir selbst. Die Menschen, die mehr ihrem Nachruhm nachjagen, bedenken nicht, dass die anderen genauso sein werden wie diese, die sie jetzt nicht leiden können. Aber auch jene sind sterblich. Was geht es dich überhaupt an, wenn jene mit solchen Stimmen widerhallen oder eine solche Meinung von dir haben.

45

Heb mich hoch und wirf mich, wohin du willst. Denn auch dort werde ich meinen göttlichen Geist heiter bewahren, das heißt zufrieden, wenn er sich entsprechend der eigenen Anlage verhält und tätig ist.

Ist diese Sache es wirklich wert, dass sich ihretwegen meine Seele in einem üblen Zustand befindet und schlechter ist, als es ihr entspricht, indem sie sich erniedrigt, klagt, sich in Fesseln begibt und in Angst und Schrecken gerät? Und was wirst du finden, das diesen Preis wert ist?

46

Keinem Menschen kann etwas widerfahren, was nicht menschliches Schicksal ist, auch nicht dem Rind, was nicht Rinderschicksal ist, dem Weinstock, was nicht zum Weinstock gehört, und dem Stein, was nicht dem Stein eigentümlich ist. Wenn nun einem jeden das widerfährt, was gewöhnlich ist und seiner Natur entspricht, was bist du dann ungehalten? Die gemeinsame Natur hat dir ja nichts Unerträgliches beschert.

47

Wenn du dich über irgendeine Äußerlichkeit kränkst, dann belästigt dich nicht jene Sache, sondern dein Urteil über sie. Es liegt an dir, dieses Urteil sofort zu tilgen. Wenn dich aber etwas in deiner Seelenverfassung betrübt, wer kann dich daran hindern, deine Meinung zu berichtigen? Genauso aber auch, wenn du dich darüber ärgerst, dass du etwas Bestimmtes, was dir vernünftig erscheint, nicht tust, warum tust du es dann nicht lieber, als dich darüber zu ärgern? »Aber etwas Stärkeres stellt sich mir in den Weg.« Ärgere dich nicht darüber. Denn der Grund, es nicht zu tun, liegt nicht bei dir. »Aber es verlohnt sich nicht, zu leben, wenn man dies nicht tut.« So scheide wohlgemut aus dem Leben, wie einer stirbt, der es getan hat, zugleich versöhnt mit dem, was sich dir in den Weg gestellt hat.

48

Denk daran, dass die leitende Vernunft unbezwingbar ist, wenn sie, in sich selbst zurückgezogen, mit sich selbst zufrieden ist, indem sie nichts tut, was sie nicht will, auch wenn sie ohne triftigen Grund Widerstand leistet. Was nun, wenn sie nach gründlicher Überlegung über etwas urteilt? Daher ist die von Leidenschaften freie Vernunft eine feste Burg. Denn der Mensch hat keine stärkere Festung, zu der er seine Zuflucht nehmen und für die Zukunft unbesiegbar sein könnte. Wer das nicht sieht, ist ein Tor. Wer es aber sieht und doch nicht dort seine Zuflucht nimmt, verpasst sein Glück.

49
Sag zu dir nicht mehr als das, was deine ursprünglichen Vorstellungen vermelden. Es wurde dir gemeldet, dass dieser oder jener schlecht von dir spricht. Das wurde dir gemeldet, aber dass du dadurch einen Schaden erlitten hast, wurde dir nicht gemeldet. Ich sehe, dass das Kind krank ist. Ich sehe es; aber dass es in Gefahr ist, sehe ich nicht. So bleibe also immer bei den ersten Vorstellungen und füge aus deinem Inneren selbst nichts hinzu; dann passiert dir nichts. Oder vielmehr füge etwas hinzu als jemand, der alles, was im Kosmos geschieht, genau kennt.

50
Eine bittere Gurke; wirf sie weg. Dornen am Weg; weiche ihnen aus. Das genügt, füge nichts hinzu. Wozu gibt es so etwas in der Welt? Dann würdest du von einem Kenner der Natur ausgelacht werden, wie du auch von einem Zimmermann oder Schuster ausgelacht würdest, wenn du es übel vermerken wolltest, dass du in ihrer Werkstatt Späne und Abfälle von den hergestellten Dingen siehst. Freilich, jene wissen, wohin sie diese Abfälle werfen können. Die Natur des Weltganzen dagegen hat keinen Platz draußen, aber das Wunderbare an ihrer Kunst ist, dass sie innerhalb ihrer eigenen Grenzen alles, was in ihr zu verderben, zu altern und unnütz zu sein scheint, in sich selbst zurückverwandelt und wieder andere neue Dinge daraus macht, damit sie weder Materie von außen braucht noch eines Platzes bedarf, wohin sie das Verrottete werfen könnte. Ihr genügt also ihr eigener Raum, ihr eigener Stoff und die ihr eigene Kunst.

51
Weder in den Taten nachlässig noch in den Reden verworren noch in den Vorstellungen planlos umherschweifen noch sich seelisch ganz und gar hinreißen lassen oder aus der Bahn geraten noch im Leben keine Muße haben. Sie töten, zerfleischen, vertreiben unter Verfluchungen. Was ist das schon, wenn dabei das Denken rein, verständig, besonnen, gerecht bleibt? Wie wenn jemand an eine klare und süße Quelle tritt und sie beschimpft, die aber nicht aufhört, trinkbares Wasser hervorzusprudeln; auch wenn er Schlamm und Mist hineinwirft: Sie wird ihn schnell auflösen, fortspülen und keineswegs trüb werden. Wie wirst du zu einer solchen Quelle kommen, die nie versiegt? Wenn du dir selbst in jeder Stunde die Freiheit bewahrst mit Wohlwollen, Einfachheit und Bescheidenheit.

52
Wer nicht weiß, was der Kosmos ist, weiß nicht, wo er ist. Wer nicht weiß, wozu er da ist, weiß nicht, wer er ist. Wer aber eines davon nicht mitbekommt, kann wohl auch nicht sagen, wozu er da ist. Was hältst du dann von einem Menschen, der nur auf das nichtige Beifallsklatschen von Leuten aus ist, die weder wissen, wo sie sind, noch wer sie sind?

53
Du willst von einem Menschen gelobt werden, der sich dreimal in der Stunde selbst verflucht? Du willst einem Menschen gefallen, der sich selbst nicht gefällt? Gefällt sich einer, der fast alles bereut, was er tut?

54
Nicht mehr nur in der uns umgebenden Luft mitatmen, sondern schon auch mit der alles umfassenden Vernunft mitdenken. Denn die Kraft der Vernunft ist ebenso überallhin ausgegossen und überall für den verbreitet, der sie einzuziehen versteht, wie die Luft für den, der einzuatmen vermag.

55
Schlechtigkeit schadet weder dem Kosmos im Allgemeinen noch dem Mitmenschen im Besonderen; schädlich ist sie nur für den, dem es anheimgestellt ist, sich von ihr, sobald er nur will, zu befreien.

56
Für meine Willensfreiheit ist die Willensfreiheit eines Mitmenschen ebenso gleichgültig wie sein Atem und sein Fleisch. Denn wenn wir auch noch so sehr füreinander da sind, so ist doch die leitende Vernunft eines jeden von uns ihr eigener Herr. Sonst wäre ja die Schlechtigkeit eines Mitmenschen für mich ein Übel, was Gott aber nicht wollte, damit es nicht in der Macht eines anderen stünde, dass ich unglücklich bin.

57
Die Sonne scheint herabgegossen zu sein und ist zwar überall hingegossen, aber sie ist nicht ausgegossen. Denn diese Ergießung ist eine Ausdehnung. Daher werden ihre Strahlen nach dem Wort *ekteínesthai* (»sich ausdehnen/erstrecken«) *aktînes* genannt. Was aber ein Strahl ist, kannst du sehen, wenn du einmal betrachtest, wie das Sonnenlicht durch eine enge Öffnung in einen verdun-

kelten Raum eindringt. Es erstreckt sich nämlich in gerader Richtung und stößt sozusagen auf die feste Fläche, die sich ihm entgegenstellt und die Luft jenseits davon abtrennt. Dort aber bleibt das Licht stehen, gleitet nicht ab und fällt nicht herab. So muss auch das Ergießen und Vergießen des Geistes sein, keinesfalls ein Ausgießen, sondern eine Ausdehnung; er darf auch gegen die ihm entgegentretenden Hindernisse nicht gewaltsam und heftig anstoßen und nicht nach unten fallen, sondern muss dort stehen bleiben und das, worauf er trifft, erleuchten. Denn was ihn nicht hindurchdringen lässt, beraubt sich selbst der Erleuchtung.

58

Wer den Tod fürchtet, fürchtet entweder die Empfindungslosigkeit oder eine andere Empfindung. Aber wenn es keine Empfindung mehr gibt, kann man auch nichts Schlimmes empfinden. Wenn man aber eine Empfindung anderer Art bekommen wird, dann wird man auch ein Lebewesen anderer Art sein und nicht aufhören zu leben.

59

Die Menschen sind füreinander da. Belehre sie also oder ertrage sie.

60

Anders bewegt sich der Pfeil, anders der Geist. Auch wenn der Geist vorsichtig ist und sich bei seinen Überlegungen dreht und wendet, so geht er doch nichtsdestoweniger geradewegs auf seinen Gegenstand zu.

61

In die leitende Vernunft eines jeden Menschen eindringen, aber auch jeden anderen in die eigene leitende Vernunft eindringen lassen.

NEUNTES BUCH

1
Wer Unrecht tut, handelt gottlos; denn weil die Natur des Weltganzen die vernunftbegabten Lebewesen füreinander geschaffen hat, so dass sie einander nach Gebühr nützen, aber in keiner Weise schaden, so handelt derjenige, der ihren Willen übertritt, offensichtlich unfromm gegenüber der ehrwürdigsten Gottheit. Auch wer lügt, frevelt gegen dieselbe Gottheit. Denn die Natur des Weltganzen ist die Natur des Seienden, das Seiende aber ist mit allem, was da ist, eng verwandt. Außerdem wird sie auch Wahrheit genannt und ist die erste Ursache von allem, was wahr ist. Wer also freiwillig lügt, handelt gottlos, sofern er durch Täuschung Unrecht tut; wer aber unfreiwillig lügt, handelt gottlos, sofern er in Widerspruch zur Natur des Weltganzen gerät und gegen die Ordnung verstößt, weil er gegen die Natur des Weltganzen ankämpft. Denn das tut derjenige, der sich, was ihn betrifft, zum Gegenteil von der Wahrheit hinreißen lässt. Hat er doch von der Natur im Voraus Mittel erhalten, die er vernachlässigte, und er ist daher jetzt nicht imstande, Falsches von Wahrem zu unterscheiden. So handelt denn auch derjenige gottlos, der den Lüsten nachjagt, als ob sie etwas Gutes wären, vor den Leiden dagegen als etwas Schlimmem flieht. Denn ein solcher Mensch muss ja unweigerlich immer wieder der gemeinsamen Natur Vorwürfe machen, weil sie den Schlechten und den Guten etwas zuteilt, was ihnen nicht gebührt, indem die Schlechten oft in Freuden leben und sich die Mittel dazu verschaffen, die Guten aber dem Leid und dem anheimfallen, was diese Leiden schafft. Außerdem wird

einer, der die Leiden fürchtet, einmal auch etwas von dem fürchten, was später im Kosmos geschehen wird. Aber schon das ist gottlos. Wer den Lüsten nachjagt, wird sich vom Unrechttun nicht fernhalten. Das aber ist offensichtlich gottlos. Gegenüber den Dingen, die der allgemeinen Natur gleichgültig sind (sie würde ja nicht beides schaffen, wenn ihr nicht beides gleichgültig wäre), müssen auch diejenigen, die der Natur folgen wollen, weil sie mit ihr übereinstimmen, sich gleichgültig verhalten. Wer sich nun gegenüber Leid und Lust, Tod und Leben oder Ruhm und Ruhmlosigkeit, Dingen, von denen die Natur des Weltganzen in gleicher Weise Gebrauch macht, selbst nicht gleichgültig verhält, der handelt offensichtlich gottlos. Damit, dass die allgemeine Natur von diesen Dingen gleichmäßigen Gebrauch macht, meine ich, dass sie ohne Unterschied eintreten, und zwar als Folge von dem, was geschieht, und als dessen Nebenwirkungen, aufgrund eines ursprünglichen Impulses der Vorsehung, gemäß dem sie von einem gewissen Anfang her diese Weltschöpfung in Bewegung gesetzt hat, indem sie gewisse Grundsätze von der Zukunft fasste und zeugende Kräfte der Wirklichkeit, ihrer Veränderung und ihrer derartigen Abfolge bestimmte.

2

Das Ideal eines feineren Menschen wäre, aus dem Leben zu scheiden, ohne je mit Lüge, mit jeder Art von Heuchelei, Üppigkeit und Dünkel in Berührung gekommen zu sein. Angewidert von diesen Dingen sein Leben auszuhauchen, ist der zweitbeste Weg. Oder willst du lieber bei der Schlechtigkeit verharren, und überzeugt dich die Erfahrung noch nicht, der Pest zu entfliehen? Denn die Verderbnis der Vernunft ist in einem viel höheren Maße eine Pest als irgendeine derart schlechte Mischung und Veränderung der uns umgebenden Luft. Diese ist nämlich eine Pest für die Lebewesen, sofern sie Lebewesen sind, jene aber ist eine Pest für die Menschen, sofern sie Menschen sind.

3

Verachte nicht den Tod, sondern finde Gefallen an ihm, da auch er zu den Dingen gehört, die die Natur will. Denn jung sein und altern, heranwachsen und mannbar werden, Zähne, Bart und graue Haare bekommen, zeugen, schwanger werden und gebären und all die anderen Vorgänge der Natur, die die Jahreszeiten des Lebens so mit sich bringen, sind genauso wie das Sterben. Also entspricht es einem verständigen Menschen, dass er weder ganz versessen auf den Tod ist noch ungestüm nach ihm verlangt noch sich ihm gegenüber hoffärtig verhält, sondern ihn als eines von den Dingen erwartet, die die Natur hervorbringt. Und wie du jetzt darauf wartest, wann das Kindlein aus dem Leib deiner Frau herauskommt, so musst du auf die Stunde warten, in der deine Seele aus dieser Hülle herausfallen wird. Wenn du aber eine allgemeine, herzerfrischende Regel wünschst, so wird dich die Betrachtung der Dinge, von denen du dich trennen sollst und mit denen deine Seele nicht länger besudelt sein wird, mit dem Tod vollkommen aussöhnen. Denn du sollst keinerlei Anstoß an ihnen nehmen, vielmehr dich um sie kümmern und sie mit Sanftmut ertragen, freilich auch daran denken, dass du dich von Menschen trennen wirst, die nicht dieselben Überzeugungen haben wie du. Denn wenn überhaupt, so könnte dich allein das zurück- und im Leben festhalten, wenn es dir vergönnt wäre, mit Menschen zusammenzuleben, die dieselben Überzeugungen gewonnen haben. Jetzt aber siehst du, wie groß die Plage ist, die aus dem Misston des Zusammenlebens entsteht, so dass man sagen möchte: »Komm doch schneller herbei, Tod, damit ich mich nicht auch selbst noch vergesse.«

4

Wer sündigt, versündigt sich an sich selbst. Wer Unrecht tut, misshandelt sich selbst, weil er sich selbst schlecht macht.

5

Unrecht tut oft derjenige, der etwas nicht tut, nicht nur der, der etwas tut.

6

Es genügt, wenn die jeweilige Annahme (die Wirklichkeit) klar erfasst, die jeweilige Handlung dem Gemeinwohl dient und die jeweilige Seelenverfassung alles, was infolge einer äußeren Ursache geschieht, wohlwollend annimmt.

7

Die Vorstellung wegwischen, dem Streben Einhalt gebieten, das Verlangen auslöschen und die leitende Vernunft in seiner Gewalt haben.

8

Auf die vernunftlosen Wesen ist eine einzige Seele verteilt, auf die vernünftigen aber eine einzige denkende Seele, wie es ja auch nur eine Erde gibt, aus der alles Erdhafte besteht, und wir alle, die wir zum Sehen befähigt und beseelte Wesen sind, mit Hilfe eines einzigen Lichtes sehen und eine einzige Luft atmen.

9

Alles, was an einem Gemeinsamen irgendwie Anteil hat, strebt zum Verwandten. Alles Erdhafte neigt sich der Erde zu, alle Flüssige fließt zusammen, genauso das Luftartige, so dass es der Gewalt bedarf, um sie zu trennen. Das Feuer steigt zwar empor wegen des Elementarfeuers, ist aber so bereit, sich hier mit jedem Feuer gemeinsam zu entzünden, so dass jeder Stoff, der etwas trockener ist, leicht in Brand gerät, weil in ihm zu wenig von dem beigemischt ist, was das Entflammen verhindern könnte. Ebenso oder auch noch mehr strebt alles, was an der vernünftigen Natur Anteil hat, zu dem ihm Verwandten. Denn je mehr es den anderen Dingen überlegen ist, desto geneigter ist es auch, sich mit dem Verwandten zu verbinden und zu vermischen. Bereits bei den vernunftlosen Wesen finden sich Schwärme, Herden, Aufzucht der Jungen und so etwas wie Liebe. Denn es gibt da schon Seelen, und das Verbindende findet sich bei den höheren Wesen so stark verbreitet, wie es bei Pflanzen, Steinen oder Hölzern nicht der Fall ist. Bei den vernunftbegabten Lebewesen aber gibt es Staaten, Freundschaften, Familien, Versammlungen und im Krieg Verträge und Waffenstillstand. Bei den noch höheren Wesen gibt es in gewisser Weise eine Einheit trotz ihrer räumlichen Trennung, wie es bei den Sternen der Fall ist. So vermag der Aufstieg zum Höheren auch unter Wesen, die voneinander räumlich getrennt sind, Sympathie zu bewirken. Sieh nun, was jetzt geschieht. Denn allein die vernunftbegabten Wesen haben ihr Streben zueinander und ihren Zusammenhalt vergessen, und nur hier sieht man kein Zusammengehen. Und doch werden sie, mögen sie auch fliehen, eingeholt. Denn die Natur ist stärker. Wenn du Acht gibst, wirst du sehen, was ich meine. Man dürfte eher etwas Erdhaftes finden, das mit Nicht-Erdhaftem in Berührung steht, als einen Menschen, der von einem anderen Menschen völlig getrennt ist.

10

Frucht trägt der Mensch, ebenso wie Gott und der Kosmos. Ein jedes trägt seine Frucht zu seiner Zeit. Wenn aber der herrschende Sprachgebrauch das Wort »Frucht« nur beim Weinstock und Ähnlichem anwendet, so hat das nichts zu sagen. Die Vernunft aber hat sowohl eine allgemeine wie eine besondere Frucht, und es entsteht aus ihr noch anderes von derselben Art, wie sie selbst ist.

11

Wenn du kannst, belehre sie eines Besseren. Wenn aber nicht, dann denke daran, dass dir für diesen Fall Nachsicht gegeben ist. Auch die Götter sind gegenüber solchen Menschen nachsichtig. Bei einigem sind sie auch behilflich: bei der Gesundheit, beim Reichtum und beim Ruhm. So gütig sind sie. Aber das ist auch dir möglich. Oder sag, wer hindert dich daran?

12

Arbeite nicht, als wärst du dabei unglücklich oder wie einer, der bemitleidet oder bewundert werden will, sondern wolle nur das Eine, dich bewegen und innehalten, wie es die politische Vernunft verlangt.

13

Heute habe ich mich von jeder Not befreit, mehr noch: Ich habe jede Not von mir geworfen. Denn sie lag nicht außerhalb von mir, sondern drinnen in meinen Vorstellungen.

14
Alles ist durch die Erfahrung vertraut, von kurzer zeitlicher Dauer und seinem Stoff nach schmutzig. Alles ist jetzt wie bei denen, die wir begraben haben.

15
Die Dinge stehen ganz für sich draußen vor der Tür, ohne etwas über sich zu wissen und Auskunft geben zu können. Wer kann nun Auskunft geben über sie? Die leitende Vernunft.

16
Nicht im Erleiden, sondern im Tun liegen Wohl und Wehe des vernunftbegabten politischen Lebewesens, wie auch seine Tugend und Schlechtigkeit nicht im Erleiden, sondern im Tun liegt.

17
Für den Stein, der in die Höhe geworfen wird, ist es weder schlimm, herunterzufallen, noch gut, emporgeworfen zu werden.

18
Dringe in ihre leitende Vernunft ein und du wirst sehen, welche Richter du fürchtest und was für Richter sie auch für sich selbst sind.

19
Alles ist im Wandel. Auch du selbst bist in ständiger Veränderung und in gewissem Sinne in dauerndem Untergang, aber auch der ganze Kosmos.

20
Den Fehler eines anderen muss man dort lassen, wo er ist.

21
Aufhören einer Tätigkeit, eines Strebens, Ende und gleichsam Tod einer Meinung: alles nichts Schlimmes. Wende dich den verschiedenen Lebensaltern zu: deiner Kindheit, den Jünglings- und Mannesjahren und dem Alter. Auch bei diesen ist jede Veränderung ein Tod. Ist das etwas Schlimmes? Geh nun zu deinem Leben unter deinem Großvater über, dann zu dem unter deiner Mutter und hernach zu dem unter deinem Vater. Aber auch wenn du viele andere Arten von Untergang, Wechsel und Aufhören findest, frage dich: »Ist das etwas Schlimmes?« So also auch nicht das Aufhören, das Ende und die Verwandlung deines ganzen Lebens.

22
Eile zu deiner leitenden Vernunft, zu der des Ganzen und zu der von diesem Menschen hier. Zu deiner eigenen, damit du sie gerecht machst; zu der des Ganzen, damit du dir bewusst machst, wovon du ein Teil bist; zu der von diesem Menschen hier, damit du begreifst, ob Torheit oder Einsicht (in ihm ist), und zugleich bedenkst, dass sie (mit der deinen) verwandt ist.

23
Wie du selbst zur Verwirklichung der staatlichen Ordnung beitragen kannst, so soll auch jede deiner Handlungen dazu beitragen, das staatliche Leben zu verwirklichen. Eine Handlung, die sich weder unmittelbar noch von fern auf das Gemeinschaftsziel bezieht, die zerreißt das Leben, lässt es nicht eins sein und ist auf-

rührerisch wie ein Mensch, der sich in einem Volk, soweit es ihn als Teil betrifft, von einem solchen Zusammenhang trennt.

24

Zänkereien und Scherze von Kindern und »ärmliche Seelen, die Leichname tragen«, so dass einem die Schilderung der Nekyia nur allzu deutlich in den Sinn kommt.

25

Wende dich der Beschaffenheit der Ursache zu und betrachte sie, nachdem du sie vom Stofflichen abgegrenzt hast. Dann bestimme auch die Zeit, die dieses Ding seiner Natur nach in seiner eigentümlichen Beschaffenheit höchstens existieren kann.

26

Tausenderlei hast du ertragen, weil du mit deiner leitenden Vernunft nicht zufrieden bist, wenn sie das tut, wozu sie veranlagt ist. Doch genug damit!

27

Wenn ein anderer dich tadelt oder hasst oder die Leute etwas Derartiges verlauten lassen, dann wende dich ihren Seelen zu, dringe in sie ein und sieh dir an, was für Leute sie sind. Du wirst sehen, dass du dich nicht zerfleischen musst, damit diese von dir einmal eine bestimmte Meinung haben. Allerdings sollst du freundlich zu ihnen sein. Denn von Natur aus sind es Freunde. Auch die Götter helfen ihnen in vielfältiger Weise, durch Träume und Orakelsprüche, freilich zu den Dingen, bei denen jene Leute verschiedener Meinung sind.

28

Das ist der Kreislauf des Kosmos, auf und ab, von Ewigkeit zu Ewigkeit. Und entweder wendet sich die Vernunft des Weltganzen jedem einzelnen Ding zu – wenn dem so ist, dann nimm ihre Zuwendung an – oder sie wandte sich nur einmal den Dingen zu, alles weitere aber geschah nur als Begleiterscheinung. Warum quälst du dich dann? Denn gewissermaßen ist alles nur Atome oder Schicksal. Überhaupt: Wenn es einen Gott gibt, ist alles gut, wenn aber der Zufall herrscht, dann unterwirf dich doch nicht auch du dem Zufall. Bald wird uns alle die Erde bedecken, dann wird auch sie sich verändern, und jenes wird sich weiter bis ins Unendliche verändern und auch jenes wieder bis ins Unendliche. Wenn man nämlich das Übereinanderwogen der Veränderungen und Wandlungen und die Schnelligkeit bedenkt, so wird man alles Sterbliche verachten.

29

Die Ursache des Weltganzen ist ein reißender Strom. Er reißt alles mit sich fort. Wie nichtig sind doch diese politischen und, wie sie glauben, philosophisch handelnden Menschenkinder. Lauter schleimige Kerle. Mensch, was nun? Tu, was die Natur von dir fordert. Raff dich auf, wenn's dir gegeben ist, und sieh dich nicht um, ob es jemand erfahren wird. Hoffe nicht auf Platons Staat, sondern sei zufrieden, wenn auch nur das Geringste vorwärts geht, und durchdenke das Ergebnis davon, so gering es auch ist. Denn wer wird ihre Überzeugung ändern? Aber ohne Änderung der Überzeugung, was bleibt da anderes als Knechtschaft von stöhnenden Sklaven, die so tun, als ob sie gehorchten? Wohlan denn, nenne mir jetzt Alexander, Philipp und Demetrios von Phaleron. Ich werde sehen, ob sie erkannt haben, was die Natur wollte, und ihre eigenen Erzieher geworden sind. Wenn sie aber nur Theater gespielt haben, so hat mich niemand dazu verurteilt, sie nachzuahmen. Einfach und bescheiden ist das Werk der Philosophie. Verführe mich nicht zu erkünstelter Würde.

30

Von oben herabschauen auf zahllose Herden, auf unzählige Feste, auf allerlei Seefahrten bei Sturm und heiterem Wetter und auf die Vielfalt dessen, was entsteht, sich vereinigt und vergeht. Denk auch an das Leben, das andere einst gelebt haben und nach dir leben werden, und an das Leben, das jetzt unter den Barbarenvölkern gelebt wird, und wie viele Menschen nicht einmal deinen Namen kennen, wie viele ihn in kürzester Zeit vergessen werden, wie viele, die dich jetzt vielleicht loben, dich sehr bald schmähen werden und dass weder die Erinnerung noch der Ruhm noch überhaupt sonst irgendetwas der Rede wert ist.

31

Gemütsruhe gegenüber dem, was sich aufgrund einer äußeren Ursache ereignet, Gerechtigkeit in den Handlungen, die gemäß einer aus dir kommenden Ursache erfolgen, das heißt: Streben und Tun finden ihr Ziel im gemeinnützigen Handeln, weil das deiner Natur entspricht.

32

Viel Überflüssiges von den dir lästigen Dingen kannst du loswerden, weil es bloß auf deiner Annahme beruht, und du wirst dir schon jetzt reichlich Platz schaffen. Den ganzen Kosmos mit dem

Geist umfassen, die unendliche Ewigkeit bedenken und den schnellen Wechsel der einzelnen Teile wahrnehmen, wie kurz die Zeit vom Entstehen bis zum Vergehen ist, wie unermesslich aber die Zeit vor dem Entstehen und wie grenzenlos sie nach dem Vergehen ist.

33

Alles, was du siehst, wird schnellstens vergehen, und die, die es vergehen sehen, werden auch selbst schnellstens vergehen. Und wer im höchsten Alter stirbt, wird in dieselbe Lage geraten wie der Frühverstorbene.

34

Was ist die leitende Vernunft dieser Leute, womit geben sie sich ab und was lieben und verehren sie? Gewöhne dich daran, ihre armen Seelen nackt zu sehen. Wenn sie meinen, durch ihren Tadel zu schaden oder durch ihr Lob zu nützen, welch großer Wahn!

35

Verlust ist nichts Anderes als Veränderung. Daran hat die Natur des Weltganzen, gemäß der alles geschieht, ihre Freude; seit Ewigkeit geschah es in gleicher Weise, und es wird ebenso in alle Ewigkeit sein. Was also? Behauptest du, dass alles stets schlecht geschah und dass sich also unter so vielen Göttern niemals eine Macht gefunden hat, die diesen Zustand verbessern konnte, sondern dass der Kosmos dazu verdammt ist, in endlosen Übeln zu verbleiben?

36
Fäulnis der Materie, die jedem einzelnen Ding zugrunde liegt, Wasser, Staub, Knochen, Gestank. Umgekehrt wiederum ist Marmor nur eine Verhärtung der Erde, Gold und Silber nur ihr Bodensatz, die Kleidung nur Haare, der Purpur nur Blut und alles andere ebenso. Auch unser Lebenshauch ist etwas anderes dieser Art und verwandelt sich aus diesem in jenes.

37
Genug mit dem jämmerlichen Leben, dem Murren und dem affenartigen Betragen. Was regst du dich auf? Was ist daran neu? Was bringt dich aus der Fassung? Die Ursache? Schau sie dir an. Oder die Materie? Schau auch sie an. Außer Ursache und Materie gibt es nichts. Aber, bei den Göttern, werde endlich einfacher und besser. Es ist egal, ob man das hundert oder drei Jahre lang betrachtet.

38
Wenn er einen Fehler begangen hat, liegt das Übel bei ihm. Vielleicht hat er aber gar keinen Fehler begangen.

39
Entweder widerfährt alles aus einer einzigen geistigen Quelle gleichsam einem einzigen Körper, und der Teil darf sich nicht über das beklagen, was für das Ganze geschieht, oder es gibt nur Atome und nichts anderes als Mischung und Trennung. Was regst du dich also auf? Du sagst zur leitenden Vernunft: »Du bist tot, bist vernichtet, zum Tier geworden, du bist ein Heuchler, ein Herdentier und lässt dich füttern.«

40
Entweder haben die Götter keine Macht oder sie haben Macht. Wenn sie nun keine Macht haben, was betest du dann? Wenn sie aber Macht haben, warum betest du dann nicht eher, dass sie dir geben, nichts von diesen Dingen fürchten zu müssen, nichts davon zu begehren und dich über nichts davon zu grämen, statt darum zu bitten, dass dir etwas davon zuteilwerde oder nicht zuteilwerde? Denn wenn sie den Menschen helfen können, dann können sie ihnen durchaus auch dabei helfen. Doch vielleicht wirst du sagen: »Das haben die Götter mir anheimgestellt.« Wäre es da nicht besser, von dem, was in deiner Macht steht, in Freiheit Gebrauch zu machen, als sich gegen das, was nicht in deiner Macht steht, wie ein niedriger Sklave aufzulehnen? Wer aber hat dir gesagt, dass die Götter nicht auch bei dem behilflich sind, was in unserer Macht steht? Fang also an, darum zu bitten, und du wirst sehen. Der hier betet: »Könnte ich doch mit ihr schlafen.« Du aber: »Hätte ich doch nicht das Verlangen, mit ihr zu schlafen.« Ein anderer: »Könnte ich doch jenen loswerden.« Du aber: »Hätte ich doch nicht den Wunsch, ihn loszuwerden.« Wieder ein anderer: »Lass mich doch bloß das Kind nicht verlieren.« Du aber: »Nimm mir die Angst davor, das Kind zu verlieren.« Überhaupt, gib deinen Gebeten eine solche Wendung und achte darauf, was geschieht.

41
Epikur sagt: »Während meiner Krankheit unterhielt ich mich nicht über die Leiden des Körpers, und ich sprach auch nicht mit meinen Besuchern davon; vielmehr setzte ich meine früheren naturkundlichen Untersuchungen fort und gab mich eben damit ab,

wie das Denken, das ja von solchen Bewegungen in unserem Fleisch mitbetroffen ist, unerschütterlich bleiben könnte, indem es das ihm eigentümliche Gut bewahrt; so gab ich auch den Ärzten keinerlei Gelegenheit, sich aufzuspielen, als ob sie etwas leisten könnten, vielmehr nahm mein Leben einen guten und schönen Verlauf.« Mach's so wie er bei einer Krankheit und auch in jeder anderen Situation. Denn unter welchen Umständen auch immer nicht von der Philosophie abzulassen und nicht mit dem Laien und naturwissenschaftlich Ungebildeten zu schwatzen, ist Gemeingut jeder Philosophenschule. Sich nur mit dem abgeben, was man gerade tut, und mit dem Werkzeug, mit dem man es tut.

42

Wenn du an der Unverschämtheit eines Menschen Anstoß nimmst, frage dich sofort: Ist es denn möglich, dass es keine unverschämten Menschen auf der Welt gibt? Das ist nicht möglich. Verlange also nichts Unmögliches. Denn auch dieser ist einer von jenen Unverschämten, die es auf der Welt geben muss. Dasselbe musst du dir auch bei einem Verbrecher, einem Treulosen und bei jedem, der irgendeine Verfehlung begeht, vergegenwärtigen. Denn sobald du dir bewusst machst, dass es solche Leute auf jeden Fall geben muss, wirst du gegenüber jedem Einzelnen von ihnen nachsichtiger sein. Nützlich ist es, gleich auch daran zu denken, welche Tugend die Natur dem Menschen gegen diese Verfehlung gegeben hat. Sie hat ihm nämlich gleichsam als Gegengift gegen den Uneinsichtigen die Sanftmut und gegen jeden ein anderes Mittel gegeben. Überhaupt steht es dir frei, den Verirrten eines Besseren zu belehren. Jeder, der einen Fehler begeht, verfehlt sein Ziel und geht in die Irre. Wieso hast auch du einen Schaden davongetragen? Du wirst nämlich finden, dass keiner von denen, über die du dich entrüstest, irgendetwas getan hat, wodurch dein Denken schlechter werden könnte. Dein Unglück und dein Schaden hängen ganz von deinem Denken ab. Was ist denn schlimm oder befremdlich daran, wenn ein Lümmel wie ein Lümmel handelt? Sieh zu, ob du nicht vielmehr dir selbst Vorwürfe machen musst, weil du nicht erwartet hast, dass er diese Verfehlung begehen würde. Du hattest doch von deiner Vernunft her auch die Fähigkeit zu bedenken, dass er wahrscheinlich diese Verfehlung begehen würde, und trotzdem hast du nicht daran gedacht und wunderst dich jetzt, wenn er einen Fehler begangen hat. Vor allem kehre in dich selbst zurück, wenn du ihn als treulos und undankbar tadelst. Denn offensichtlich liegt der Fehler ja bei dir, wenn du bei einem Menschen mit einer solchen Gesinnung glaubtest, er werde dein Vertrauen nicht enttäuschen, oder wenn du jemandem nicht ohne Hintergedanken einen Gefallen erwiesen hast und das nicht so, dass du schon von deiner Tat an sich den ganzen Lohn empfangen hast. Was willst du denn noch mehr, wenn du einem Menschen etwas Gutes getan hast? Genügt es dir nicht, dass du etwas gemäß deiner Natur getan hast, sondern willst du noch einen Lohn dafür haben? Das wäre ja, wie wenn das Auge eine Gegenleistung dafür verlangte, dass es sieht, oder die Füße dafür, dass sie gehen. Wie nämlich diese Körperteile dafür geschaffen sind, dass sie den ihnen eigentümlichen Zweck erfüllen, wenn sie gemäß ihrer eigenen Veranlagung tätig sind, so hat auch der Mensch, der dazu geschaffen ist, Gutes zu tun, sobald er etwas Gutes tut, eben das getan, wozu er veranlagt ist, und hat damit schon seinen Lohn.

ZEHNTES BUCH

1

Wirst du, Seele, also einmal gut und einfach, eins mit dir selbst und unverhüllt sein, sichtbarer als der dich umgebende Leib? Wirst du also einmal den Zustand zärtlicher Liebe kosten? Wirst du also einmal satt und bedürfnislos sein und nichts ersehnen und begehren, weder Beseeltes noch Unbeseeltes, zur Befriedigung deiner Lüste, auch nicht die Zeit, in der du länger genießen könntest, nicht die Gunst eines Ortes, eines Landes oder eines Klimas und auch nicht die Freundlichkeit der Menschen? Wirst du vielmehr mit deinem gegenwärtigen Zustand zufrieden sein und dich an allem, was vorhanden ist, erfreuen und dich davon überzeugen, dass dir alles von den Göttern gewährt wird und dass sich alles jetzt und in Zukunft für dich wohl verhält, was immer ihnen gefällt und was sie dir zum Heil deines vollkommenen Wesens geben werden, das gut, gerecht und schön ist und alles erzeugt, zusammenhält, umfasst und umschließt, was vergeht, damit anderes Ähnliches daraus entsteht? Wirst du also einmal so sein, dass du mit den Göttern und Menschen gemeinsam in einem Staat so zusammenleben kannst, dass du ihnen keine Vorwürfe machst und von ihnen nicht verachtet wirst?

2

Beachte, was die Natur von dir als einem nur von der Natur durchwalteten Wesen verlangt. Dann tu es und nimm es an, wenn deine Natur als die eines Lebewesens nicht schlechter werden sollte. Dann musst du darauf achten, was deine Natur als die eines Lebewesens verlangt, und all das auf dich nehmen, wenn nicht diese Natur als die eines vernunftbegabten Wesens schlechter werden sollte. Das vernunftbegabte Wesen ist aber zugleich auch ein politisches Wesen. An diese Regeln also halte dich und tu nichts Überflüssiges.

3

Alles, was dir widerfährt, widerfährt dir entweder so, wie du es deiner Natur nach ertragen kannst, oder wie du es nicht ertragen kannst. Wenn es dir so widerfährt, wie du es ertragen kannst, dann sei nicht ungehalten, sondern ertrage es, wie es deiner Natur entspricht. Wenn du es aber deiner Natur nach nicht ertragen kannst, dann sei gleichfalls nicht ungehalten, denn es wird dich vorher verzehren. Denk freilich daran, dass du von Natur fähig bist, alles zu ertragen, soweit es an deiner Meinung liegt, es erträglich und annehmbar zu machen, entsprechend deiner Vorstellung, dass es für dich nützlich oder pflichtgemäß ist, es zu tun.

4

Wenn er irrt, ihn wohlwollend belehren und ihm zeigen, was er übersehen hat. Wenn du es aber nicht kannst, dir selbst die Schuld geben oder auch nicht dir selbst.

5

Was immer dir widerfährt, es war dir von Ewigkeit vorherbestimmt, und die Verflechtung der Ursachen verknüpfte dein Wesen seit ewigen Zeiten mit dem Eintreten dieses Ereignisses.

6

Ob Atome oder Natur, zuerst soll gelten, dass ich ein Teil bin des von der Natur durchwalteten Ganzen. Ferner, dass ich irgendwie eine innere Beziehung zu den verwandten Teilen habe. Denn wenn ich mich daran erinnere, dann werde ich, sofern ich ein Teil bin, mit nichts von dem, was vom Ganzen zugeteilt wird, unzufrieden sein. Denn für den Teil ist nichts schädlich, was dem Ganzen nützt. Das Ganze hat nämlich nichts, was ihm selbst nicht nützlich ist. Während dies alle Naturen gemeinsam haben, hat die des Kosmos noch den weiteren Vorzug, dass sie von keiner äußeren Ursache gezwungen wird, etwas für sie selbst Schädliches zu erzeugen. Indem ich mich also daran erinnere, dass ich ein Teil eines solchen Ganzen bin, werde ich mit allem, was sich ereignet, zufrieden sein. Sofern ich aber irgendwie eine innere Beziehung zu den verwandten Teilen habe, werde ich nichts Gemeinschaftswidriges tun, vielmehr werde ich auf die verwandten Teile Rücksicht nehmen und mein ganzes Streben auf das Gemeinwohl richten und vom Gegenteil fernhalten. Wenn das sich so verwirklicht, muss das Leben glücklich verlaufen, wie man sich auch vorstellen könnte, dass das Leben eines Bürgers glücklich verläuft, der von einer für die Mitbürger nützlichen Tat zur anderen schreitet und alles, was der Staat ihm auferlegt, mit Freuden übernimmt.

7

Alle Teile des Ganzen, ich meine diejenigen, die vom Kosmos umfasst werden, müssen zwangsläufig zugrunde gehen. »Zugrunde gehen« soll bedeuten »sich verändern«. Wenn das aber, behaupte ich, ein notwendiges Übel für die Teile ist, dann dürfte das Ganze wohl unter keiner guten Führung stehen, da sich die

Teile ihm entfremden und zum Untergang bestimmt sind. Hat denn die Natur selbst versucht, ihre eigenen Teile zu schädigen und sie so zu schaffen, dass sie ins Verderben geraten und zwangsläufig diesem ausgesetzt sind, oder merkte sie nicht, dass solches geschieht? Beides ist doch unglaublich. Wollte aber jemand von der Natur (des Ganzen) absehen und erklären, dass das gemäß der natürlichen Eigenschaft der Dinge geschehe, so wäre es auch lächerlich, einerseits zu behaupten, dass sich die Teile des Ganzen von ihrer Natur her änderten, andererseits sich aber wie über einen widernatürlichen Vorgang zu wundern oder zu ärgern, zumal die Auflösung in die Bestandteile erfolgt, aus denen jedes Ding besteht. Denn entweder gibt es eine Zerstreuung der Elemente, aus denen die Dinge zusammengesetzt waren, oder eine Umwandlung des Festen in das Erdartige und des Hauchartigen in das Luftartige, so dass auch diese Substanzen in den Geist des Ganzen aufgenommen werden, sei es dass dieses in bestimmten Perioden in Feuer aufgeht oder in ewigem Wechsel sich erneuert. Stell dir aber nicht vor, dass das Feste und Hauchartige gleich bei der Entstehung da waren. All das ist nämlich erst gestern und vorgestern aus der Nahrung und dem Einatmen zugeflossen. Was es bekommen hat, verändert sich, nicht das, was die Mutter geboren hat. Nimm aber an, dass das in einer nur allzu engen Verbindung mit deinem individuellen Wesen steht, das, denke ich, ohne Bedeutung für das ist, wovon wir gerade sprechen.

8

Wenn du dich selbst als gut, zurückhaltend, wahrhaftig, einsichtig, gleichmütig und überlegen und dergleichen bezeichnest, dann gib Acht, dass du nicht einmal umbenannt wirst und diese

Bezeichnungen verlierst; (wenn das der Fall ist,) dann kehre schnell wieder zu ihnen zurück. Denk aber daran, dass »einsichtig« ein Überlegen bezeichnen will, das alles im Detail erfasst, und ein genaues Erwägen; »gleichmütig« aber ein freiwilliges Hinnehmen dessen, was von der gemeinsamen Natur zugeteilt wird; »überlegen« ein Sich-Erheben des denkenden Seelenteiles über die sanften oder heftigen Erregungen des Fleisches, den Ruhm, den Tod und dergleichen mehr. Wenn du nun diese Bezeichnungen auf die Dauer behalten willst, ohne danach zu verlangen, von anderen so bezeichnet zu werden, dann wirst du ein anderer Mensch sein und in ein anderes Leben eingehen. Denn weiterhin so zu sein, wie du jetzt bist, und sich in einem solchen Leben zu zerfleischen und zu besudeln, verrät einen nur allzu stumpfsinnigen Menschen, der am Leben hängt und den halbzerfleischten Tierkämpfern gleicht, die, voll von Wunden und Blut, trotzdem noch verlangen, man möge sie für den morgigen Tag behalten, damit sie in diesem Zustand aufs Neue den Klauen und Zähnen der Bestien vorgeworfen werden. Lass dich also auf diese wenigen Begriffe ein. Und wenn du bei ihnen bleiben kannst, so bleibe, als ob du auf die Inseln der Seligen übergesiedelt wärst. Wenn du aber merkst, dass du sie verlierst und nicht obsiegst, dann zieh dich getrost in einen Winkel zurück, wo du dich behaupten kannst, oder scheide überhaupt aus dem Leben, aber nicht im Zorn, sondern schlicht, aus freiem Entschluss und bescheiden; dann hast du wenigstens dieses Eine in deinem Leben geleistet, nämlich so zu sterben. Um dich aber an diese Begriffe zu erinnern, wird es dir eine große Hilfe sein, wenn du stets an die Götter denkst, und dass sie nicht umschmeichelt werden wollen; vielmehr wollen sie, dass alle vernunftbegabten Wesen ihnen gleich werden und dass der Feigenbaum die Aufgabe des Feigenbaumes, der Hund die des Hundes, die Biene die der Biene, der Mensch aber die Aufgabe des Menschen erfüllt.

9

Theater, Krieg, Leidenschaft, Lähmung, Knechtschaft werden dir täglich jene heiligen Grundsätze auslöschen, die du dir ohne naturphilosophisches Wissen vorstellst und wieder aufgibst. Es ist aber notwendig, alles so zu betrachten und zu tun, dass einerseits das von den Umständen Abhängige vollbracht und andererseits das theoretische Denken betätigt wird und das aus dem Wissen um die einzelnen Dinge kommende Selbstvertrauen im Stillen, aber nicht verborgen erhalten bleibt. Wann wirst du in den Genuss deiner Einfachheit kommen? Wann in den deiner Ernsthaftigkeit? Wann in den deines Wissens davon, was jedes einzelne Ding seinem Wesen nach ist, welchen Platz es in der Welt hat, für wie lange es seiner Natur nach bestehen kann, woraus es zusammengesetzt ist, wem es zu Gebote stehen und wer es geben und nehmen kann?

10

Eine Spinne ist stolz, wenn sie eine Fliege gefangen hat, der eine, wenn er einen Hasen, ein anderer, wenn er im Netz einen Fisch, der nächste, wenn er ein Wildschwein, ein anderer, wenn er Bären, wieder ein anderer, wenn er Sarmaten gefangen hat. Sind die nicht alle Räuber, wenn du ihre Absichten prüfst?

11

Eigne dir ein Verfahren an, um zu betrachten, wie alles sich ineinander verwandelt, achte unablässig darauf und übe dich auf diesem Gebiet. Denn nichts ist so geeignet, große Gesinnung zu erzeugen. (Wer so handelt,) hat seinen Körper schon abgelegt und sich in dem Bewusstsein, dass er in Kürze all das hier verlassen und von den Menschen scheiden muss, völlig in all seinem Tun der Gerechtigkeit hingegeben, in allem anderen aber, was ihm widerfährt, der Natur des Weltganzen. Was aber jemand über ihn sagen oder annehmen oder gegen ihn tun wird, daran denkt er gar nicht, weil er sich mit folgenden zwei Dingen begnügt: Wenn er selbst in dem, was er gerade tut, gerecht handelt und wenn er das, was ihm gerade zugeteilt wird, liebt; alle Beschäftigungen aber und alles Streben hat er ja bereits aufgegeben und will nichts anderes, als durch das Gesetz auf geradem Weg ans Ziel kommen und Gott folgen, der auf geradem Weg zum Ziel kommt.

12

Wozu das Grübeln, wo es doch auf der Hand liegt zu sehen, was getan werden muss, und wenn du es siehst, ohne dich umzudrehen, darauf loszugehen, wenn aber nicht, innezuhalten und dich der besten Ratgeber zu bedienen, wenn sich dabei aber etwas anderes in den Weg stellt, mit den jeweils vorhandenen Mitteln wohlüberlegt voranzuschreiten und dich an das zu halten, was richtig erscheint? Denn am besten ist es, das zu erreichen, da ja das Abweichen ein Abweichen davon ist. Wer in allem der Vernunft folgt, ist wie etwas Ruhiges und zugleich Bewegtes, Heiteres und zugleich Gesetztes.

13
Gleich wenn man aus dem Schlaf erwacht, sich fragen: »Es wird dir doch nichts ausmachen, wenn das, was gerecht und gut ist, von einem anderen getadelt wird?« Es wird mir nichts ausmachen. Du hast doch nicht vergessen, dass diese Leute, die sich mit Lob und Tadel über andere brüsten, so im Bett und bei Tisch sind, was sie aber tun, meiden, erstreben, stehlen und rauben, nicht mit Händen und Füßen tun, sondern mit ihrem wertvollsten Teil, der, wenn er will, zur Treue, Zurückhaltung, Wahrhaftigkeit, zum Gesetz und zum guten Dämon wird?

14
Der Natur, die alles gibt und wieder nimmt, sagt der Gebildete und Bescheidene: »Gib, was du willst, nimm, was du willst.« Er sagt dies aber nicht aus Überheblichkeit, sondern allein aus Gehorsam und Wohlwollen ihr gegenüber.

15
Kurz ist die Zeit, die noch verbleibt. Lebe, als würdest du dich auf einer Reise befinden. Denn es macht nichts aus, ob dort oder hier, wenn man überall im Kosmos wie in seiner Vaterstadt lebt. Die Menschen sollen einen wahren Menschen sehen und kennenlernen, der gemäß der Natur lebt. Wenn sie dich nicht ertragen, sollen sie dich töten. Denn das ist besser, als so (wie sie) zu leben.

16
Nicht länger über das Wesen des guten Menschen diskutieren, sondern ein solcher sein.

17
Von der ganzen Ewigkeit und vom ganzen Sein stets eine Vorstellung haben, und davon, dass alle Dinge für sich im Verhältnis zum Sein wie ein Körnchen, im Verhältnis zur Zeit wie die Umdrehung eines Bohrers sind.

18
Auf jeden einzelnen Gegenstand seine Aufmerksamkeit richten und bedenken, dass er sich bereits auflöst und sich in Umwandlung und gleichsam Fäulnis oder Zerfall befindet, oder wie es ihm sonst von seiner Natur zu sterben bestimmt ist.

19
Wie sie sind, wenn sie essen, schlafen, sich begatten, ihre Notdurft verrichten und anderes mehr. Ferner, wie sie sich brüsten, prahlen, zornig sind und von oben herab schelten. Wie vielen aber und aus welchen Gründen haben sie sich vor Kurzem noch knechtisch unterworfen? Und in Kürze werden sie bei anderen Leuten solcher Art sein.

20
Jedem nützt, was die Natur des Weltganzen ihm bringt, und es nützt dann, wenn sie es bringt.

21
»Die Erde liebt den Regen; auch der hehre Äther liebt ihn.« Der Kosmos aber liebt es das zu tun, was immer geschehen soll. Ich sage also zum Kosmos: »Ich teile deine Liebe.« Sagt man aber da nicht auch: »Das beliebt zu geschehen«?

22
Entweder lebst du hier und hast dich bereits daran gewöhnt, oder du ziehst weg von hier und wolltest es so, oder du stirbst und hast ausgedient. Daneben gibt es nichts. Sei also frohen Mutes.

23
Immer sei klar, das Land ist eben so, und wie hier alles dasselbe ist wie auf dem hohen Berg oder am Strand oder wo immer du willst. Sofort werden dir die Worte Platons einfallen: »Eingepfercht im Gebirge« und »Schafe melken«.

24
Was bedeutet mir meine leitende Vernunft, was mache ich jetzt aus ihr und wozu gebrauche ich sie jetzt? Sie ist doch nicht ohne Geist, doch nicht losgelöst und abgerissen von der Gemeinschaft, doch nicht verschmolzen und vermischt mit dem Fleisch, so dass sie sich zusammen mit diesem verwandelt?

25
Wer dem Herrn entflieht, ist ein entlaufener Sklave. Das Gesetz ist der Herr, und wer gesetzlos handelt, ein entlaufener Sklave. Aber auch der, der sich kränkt, zürnt oder sich fürchtet, will nicht, dass etwas geschehen ist, geschieht oder geschehen wird, was vom Verwalter des Ganzen angeordnet wurde, der das Gesetz ist, das zuteilt, was einem jeden auferlegt ist. Wer also Angst hat, sich kränkt oder in Zorn gerät, ist ein entsprungener Sklave.

26
Er senkte seinen Samen in den Mutterleib und ging davon; danach nimmt ihn eine andere Ursache auf, wirkt auf ihn ein und vollendet das Kind. Welch Wesen aus welchem Anfang! Das Kind wieder ließ durch seinen Schlund Nahrung in sich ein, und daraufhin nimmt eine andere Ursache sie auf und schafft Sinneswahrnehmung, Streben und überhaupt Leben und Kraft und wer weiß wie viele und welcherlei Dinge sonst noch. Diese Dinge, die in solcher Verhüllung vor sich gehen, betrachten und die Kraft so ansehen, wie wir die Schwerkraft und die Kraft des Auftriebs wahrnehmen, nicht mit den Augen, aber nicht weniger deutlich.

27
Unaufhörlich daran denken, wie alles genauso, wie es jetzt geschieht, auch schon früher geschehen ist; und dazu noch bedenken, dass es so auch in Zukunft geschehen wird. Und ganze Schauspiele und Szenen, alle einander gleich, so viele du aus eigener Erfahrung oder aus der älteren Geschichte kennst, dir vor Augen halten, wie etwa den ganzen Hofstaat des Hadrian, den des Antoninus, des Philipp, des Alexander und den des Kroisos. Überall dieselben Schauspiele, nur mit anderen Akteuren.

28
Stell dir vor, dass jeder, der sich über etwas ärgert oder entrüstet, dem Ferkel gleicht, das geschlachtet wird, mit den Füßen ausschlägt und quiekt. So auch der Mensch, der allein in seinem Bett im Stillen unser Gebundensein bejammert. Und dass es einzig und allein dem vernünftigen Lebewesen gegeben ist, freiwillig

dem Geschehen zu folgen, dass einfach nur zu folgen aber für alle notwendig ist.

29

Betrachte jede einzelne deiner Taten und frage dich, ob der Tod etwas Schlimmes ist, weil du das dann nicht mehr tun kannst.

30

Wenn du am Fehler eines Menschen Anstoß nimmst, dann übergehe ihn und überlege, welch ähnliche Fehler du begehst, zum Beispiel dass du die Lust, den Ruhm und dergleichen für etwas Gutes hältst. Wenn du nämlich darauf achtest, wirst du deinen Zorn schnell vergessen, indem dir zugleich dabei einfällt, dass jener dazu gezwungen wird. Denn was sollte er tun? Wenn du kannst, nimm den Zwang von ihm.

31

Wenn du Satyron siehst, stell dir Socraticus, Eutyches oder Hymen vor, und wenn du Euphrates siehst, stell dir Eutychion oder Silvanus vor, wenn du Alkiphron siehst, stell dir Tropaiophoros vor, wenn du Xenophon siehst, stell dir Kriton oder Severus vor, und wenn du dich selbst siehst, stell dir einen der Kaiser vor und bei jedem Entsprechendes. Dann soll dir zugleich einfallen: Wo sind denn jene? Nirgends, oder wer weiß wo. Denn so wirst du das Menschliche als Schall und Rauch betrachten, besonders wenn du dazu noch dich daran erinnerst, dass, was sich einmal gewandelt hat, in der unendlichen Zeit nicht mehr sein wird. Was strengst du dich also an? Warum genügt es dir nicht, diese kurze Zeitspanne mit Anstand zu verbringen? Vor welchem Stoff und vor welchem Vorhaben fliehst du? Was ist denn dies alles anderes als eine Übung der Vernunft, die mit dem genauen Blick des Naturforschers die Dinge des Lebens betrachtet hat? Bleib also, bis du dir auch das angeeignet hast, wie der starke Magen sich alles aneignet oder wie das lodernde Feuer aus allem, was du hineinwirfst, Flamme und Feuerschein macht.

32

Niemand soll mit Recht von dir sagen können, dass du nicht einfach oder nicht gut bist, sondern ein Lügner soll jeder sein, der dir solches unterstellt. Dies alles aber liegt bei dir. Denn wer sollte dich daran hindern, gut und einfach zu sein? Nur musst du dich dazu entschließen, nicht länger zu leben, wenn du nicht so sein kannst. Denn auch die Vernunft billigt es nicht, dass du nicht so bist.

33

Was kann man bei dieser Ausgangslage am vernünftigsten tun oder sagen? Was auch immer es sein mag, es besteht die Möglichkeit, dies zu tun oder zu sagen; entschuldige dich nicht damit, dass dich jemand daran hindert. Du wirst nicht aufhören zu stöhnen, solange du nicht erfährst, dass das, was für die Genießer der Luxus ist, für dich bei gegebener und vorliegender Gelegenheit ein Handeln ist, das der Anlage des Menschen entspricht. Denn man muss alles als einen Genuss auffassen, was einem gemäß der eigenen Natur zu tun möglich ist. Diese Möglichkeit aber besteht immer. Dem Zylinder ist es freilich nicht immer gegeben, die eigene Bewegung auszuführen, auch dem Wasser, dem Feuer und all den anderen Dingen nicht, die von der Natur oder einer unvernünftigen Seele durchwaltet werden. Denn vieles hindert sie daran und widersetzt sich ihnen dabei. Aber Geist und Vernunft können durch jedes Hindernis so hindurchgehen, wie es ihrer Natur entspricht und wie sie wollen. Führe dir diese Leichtigkeit vor Augen, mit der sich die Vernunft durch alles hindurchbewegen kann, wie das Feuer nach oben, der Stein nach unten, der Zylinder die schiefe Ebene hinab, und verlange nichts weiter. Denn alle anderen Anstöße betreffen entweder den toten Körper, oder sie richten ohne Aufnahme und Nachgiebigkeit seitens der Natur keinen Schaden und kein Übel an, weil sonst auch der davon Betroffene selbst sogleich schlecht würde. Bei allen übrigen Schöpfungen ist es jedenfalls so: Wenn einer von ihnen etwas Schlechtes widerfährt, wird das davon Betroffene selbst entsprechend schlechter. Hier aber wird der Mensch, wenn man so sagen soll, noch besser und lobenswerter, falls er von dem, was ihm begegnet, richtigen Gebrauch macht. Überhaupt denke daran, dass das, was den Staat nicht schädigt, auch den, der von Natur Bürger ist, nicht schädigt und was dem Gesetz nicht schadet, auch dem Staat nicht schadet. Von den so genannten Unglücksfällen schadet keiner dem Gesetz. Was also dem Gesetz nicht schadet, schadet weder dem Staat noch dem Bürger.

34

Wer von den wahren Grundsätzen durchdrungen ist, dem genügt auch der kürzeste und allseits bekannte Ausspruch zur Erinnerung an Kummer- und Furchtlosigkeit; so zum Beispiel: »Blätter, die der Wind auf die Erde verstreut ...«, »so ist der Menschen Geschlecht ...«. Blätter aber sind auch deine Kinder, Blätter sind auch diejenigen, die dir voll Überzeugung Beifall zurufen oder umgekehrt dich verwünschen, dich im Stillen tadeln und verspotten, Blätter sind ebenso auch die, die unseren Nachruhm übernehmen werden. Denn sie alle »wachsen heran in der Frühlingszeit«. Dann hat der Wind sie zu Boden geworfen; hierauf lässt der Wald an ihrer Stelle andere wachsen. Die Kurzlebigkeit aber ist allen gemeinsam. Du jedoch meidest und verfolgst alles, als ob es ewig sein würde. Eine kurze Weile noch, und du wirst die Augen schließen. Um den Menschen aber, der dich hinausgetragen hat, wird bald ein anderer trauern.

35

Das gesunde Auge muss alles sehen, was sichtbar ist, und darf nicht sagen: »Ich will nur das Grüne.« Das tut nur ein Augenkranker. Das gesunde Gehör und der gesunde Geruchssinn muss für alles Hörbare und Riechbare bereit sein. Und der gesunde Magen muss sich gegenüber allem Essbaren gleich verhalten, wie eine Mühle gegenüber allem, zu dessen Zermahlen sie geschaffen ist. Also muss auch die gesunde Vernunft zu allem, was geschieht, bereit sein. Sagt sie aber: »Meine Kinder sollen gerettet werden«, und: »Alle sollen alles loben, was ich tue«, dann ist sie wie ein Auge, das nur das Grüne sehen will, oder wie Zähne, die nur nach Weichem verlangen.

36

Niemand ist vom Glück so begünstigt, dass nicht einige bei seinem Sterbebett stehen und das [traurige] Ereignis begrüßen werden. War er auch tüchtig und weise, so wird schließlich doch einer da sein, der zu sich selbst sagt: »Endlich können wir uns von diesem Schulmeister erholen. Er war zwar für keinen von uns unangenehm, aber ich habe doch gemerkt, dass er uns im Stillen verachtet.« So geht es also einem anständigen Menschen. Aber wie vieles gibt es bei uns, weswegen uns so mancher loswerden möchte. Daran wirst du in deiner letzten Stunde denken, und du wirst leichter aus dem Leben scheiden, wenn du dir überlegst: »Ich werde aus diesem Leben scheiden, in dem gerade die Genossen, für die ich so viel gekämpft, gebetet und gesorgt habe, sich wünschen, dass ich abtrete, weil sie sich davon irgendeine Erleichterung erhoffen.« Wie sollte sich da einer an ein längeres Verweilen hier klammern? Deshalb scheide nicht weniger wohlgesinnt ihnen gegenüber, sondern, indem du deiner eigenen Gewohnheit treu bleibst, als Freund, wohlwollend und heiter und nicht wieder so, als würdest du gewaltsam fortgerissen. Vielmehr, wie sich bei einem, der eines sanften Todes stirbt, die Seele leicht vom Körper trennt, so soll auch dein Abschied von ihnen sein. Denn auch mit ihnen hat dich die Natur verknüpft und verbunden. Aber jetzt trennt sie dich. Ich werde zwar von ihnen wie von Angehörigen getrennt, doch nicht mit Widerstreben, sondern ohne Zwang. Denn auch das gehört zu den natürlichen Vorgängen.

37

Gewöhne dich daran, soweit wie möglich, bei allem, was von jemandem getan wird, dich selbst zu fragen: »Wozu tut er das?« Fang aber bei dir selbst an und prüfe dich zuerst.

38

Denk daran, dass es jenes in uns verborgene Wesen ist, das uns wie Marionetten bewegt. Jenes Wesen ist unser Sprechen, unser Leben und sozusagen der Mensch. Niemals stelle dir dabei zugleich das uns umgebende Gefäß und diese Glieder vor, die ringsum angebracht sind. Denn sie gleichen einer Axt, nur mit dem Unterschied, dass sie angewachsen sind. Denn keines dieser Glieder ist ohne die Ursache, die sie bewegt und anhalten lässt, nützlicher als das Weberschiffchen für die Weberin, das Rohr für den Schreiber und die Peitsche für den Wagenlenker.

ELFTES BUCH

1

Das Eigentümliche der vernünftigen Seele: Sie sieht sich selbst, sie artikuliert sich selbst, sie formt sich selbst, wie sie will, die Frucht, die sie trägt, erntet sie selbst (denn die Früchte der Pflanzen und das Entsprechende bei den Tieren ernten andere), sie erreicht das ihr eigentümliche Ziel, wo auch immer das Lebensende an sie herantritt. Bei ihr bleibt nicht wie beim Tanz, beim Schauspiel und ähnlichen Künsten die ganze Handlung unvollendet, wenn etwas dazwischenkommt, vielmehr erfüllt sie in jedem Teil und, wo immer man sie fasst, das, was ihr vorgesetzt wurde, vollständig und ohne jeden Mangel, so dass sie sagen kann: »Das Meinige gehört mir.« Außerdem umkreist sie den ganzen Kosmos, den leeren Raum, der ihn umgibt, und seine Form, dehnt sich aus in die unendliche Ewigkeit, umfasst und bedenkt von allen Seiten die periodische Wiedergeburt des Weltganzen und erkennt, dass die nach uns Kommenden nichts Neues sehen werden, und die vor uns waren, auch nichts anderes gesehen haben, sondern dass ein Vierzigjähriger, wenn er nur etwas Verstand hat, gewissermaßen alles Gewesene und Zukünftige gesehen hat, weil es ja immer gleichartig ist. Eigentümlich ist der vernünftigen Seele auch die Nächstenliebe, die Wahrhaftigkeit und Ehrfurcht und nichts höher zu schätzen als sich selbst, was ja auch eine Eigentümlichkeit des Gesetzes ist. So gibt es also auch keinen Unterschied zwischen der richtigen Vernunft und der Vernunft der Gerechtigkeit.

2
Lieblichen Gesang, Tanz und Pankration wirst du verachten, wenn du die Melodie in die einzelnen Töne zerlegst und dich bei jedem einzelnen fragst, ob du von diesem überwältigt bist. Dann wirst du nämlich beschämt sein. Und beim Tanz wird es dir genauso gehen, wenn du dasselbe mit jeder Bewegung und Haltung machst. Genauso auch beim Pankration. Denk also überhaupt daran, außer bei der Tugend und dem, was von ihr kommt, zu den Einzelheiten vorzudringen und durch ihre Zerlegung zur Verachtung der Dinge zu kommen; dasselbe übertrage auch auf das ganze Leben.

3
Was ist das doch für eine Seele, die bereit ist, wenn es gilt, sich vom Körper loszulösen, zu erlöschen, sich zu zerstreuen oder da zu bleiben. Diese Bereitschaft muss aber aus der eigenen Entscheidung kommen und nicht aus reinem Widerspruch, sondern überlegt, ernsthaft und untheatralisch, so dass man auch einen anderen davon überzeugt.

4
Ich habe etwas im Sinne der Gemeinschaft getan, also habe ich einen Nutzen davon. Das soll dir immer vor Augen stehen, und höre niemals auf damit.

5
Was ist deine Kunst? Gut zu sein. Doch wie anders ist das möglich als aufgrund von Einsichten einerseits über die Natur des Ganzen, andererseits aber über die spezifische Anlage des Menschen?

6
Ursprünglich wurden die Tragödien aufgeführt als Erinnerung an gewisse Begebenheiten und (in Erinnerung daran,) dass sich diese naturbedingt so ereigneten, auch dass ihr euch über Dinge, an denen ihr auf der Bühne Gefallen findet, nicht ärgert, wenn sie auf der größeren Bühne (des Lebens) stattfinden. Denn ihr seht ja, dass diese so ablaufen müssen und dass auch diese, die »wehe mir Kithairon« rufen, sie ertragen. Von den Tragödiendichtern wird aber auch manches Nützliche gesagt, so zum Beispiel besonders Folgendes: »Wenn ich und meine Kinder von den Göttern verlassen wurden, / so hat auch das einen Grund«; und wiederum: »Den Dingen nämlich nicht zu zürnen«; und: »Das Leben ernten wie eine reife Ähre«; und dergleichen mehr. Nach der Tragödie aber wurde die Alte Komödie mit ihrer erzieherisch wirkenden Redefreiheit eingeführt, die gerade durch ihre offene Rede nicht ohne Nutzen die Bescheidenheit wieder in Erinnerung brachte. Deshalb übernahm auch Diogenes diese Redeweise der Komödie. Wozu wurden nach dieser die Mittlere und ferner die Neue Komödie eingeführt, die allmählich zur mimischen Künstelei ausartete? Dass aber auch von diesen Autoren einiges Nützliche ausgesagt wurde, weiß man sehr wohl. Aber worauf zielte denn das ganze Unternehmen einer solchen Dichtung und Dramaturgie ab?

7
Wie deutlich drängt sich mir auf, dass keine andere Lebensform für das Philosophieren so passend ist wie die, in der du dich zur Zeit befindest.

8

Ein Zweig, der von einem Zweig, an dem er angewachsen ist, abgehauen wurde, ist unweigerlich auch von dem ganzen Baum abgetrennt. So ist auch ein Mensch, der sich von einem einzigen Menschen getrennt hat, von der ganzen Gemeinschaft abgefallen. Einen Zweig schneidet ein anderer ab, der Mensch aber trennt sich selbst von seinem Nächsten, weil er ihn hasst und sich von ihm abwendet. Er weiß aber nicht, dass er sich zugleich auch von der ganzen Gemeinschaft abgeschnitten hat. Außerdem ist die Gemeinschaft ein Geschenk des Zeus, der sie gestiftet hat. Es ist uns freilich möglich, wieder mit dem Nachbarn zusammenzuwachsen und wieder ein ergänzender Teil des Ganzen zu werden. Wenn freilich eine solche Trennung öfter geschieht, dann bewirkt sie, dass der abgesonderte Teil nur schwer wieder angegliedert und schwer wieder hergestellt werden kann. Überhaupt ist der Zweig, der ursprünglich mit den anderen zusammengewachsen war und vereinigt geblieben ist, dem nicht mehr gleich, der nach der Abtrennung wieder eingepfropft ist, was immer auch die Gärtner sagen mögen. Zusammen am gleichen Stamm wachsen, aber nicht dieselben Grundsätze haben.

9

Diejenigen, die sich dir beim Voranschreiten im rechten Geist in den Weg stellen, werden dich ebenso wenig vom richtigen Handeln abbringen können, wie sie dir nicht deine Freundlichkeit ihnen gegenüber austreiben sollen. Vielmehr bewahre dir gleicherweise beides: nicht nur ein ruhiges Urteilen und Handeln, sondern auch die Nachsicht denen gegenüber, die dich zu behindern trachten. Denn auch das ist ein Zeichen von Schwäche, ihnen zu zürnen, genauso wie von seinem Handeln abzulassen und aus Angst nachzugeben. Denn beide sind in gleicher Weise fahnenflüchtig: der eine, der sich hat einschüchtern lassen, der andere, der sich entfremden ließ gegenüber dem von Natur Verwandten und Freund.

10

Keine Natur ist geringer als die Kunst. Denn auch die Künste ahmen die Natur nach. Wenn dem so ist, dann dürfte wohl die vollkommenste und umfassendste Natur der künstlerischen Geschicklichkeit nicht nachstehen. Alle Künste aber schaffen das Geringere wegen des Höheren. Also auch die allgemeine Natur. Und darin liegt auch der Ursprung der Gerechtigkeit; von dieser aber gehen die übrigen Tugenden aus. Denn die Gerechtigkeit wird nicht bewahrt bleiben, wenn uns entweder etwas an den gleichgültigen Dingen liegt oder wenn wir leicht zu täuschen, voreilig und unbeständig sind.

11

Zu dir kommen nicht die Dinge, denen nachzujagen oder die zu meiden dich beunruhigt, sondern du selbst kommst gewissermaßen zu ihnen. Allerdings soll dein Urteil über sie ruhen, dann werden sie bewegungslos bleiben, und man wird dich weder ihnen nachjagen noch vor ihnen fliehen sehen.

12

Die Kugel der Seele ist lichtförmig, wenn sie sich weder zu etwas ausdehnt noch sich nach innen zusammenzieht noch sich erhebt noch in sich zusammenfällt, sondern mit dem Licht leuchtet, mit dem sie die Wahrheit aller Dinge und die (Wahrheit) in ihr selbst sieht.

13

Wird mich jemand verachten? Er wird es sehen. Ich aber werde darauf sehen, dass ich bei keiner Tat und bei keinem Wort angetroffen werde, welche die Verachtung verdienen. Wird mich jemand hassen? Er wird es sehen. Ich aber bin zu jedem wohlwollend, freundlich und bereit, ihm seinen Fehler zu zeigen, nicht mit Schelten oder indem ich mich damit brüste, dass ich es ertrage, sondern aufrichtig und voll Güte wie jener Phokion, zumindest wenn er nicht nur so tat. Denn das Innere muss so sein, und die Götter müssen einen Menschen sehen, der mit nichts unzufrieden ist und sich über nichts aufregt. Was gibt es denn für dich Schlimmes, wenn du selbst jetzt tust, was deiner Natur gemäß ist, und hinnimmst, was der Natur des Weltganzen im Augenblick passt, indem du dein ganzes Sinnen und Trachten darauf richtest, dass unter allen Umständen geschieht, was der Allgemeinheit nützt?

14

Sie verachten einander und finden Gefallen aneinander; sie wollen einander übertreffen und kriechen voreinander.

15

Wie verdorben und falsch ist, wer sagt: »Ich habe mir vorgenommen, ehrlich mit dir umzugehen.« Was tust du, Mensch? Das braucht man nicht erst zu sagen. Es wird sich ja erweisen. Auf der Stirn soll es geschrieben stehen. Die Stimme soll gleich so klingen, in den Augen soll es gleich hervortreten, genauso wie der Geliebte am Blick des Liebhabers sofort alles erkennt. Überhaupt muss der Ehrliche und Gute so sein wie ein Mensch mit starkem Schweißgeruch, damit es, wer auf ihn zukommt, gleich beim Nähertreten merkt, ob er's will oder nicht. Gekünstelte Ehrlichkeit ist ein (versteckter) Dolch. Nichts ist schändlicher als Wolfsfreundschaft. Davor nimm dich vor allem in Acht. Dem guten, ehrlichen und wohlwollenden Menschen sieht man das schon an den Augen an, und es bleibt nicht verborgen.

16

Das Leben am besten verbringen; diese Fähigkeit liegt in der Seele, wenn einem die gleichgültigen Dinge gleichgültig sind. Das aber wird der Fall sein, wenn man jedes gleichgültige Ding in seine Bestandteile zerlegt und als Ganzes betrachtet und daran denkt, dass keines von ihnen uns eine Meinung über sich aufnötigt und auch nicht auf uns zukommt, sondern dass sie sich ruhig verhalten und wir selbst es sind, die die Urteile über sie erzeugen und gleichsam in uns selbst aufschreiben, obgleich es doch möglich ist, sie nicht aufzuschreiben, und ebenso alles sofort wieder wegzuwischen, wenn es sich irgendwie eingeschlichen haben sollte. [Derartiges beachtet man nicht lange, und das Leben geht schnell vorbei. Warum bist du so griesgrämig?] Wenn diese Dinge nun naturgemäß sind, dann freue dich an ihnen und nimm sie leicht. Wenn sie aber gegen die Natur sind, dann suche, was deiner Natur entspricht, und betreibe es voll Eifer, auch wenn es unscheinbar ist. Denn jeder, der das ihm eigene Gute sucht, verdient Nachsicht.

17
Woher ein jedes Ding gekommen ist, aus welchen Grundstoffen es besteht, wozu es sich verwandelt, wie es nach seiner Verwandlung sein wird und wie ihm nichts Schlimmes widerfahren wird.

18
Erstens: wie mein Verhältnis zu den Menschen ist und dass wir füreinander geschaffen sind und dass ich in anderer Hinsicht dazu geboren bin, um ihnen vorzustehen wie ein Widder der Schafherde oder ein Stier der Kuhherde. Betrachte es aber von einer höheren Warte und gehe von Folgendem aus: Wenn nicht Atome, dann die Natur, die alles durchwaltet. Wenn dem so ist, dann ist das Geringere wegen des Höheren da, dieses aber füreinander. Zweitens: Wie die Menschen bei Tisch, im Bett und sonst sind. Besonders aber, was für zwingende Grundsätze sie haben und mit welchem Dünkel sie gerade dies tun. Drittens: Dass man nicht unwillig werden darf, wenn sie das richtig tun; wenn sie es aber nicht richtig tun, dann offenbar gegen ihren Willen und ohne Einsicht. Denn wie jede Seele gegen ihren Willen der Wahrheit beraubt wird, so auch der Fähigkeit, mit jedem angemessen umzugehen. Sie fühlen sich wenigstens gekränkt, wenn sie als ungerecht, rücksichtslos, habgierig und, mit einem Wort, als Frevler gegenüber ihren Mitmenschen gelten. Viertens: Dass du auch selbst viele Fehler machst und selbst ein solcher Mensch bist. Wenn du auch gewisse Fehler meidest, so hast du doch die Anlage dazu, auch wenn du dich aus Feigheit, aus Angst um deinen guten Ruf oder aus irgendeinem anderen schlimmen Grund von ähnlichen Fehlern fernhältst. Fünftens: Dass du dir nicht sicher bist, ob sie einen Fehler begehen. Denn vieles geschieht aus Rücksicht auf besonde-

re Umstände; und überhaupt muss man vieles vorher wissen, um über die Handlungsweise eines anderen ein richtiges Urteil abgeben zu können. Sechstens: Dass, wenn du dich auch sehr ärgerst und ungehalten bist, das menschliche Leben nur von kurzer Dauer ist und wir alle bald tot daliegen. Siebtens: Dass uns nicht ihre Taten belasten, denn jene liegen in ihrer leitenden Vernunft, sondern unsere Meinung davon. Diese beseitige also und sei bereit, dein Urteil über sie, als seien sie etwas Schlimmes, aufzugeben, und dann ist auch der Zorn verschwunden. Wie wirst du sie also beseitigen? Indem du bedenkst, dass es nichts Schimpfliches ist. Denn wenn nicht nur das Schimpfliche ein Übel ist, dann musst auch du viele Fehler begehen und ein Räuber und ein zu allem fähiger Mensch werden. Achtens: Um wie viel Schlimmeres bringen Zorn und Schmerz über solche Dinge mit sich, als sie selbst es sind, über die wir zornig und bekümmert sind. Neuntens: Dass die Güte unbesiegbar ist, wenn sie echt und nicht nur ein heuchlerisches Grinsen ist. Denn was wird dir der unverschämteste Mensch schon antun können, wenn du bei deiner Güte zu ihm bleibst und ihn gegebenenfalls sanft ermahnst und ruhig eines Besseren belehrst, gerade in dem Augenblick, wo er versucht, dir Böses anzutun. »Nicht doch, mein Sohn! Wir sind zu etwas anderem geschaffen. Ich werde dadurch gewiss nicht geschädigt, wohl aber du, mein Sohn.« Und dann ihm sanft und ganz allgemein zeigen, dass es sich so verhält, dass auch die Bienen so etwas nicht tun und auch nicht all die anderen Lebewesen, die von Natur zum Zusammenleben geschaffen sind. Das darf man aber weder ironisch noch scheltend tun, sondern liebevoll und ohne innerliche Kränkung, und nicht wie in der Schule oder damit ein anderer, der daneben steht, dich bewundert, sondern nur zu ihm allein, auch wenn irgendwelche anderen Leute herumstehen. Diese neun Punkte behalte im Gedächtnis, als ob du sie von den Musen zum Geschenk bekommen hättest, und beginne endlich ein Mensch zu sein, solange du noch lebst. Und ebenso: Wie du dich davor hüten musst, ihnen zu zürnen, musst du dich auch davor in Acht nehmen, ihnen zu schmeicheln. Denn beides ist der Gemeinschaft nicht zuträglich und führt nur zu Schaden. Im Zorn aber sei dir stets gegenwärtig, dass nicht das Zürnen mannhaft ist, sondern Milde und Sanftmut; diese sind nicht nur menschlicher, sondern auch männlicher; auch verfügt dieser Mensch über Stärke, Spannkraft und Tapferkeit, und nicht einer, der sich ärgert und unzufrieden ist. Denn je verwandter dies der Leidenschaftslosigkeit ist, desto verwandter ist es auch der Stärke. Und wie der Kummer, so ist auch der Zorn ein Zeichen eines schwachen Menschen. Denn beide sind verwundet und haben sich hinreißen lassen. Wenn du willst, dann empfange noch ein zehntes Geschenk von dem Musenführer, nämlich dass es unsinnig ist, von den Schlechten zu verlangen, dass sie keine Fehler begehen. Denn da verlangt man Unmögliches. Sich aber damit abzufinden, dass die anderen eben so sind, und dabei zu verlangen, dass sie sich nicht gegen dich verfehlen, ist unvernünftig und tyrannisch.

19

Vier Irrwege der leitenden Vernunft sind es vor allem, vor denen du dich stets in Acht nehmen musst, und wenn du sie ausfindig gemacht hast, musst du sie auslöschen und dir bei jedem einzelnen Folgendes sagen: »Diese Vorstellung ist nicht notwendig, diese zerstört die Gemeinschaft, dies willst du nicht von dir aus sagen.« Denn nicht von sich aus etwas sagen, das rechne zu den unsinnigsten Dingen. Der vierte Irrweg aber ist der, wenn du dir selbst Vorwürfe machen musst: Das rührt daher, dass der göttlichere Teil in dir dem weniger wertvollen und sterblichen Teil, dem Körper und seinen stumpfsinnigen Ideen, unterlegen ist und sich ihm unterwirft.

20

Das Hauchartige in dir und alles Feurige, das beigemischt ist, gehorcht, obgleich es von Natur aus nach oben strebt, dennoch der Ordnung des Weltganzen und wird hier im zusammengesetzten Körper zurückgehalten. Auch alles Erdartige in dir und das Feuchte ist, obwohl es nach unten strebt, dennoch emporgerichtet und nimmt nicht seinen [natürlichen] Platz ein. So also gehorchen auch die Elemente dem Weltganzen und bleiben, sobald sie irgendwohin gestellt worden sind, da, bis wieder von dort das Signal zur Auflösung ertönt. Ist es da nicht schlimm, dass nur dein denkender Teil ungehorsam und unwillig über seinen Platz ist? Und doch wird ihm nichts gewaltsam auferlegt, sondern nur das, was seiner Natur entspricht. Er freilich erträgt es nicht und strebt in die entgegengesetzte Richtung. Denn die Neigung zu unrechtem Tun, zu Ausschweifungen, Zorn, Gram und Furcht ist nichts anderes als ein Abweichen von der Natur. Und wenn die leitende Vernunft sich über irgendetwas, das geschieht, ärgert, dann verlässt sie auch ihren Platz. Denn sie ist zur Frömmigkeit und Gottesfurcht nicht weniger bestimmt als zur Gerechtigkeit. Denn auch das sind Formen echten Gemeinschaftsgefühls, und sie sind noch ehrwürdiger als die gerechten Handlungen.

21

Wer nicht immer ein und dasselbe Lebensziel hat, der kann auch nicht sein ganzes Leben hindurch ein und derselbe sein. Dieser Satz jedoch genügt nicht, wenn du nicht noch hinzufügst, wie dieses Ziel beschaffen sein muss. Wie nämlich die Meinung von all den Dingen, die der Mehrzahl irgendwie gut erscheinen, nicht einheitlich ist, sondern nur bei ganz bestimmten Dingen, das heißt bei denen, die allen gemeinsam sind, so muss man sich auch ein Ziel setzen, das gemeinschaftsfördernd und im Interesse des Staates ist. Wer nämlich all sein Streben darauf richtet, der wird alle seine Taten in Übereinstimmung mit diesem Ziel tun und demgemäß immer derselbe sein.

22

An die Land- und die Stadtmaus (denken), und wie ängstlich sie hin und her laufen.

23

Sokrates nannte auch die Überzeugungen der Menge Gespenster, Schreckgestalten für die Kinder.

24

Die Spartaner stellten bei den Festspielen die Bänke für die Fremden in den Schatten, sie selbst setzten sich, wo es sich gerade traf.

25

Sokrates ließ Perdikkas als Grund dafür, dass er ihn nicht besuchte, sagen: »Damit ich nicht vor Schimpf und Schande vergehe«, das heißt, damit ich nicht, wenn ich Gutes empfangen habe, außerstande bin, es zu vergelten.

26

In den Schriften der Epikureer stand die Mahnung, sich fortwährend an einen der Alten zu erinnern, die sich der Tugend befleißigt hatten.

27

Die Pythagoreer: Frühmorgens zum Himmel emporblicken, damit wir an die denken, die stets gemäß denselben Regeln und auf dieselbe Weise ihr Werk verrichten, und an die Ordnung, Reinheit und Nacktheit. Denn ein Stern hat keine Umhüllung.

28

Wie Sokrates sich mit einem Schaffell gürtete, als Xanthippe mit seinem Mantel ausgegangen war. Und was Sokrates zu seinen Freunden sagte, wie sie sich schämten und von ihm abrückten, als sie ihn in diesem Aufzug sahen.

29

Beim Schreiben und Lesen wirst du kein Meister sein, wenn du nicht vorher Lehrling warst. Das gilt noch viel mehr im Leben.

30

Du bist ein Sklave, hast keinen Anteil an der Vernunft.

31

Mein liebes Herz aber lachte.

32
Schmähen werden sie die Tugend mit harten Worten.

33
Im Winter eine Feige zu suchen, ist das Zeichen eines Wahnsinnigen. Genauso ist auch ein Mann, der sich nach einem Kind sehnt, wenn ihm ein solches nicht mehr vergönnt ist.

34
Epiktet sagte, wenn man ein Kind küsse, müsse man sich im Stillen sagen: »Vielleicht bist du morgen schon tot.« – »Das sind Worte mit schlimmer Vorbedeutung.« – »Keineswegs«, sagte er, »sondern sie zeigen nur einen natürlichen Vorgang an.« Oder es hat auch eine schlimme Vorbedeutung, wenn man sagt, dass die Ähren gemäht werden.

35
Unreife Traube, reife Traube, getrocknete Traube: Alles Verwandlungen, nicht in das Nichtseiende, sondern in das, was jetzt nicht ist.

36
Einen Räuber des freien Willens gibt es nicht.

37
Man muss«, sagte er, »die Kunst der Zustimmung finden und im Bereich unseres Strebens aufmerksam darauf achten, dass dieses mit Vorbehalt verbunden, gemeinschaftsfördernd und nach Gebühr ist. Und sich des Begehrens vollständig enthal-

ten, aber keinem Ding ausweichen, das nicht in unserer Macht steht.«

38

»Der Kampf geht nicht um eine beliebige Sache«, sagte er, »sondern darum, ob wir wahnsinnig sind oder nicht.«

39

Sokrates sagte: »Was wollt ihr? Seelen von vernünftigen Wesen haben oder von unvernünftigen?« – »Von vernünftigen.« – »Von welchen vernünftigen Wesen? Von gesunden oder kranken?« – »Von gesunden.« – »Warum sucht ihr sie nicht?« – »Weil wir sie haben.« – »Warum kämpft und streitet ihr dann?«

ZWÖLFTES BUCH

1

Alles, was du auf Umwegen zu erlangen wünschst, kannst du schon jetzt haben, wenn du es dir selbst nicht missgönnst, das heißt, wenn du das Vergangene zurücklässt, das Zukünftige der Vorsehung anheimstellst und das Gegenwärtige einzig und allein auf Frömmigkeit und Gerechtigkeit hin ausrichtest. Auf Frömmigkeit, damit du lieb hast, was dir zugeteilt wird. Denn die Natur hat es dir gebracht und dich zu ihm. Auf Gerechtigkeit aber, damit du frei und ohne Umschweife die Wahrheit sagst und nach Gesetz und Gebühr handelst. Es soll dich also weder die Schlechtigkeit noch die Meinung anderer Leute daran hindern, auch nicht ihr Gerede oder die Empfindung des um dich gewachsenen Fleisches. Denn was leidet, wird es schon sehen. Wenn du nun, sobald du am Ende deines Lebens stehst, alles Übrige zurücklässt und nur deine leitende Vernunft und das Göttliche in dir für wertvoll erachtest und keine Angst davor hast, einmal dein Leben zu beenden, sondern nur davor, dass du niemals damit begonnen hast, gemäß der Natur zu leben, dann wirst du ein Mensch sein, würdig des Kosmos, der dich erzeugt hat, und du wirst aufhören, ein Fremder in deinem Vaterland zu sein und dich über die Dinge, die täglich geschehen, wie über etwas Unerwartetes zu wundern und von dem oder jenem abhängig zu sein.

2

Gott sieht jede leitende Vernunft, entblößt von ihren stofflichen Gefäßen, von ihren Rinden und Verunreinigungen. Denn nur mit seinem Geist berührt er allein den aus ihm selbst in diese geflossenen und abgeleiteten Geist. Wenn auch du dich daran gewöhnst, das zu tun, wirst du deiner lange währenden anderweitigen Beschäftigung ein Ende bereiten. Denn wer das umgebende Fleisch nicht sieht, der wird sich gewiss nicht damit beschäftigen, ein Kleid, ein Haus, Ruhm und derlei Äußerlichkeiten und Theater zu betrachten.

3

Drei Dinge sind es, aus denen du bestehst: Körper, Lebenshauch und Geist. Von diesen sind die anderen insofern dein, als du dich um sie kümmern musst; aber nur das dritte ist im eigentlichen Sinne dein. Wenn du daher von dir selbst, das heißt von deinem Geist, alles fernhältst, was die anderen tun oder sagen oder was du selbst getan oder gesagt hast und was dich als Zukünftiges beunruhigt und was dir von dem dich umgebenden Körper oder von dem mit ihm verbundenen Lebenshauch, ohne dass es in deiner Macht liegt, anhaftet und was der draußen dich umströmende Strudel herumwirbelt, so dass deine geistige Kraft, erhaben über das vom Schicksal Verhängte, rein und losgelöst für sich allein lebt, indem sie gerecht handelt und will, was ihr widerfährt, und die Wahrheit spricht – wenn du, sage ich, von dieser leitenden Vernunft fernhältst, was ihr aufgrund der Leidenschaft anhaftet und von der Zeit, was zukünftig oder vergangen ist, und wenn du dich so formst wie der empedokleische »Sphairos, kugelförmig, stolz auf die ringsum herrschende Einsamkeit«, und wenn du nur darauf bedacht bist das Leben zu leben, das du lebst, das heißt das gegenwärtige, dann wirst du die Zeit, die dir bis zu deinem Tod bleibt, ruhig, heiter und versöhnt mit deinem Dämon durchleben können.

4

Oft habe ich mich darüber gewundert, wie ein jeder sich selbst zwar über alles liebt, seine eigene Meinung aber geringer schätzt als die der anderen. Wenn nun ein Gott oder ein vernünftiger Lehrer an jemanden herantritt und ihm befiehlt, nichts bei sich zu erwägen und zu überlegen, was er nicht zugleich auch laut aussprechen könnte, dann wird dieser das nicht einmal einen einzigen Tag aushalten. So achten wir auf unsere Mitmenschen, nämlich auf das, was sie von uns denken werden, mehr als auf uns selbst.

5

Wie konnten die Götter, die doch alles so schön und menschenfreundlich geordnet haben, dies eine übersehen, dass einige Menschen, und zwar besonders gute und solche, die mit den Göttern gleichsam die meisten Verträge geschlossen haben und durch ihre frommen Werke und heiligen Handlungen mit dem Göttlichen besonders vertraut sind, nicht mehr wiedergeboren werden, wenn sie einmal gestorben sind, sondern vollständig ausgelöscht sind? Falls es sich wirklich so verhält, dann hätten sie es – davon kannst du überzeugt sein –, wenn es anders sein müsste, auch so gemacht. Denn wenn es gerecht wäre, wäre es auch möglich, und wenn es der Natur gemäß wäre, dann hätte es die Natur mit sich gebracht. Daraus nun, dass es nicht so ist, musst du die Überzeugung gewinnen, dass es, wenn es nicht so ist, auch nicht so sein sollte. Denn du siehst ja auch selbst, dass du mit Gott rechnest, wenn du so unnütze Untersuchungen anstellst. Wir würden aber nicht so mit den Göttern reden, wenn sie nicht die besten und gerechtesten wären. Wenn dem aber so ist, dann hätten sie wohl nichts in der Weltordnung übersehen, was zu Unrecht und ohne vernünftigen Grund vernachlässigt worden wäre.

6

Gewöhne dich auch an Dinge, an denen du verzweifelst. Denn auch die linke Hand, die für die anderen Dinge aus Mangel an Gewöhnung ungeschickt ist, hält die Zügel fester als die rechte. Daran ist sie nämlich gewöhnt.

7

In welcher körperlichen und seelischen Verfassung man dem Tod begegnen soll. Die Kürze des Lebens, die unermessliche Weite der Zeit hinter und vor uns, die Schwäche aller Materie.

8

Das Ursächliche ohne seine Hüllen betrachten; die Ziele der Handlungen; was Schmerz, was Lust, was Tod, was Ruhm ist; wer an der eigenen Ruhelosigkeit schuld ist; wie niemand von einem anderen behindert wird; dass alles bloß Annahme ist.

9

Bei der Anwendung der Grundsätze muss man einem Boxer, nicht einem Gladiator gleichen. Denn wenn dieser das Schwert, das er gebraucht, ablegt, wird er getötet, jener aber hat seine Hand immer zur Verfügung und braucht nichts anderes zu tun, als sie zur Faust zu ballen.

10
Die Dinge selbst sehen, wie sie sind, indem man sie in Stoff, Ursache und Zweck zerlegt.

11
Der Mensch hat die Möglichkeit, nichts anderes zu tun, als was Gott loben wird, und alles anzunehmen, was Gott ihm zuteilt.

12
Den Göttern darf man keine Vorwürfe machen; denn sie begehen weder freiwillig noch unfreiwillig Fehler; und auch den Menschen nicht; denn sie begehen nur unfreiwillig Fehler; daher darf man niemandem Vorwürfe machen.

13
Wie lächerlich und fremd ist der, der sich über etwas wundert, was im Leben geschieht.

14
Entweder Notwendigkeit und unausweichliche Ordnung oder gnädige Vorsehung oder heilloses Durcheinander ohne Leitung. Wenn nun unausweichlicher Zwang, was widersetzt du dich dann? Wenn aber Vorsehung, die sich gnädig stimmen lässt, dann mach dich selbst der göttlichen Hilfe würdig. Wenn aber Durcheinander ohne Führung, dann sei zufrieden, dass du selbst in einem solchen Wogensturm einen leitenden Geist in dir hast. Und wenn dich die Woge fortreißt, soll sie das Fleisch, den Lebensatem und das andere fortreißen; denn den Geist wird sie nicht fortreißen.

(15)
Oder leuchtet das Licht der Lampe und verliert seinen Schein nicht, bis es erlischt, die Wahrheit aber und die Gerechtigkeit und Besonnenheit in dir sollen vorher erlöschen?

16
Bei dem, der den Anschein erweckt, dass er einen Fehler begangen hat(, frage dich): »Wie weiß ich denn, ob das ein Fehler ist?« Wenn er aber wirklich einen Fehler begangen hat: »Er hat sich selbst schon verurteilt«, und so ist das gleich, wie wenn er das eigene Gesicht zerkratzt. (Bedenke,) dass, wer nicht will, dass der Schlechte einen Fehler begeht, dem gleicht, der nicht will, dass der Feigenbaum Saft in den Feigen hervorbringt, dass die Säuglinge schreien, das Pferd wiehert und was sonst unausweichlich ist. Was soll denn der tun, der eine solche Anlage hat? Wenn dich das nun erschreckt, dann kuriere zuerst diese Anlage.

17
Wenn es sich nicht geziemt, dann tu es nicht. Wenn es nicht wahr ist, dann sag es nicht. Denn dein Bestreben soll aufrecht sein.

18
Immer darauf achten, was eben jenes ist, das dir die Vorstellung erzeugt, und es auseinander falten, indem man es in Ursache, Stoffliches, Ziel und Zeit, in der es sein Ende finden muss, zerlegt.

19
Bemerke endlich, dass du etwas Stärkeres und Göttlicheres in dir hast als das, was deine Leidenschaften erregt und dich ganz

wie eine Marionette bewegt. Was ist nun mein Geist? Doch nicht Furcht, Argwohn, Gier oder etwas anderes dieser Art?

20

Erstens nicht planlos und nicht ohne Ziel. Zweitens sein Streben auf nichts anderes richten als auf das Ziel des Gemeinwohls.

21

Dass du in Kürze niemand und nirgendwo sein wirst und dass auch nichts von dem, was du jetzt siehst, und niemand von denen, die jetzt leben, sein werden. Denn alles ist von Natur dazu geschaffen, sich zu verwandeln, sich zu verändern und zugrunde zu gehen, damit danach anderes entstehen kann.

22

Dass alles Annahme ist und diese bei dir liegt. Beseitige nun, wenn du willst, die Annahme und es herrscht Meeresstille, als ob du das Vorgebirge umfahren hättest, und alles ist ruhig und die Bucht ohne Wellen.

23

Eine beliebige Handlung erleidet, wenn sie zur rechten Zeit aufhört, keinen Schaden, sofern sie aufgehört hat. Und ebenso wenig hat der, der diese Handlung vollbracht hat, irgendeinen Schaden erlitten, sofern sie aufgehört hat. Ebenso erleidet auch das aus allen Handlungen bestehende Gefüge, das ja das Leben ist, wenn es zur rechten Zeit aufhört, nur dadurch, dass es aufhört, keinen Schaden, und auch wer diese Verknüpfung (von Handlungen) zur rechten Zeit auflöste, ist in keine schlimme Lage geraten. Den rechten Zeitpunkt aber und die Grenze gibt die Natur vor, bisweilen auch die eigene, wenn es um das Alter geht, im Großen und Ganzen aber die Natur des Alls; indem deren Teile sich verändern, bleibt der ganze Kosmos stets jung und kräftig. Was dem Ganzen nützlich ist, das alles ist schön und kommt zur rechten Zeit. Das Aufhören des Lebens ist also für niemanden ein Übel, da es ja nichts Schimpfliches ist, wenigstens wenn es ohne unseren Willen und nicht zum Schaden für die Gemeinschaft erfolgt. Vielmehr ist es etwas Gutes, wenn es für das Ganze zur rechten Zeit kommt, ihm nützlich und mit ihm in Einklang ist. So ist denn auch von Gott bewegt, wer sich in dieselbe Richtung wie Gott und sich mit seinem Denken auf dasselbe Ziel hin bewegt.

24

Drei Dinge muss man sich vergegenwärtigen: Bei dem, was man tut, ob man weder blindlings noch anders handelt, als die Gerechtigkeit selbst es getan hätte. Bei dem, was einem von außen widerfährt, dass es entweder durch Zufall oder nach Vorsehung geschieht und dass man weder dem Zufall Vorwürfe machen noch die Vorsehung anklagen darf. Zweitens: Wie beschaffen ein jedes Ding von seiner Erzeugung bis zu seiner Beseelung und von seiner Beseelung bis zur Rückgabe der Seele ist, und woraus seine Mischung besteht und in was es sich wieder auflöst. Drittens: Dass du das Menschliche und seine Mannigfaltigkeit, wenn du in die Höhe gehoben und es von oben her betrachten würdest, verachten wirst, wenn du zugleich auch siehst, wie zahlreich die Wesen sind, die ringsum die Luft und den Äther bevölkern; und dass du, sooft du auch emporgehoben würdest, immer dasselbe sehen wirst, das Gleichartige, das Kurzdauernde. Und darauf ist man auch noch stolz.

25
Wirf die Annahme weg, und du bist gerettet. Wer könnte dich daran hindern, sie wegzuwerfen?

26
Wenn du über etwas ungehalten bist, hast du vergessen, dass alles nach der Natur des Ganzen geschieht und dass die Verfehlung die eines anderen ist und außerdem, dass alles, was geschieht, immer schon so geschah und geschehen wird und jetzt überall geschieht; ferner wie eng die Verwandtschaft des Menschen mit dem ganzen Menschengeschlecht ist; denn sie ist keine Gemeinschaft des Blutes oder der Abstammung, sondern eine Gemeinschaft des Geistes. Du hast aber auch vergessen, dass der Geist eines jeden Gott ist und ihm von dort zugeflossen ist. Ferner dass niemandem etwas gehört, sondern dass auch das Kind, der Leib und selbst die Seele von dort hergekommen sind; dass alles bloß Annahme ist und dass jeder nur die Gegenwart lebt und nur diese verliert.

27
Immer wieder über die Menschen nachdenken, die sich über etwas allzu sehr aufgeregt haben und die in größten Ehren, im Unglück, in Anfeindungen oder welchen Ereignissen auch immer zum Äußersten gelangten. Dann überlegen, wo das alles jetzt ist? Rauch, Asche und Mythos, oder nicht einmal Mythos. Es soll dir zugleich auch Derartiges einfallen wie Fabius Catullinus auf seinem Landsitz oder Lusius Lupus in seinen Gärten, Stertinius in Baiae, Tiberius auf Capri, Velius Rufus und überhaupt der dünkelhafte Vorzug von irgendetwas. Und wie wertlos ist doch alles, wonach sie strebten. Wie viel philosophischer ist es, sich unter den

gegebenen Verhältnissen gerecht, besonnen und den Göttern folgsam zu erweisen. Denn der Dünkel, der sich auf seine Dünkellosigkeit etwas einbildet, ist der allerschlimmste.

28

Denen, die fragen: »Wo hast du denn die Götter gesehen oder woraus hast du entnommen, dass es sie gibt, und warum verehrst du sie so?« Erstens sind sie mit den Augen sichtbar; und dann: Ich habe freilich auch meine Seele nicht gesehen und verehre sie dennoch. So ist's auch mit den Göttern: Daraus, dass ich ihre Macht immer wieder spüre, entnehme ich, dass es sie gibt, und verehre sie.

29

Das Heil des Lebens: Jedes Ding in seiner Ganzheit betrachten, was es ist, was seine Materie und seine Ursache ist. Von ganzer Seele das Rechte tun und die Wahrheit sagen. Was bleibt sonst noch, als das Leben zu genießen, indem man ein Gutes mit dem anderen verknüpft, ohne auch nur den geringsten Zwischenraum zurückzulassen.

30

Es gibt nur ein einziges Licht der Sonne, auch wenn es durch Mauern, Berge oder tausenderlei andere Dinge getrennt ist. Es gibt nur ein einziges gemeinsames Sein, auch wenn es durch tausend Körper mit individuellen Eigenschaften getrennt ist. Es gibt nur eine Seele, auch wenn sie durch tausend Naturen mit eigenen Begrenzungen getrennt ist. Es gibt nur eine denkende Seele, auch wenn sie getrennt zu sein scheint. Die übrigen Teile der genannten Wesen wie zum Beispiel der Atem und die stoffliche Substanz haben keine Empfindung und sind nicht miteinander verwandt. Und doch hält auch sie das Vereinigende zusammen und die Wucht in dieselbe Richtung. Der Geist dagegen erstreckt sich in eigentümlicher Weise auf das ihm Verwandte und vereint sich mit ihm, und das Gemeinschaftsempfinden wird nicht durchtrennt.

31

Was willst du noch? Weiterleben? Oder aber wahrnehmen, Triebe haben, wachsen, wieder aufhören, deine Stimme gebrauchen, denken? Was davon scheint dir erstrebenswert zu sein? Wenn aber das alles zu verachten ist, dann mach dich endlich daran, der Vernunft und Gott zu folgen. Dem aber widersetzt sich, dass man diese Dinge hier schätzt und darüber betrübt ist, wenn man sie durch den Tod verlieren wird.

32

Welch winziger Teil der grenzenlosen und unendlichen Zeit ist einem jeden zugemessen? Denn ganz schnell verschwindet er in der Ewigkeit. Welch winziger Teil des gesamten Seins? Welch winziger Teil der ganzen Seele? Auf welch winzigem Fleckchen der ganzen Erde kriechst du herum? All das bedenke und erachte nichts für wichtig als das: zu handeln, wie deine Natur dich leitet, und zu ertragen, wie es die gemeinsame Natur mit sich bringt.

33

Welchen Gebrauch macht die leitende Vernunft von sich selbst? Denn in ihr liegt alles. Alles andere, mag es vom Willen abhängen oder nicht, ist tot und Rauch.

34
Zur Todesverachtung ermuntert besonders, dass diejenigen, die die Lust für ein Gut und den Schmerz für ein Übel halten, diesen trotzdem verachtet haben.

35
Für wen nur das, was zur rechten Zeit geschieht, gut ist, für wen es gleichgültig ist, ob er gemäß der rechten Vernunft mehr oder weniger Taten vollbringt, und für wen es keinen Unterschied macht, ob er den Kosmos längere oder kürzere Zeit sieht, für den ist auch der Tod nicht furchtbar.

36
Mensch, du hast dich in dieser großen Stadt politisch betätigt. Was macht es dir schon aus, ob es fünf oder hundert Jahre waren? Denn die Betätigung nach den Gesetzen ist für jeden gleich. Was ist denn schlimm daran, wenn dich kein Tyrann, kein ungerechter Richter aus der Stadt wegschickt, sondern die Natur, die dich ja auch hineingeführt hat? Es ist, wie wenn der Beamte einen Schauspieler, den er angestellt hat, aus dem Theater entlässt. »Aber ich habe nicht fünf Akte gespielt, sondern erst drei.« Richtig. Doch im Leben sind die drei Akte das ganze Drama. Denn das Ende bestimmt derjenige, der damals für die Zusammensetzung und jetzt für die Auflösung verantwortlich ist. Du aber bist für beides nicht verantwortlich. Scheide also heiter von hier. Denn auch der, der dich entlässt, ist heiter.

ANHANG

ZU DIESER AUSGABE

Die Übersetzung basiert auf dem Text Dalfens (1987). Wo ich einer anderen Lesart folge, ist es in der jeweiligen Anmerkung vermerkt. Gelegentlich habe ich in runden Klammern Ergänzungen eingefügt, die dem besseren Textverständnis dienen.

In den Anmerkungen werden die im Werk genannten Personen erklärt (für eindeutig identifizierbare Personen s. das alphabetische Verzeichnis auf den Seiten 235–241), literarische Zitate und Anspielungen erläutert, Gedanken Marc Aurels geistesgeschichtlich eingeordnet, und es wird auf andere, hellenistische und frühkaiserzeitliche Denker sowie ausgewählte aktuelle Forschungsliteratur hingewiesen.

Für unermüdlichen philologischen Beistand danke ich meinem Freund Herbert Wurm.

VERWENDETE ABKÜRZUNGEN

ANTIKE AUTOREN

Aisop.: Äsop
Anth. Pal.: *Anthologia Palatina*
Aristoph.: Aristophanes
  Equ.: *Equites*
  Nub.: *Nubes*
Aristot.: Aristoteles
  eth. Nic.: *Ethica Nicomachea*
  metaph.: *Metaphysica*
  mund.: *De mundo* (unter dem Namen des Aristoteles überliefert, aber mit großer Wahrscheinlichkeit von einem anderen Autor verfasst)
  phys: *Physica*
  pol.: *Politica*
  rhet.: *Rhetorica*
Artem.: Artemidor
Babr.: Babrios
Cass. Dio: Cassius Dio

Cic.:	Cicero
Cat.:	*Cato maior de senectute*
fin.:	*De finibus bonorum et malorum*
leg.:	*De legibus*
off.:	*De officiis*
rep.:	*De re publica*
Tusc.:	*Tusculanae disputationes*
dig.:	*Digesta*
Diog. Laert.:	Diogenes Laertius
Emp.:	Empedokles
Epik.:	Epikur
epist. Her.:	*Epistula ad Herodotum*
sent:	*Sententiae Vaticanae* (= *Gnomologium Vaticanum*)
Epikt.:	Epiktet
diatr.:	*Diatribae*
ench.:	*Enchiridion*
Eur.:	Euripides
Suppl.	*Supplices*
Gell.:	Aulus Gellius, *Noctes Atticae*
Hes.:	Hesiod
erg.:	*Opera et dies*
Hom:	Homer
Il.:	*Ilias*
Od.:	*Odyssee*
Hor.	Horaz
sat.:	*Saturae* (*sermones*)
Lucr.:	Lucrez, *De rerum natura*
Lucian.:	Lukian von Samosata
Anach.:	*Anacharsis*
Cal.:	*Calumniae*
Muson.:	Musonius
Paus.:	Pausanias, *Graeciae descriptio*
Pind.:	Pindar
O.:	*Olympien*
P.:	*Pythien*
Plat.:	Platon
Alcib.	*Alkibiades*

apol.: *Apologia*
Gorg.: *Gorgias*
leg.: *Leges*
Men.: *Menon*
Mx.: *Menexenos*
Phaid.: *Phaidon*
Phil.: *Philebos*
rep.: *De re publica / Politeia*
soph.: *Sophista*
symp.: *Symposium*
Tht.: *Theaitetos*
Tim: *Timaios*

Plin. epist.: Plinius d. J., *Epistulae*

Plut.: Plutarch
cohib. ira: *De cohibenda ira*
consol. ad Apoll.: *Consolatio ad Apollonium*
lib. educ.: *De liberis educandis*
stoic. absurd. poet. dic.: *Compendium argumenti Stoicos absurdiora dicere*
Stoic. rep.: *De Stoicorum repugnantiis*
vit. pud.: *De vitioso pudore*

Philostr.: Philostratus
imag.: *Imagines*

Poseidon.: Poseidonios

Sen.: Seneca
ben.: *De beneficiis*
clem.: *De clementia*
cons. Marc.: *Consolatio ad Marciam*
epist.: *Epistulae morales ad Lucilium*
nat.: *Naturales quaestiones*
vit. beat.: *De vita beata*

Sext. Emp.: Sextus Empiricus
adv. math.: *Adversus mathematicos*

Soph.: Sophokles
Oid. T.: *Oedipus Rex*
Phil.: *Philoctetes*

Stob.: Stobaios

Suet.: Sueton

Domit.: *Domitianus*

Verg.: Vergil

Aen.: *Aeneis*

Xen.: Xenophon

mem.: *Memorabilia*

IN DEN ANMERKUNGEN GENANNTE TEXTAUSGABEN, TEXTSAMMLUNGEN, LEXIKA

Arrighetti Arighetti, G. (Hrsg.): Epicuro. Opere. Turin ^{2}1973.

CIL Corpus Inscriptionum Latinarum. Berlin 1863 ff.

Crusius Crusius, O. (Hrsg.): Babrii fabulae Aesopeae. Leipzig 1897.

Decleva Caizzi Decleva Caizzi, F. (Hrsg.): Antisthenis fragmenta. Mailand 1966.

DK Diels, H. / Kranz, W. (Hrsg.): Fragmente der Vorsokratiker. 3 Bde. Zürich 1974. [unveränderter Neudr. der 6. Aufl.]

Edelstein/Kidd Edelstein, L. / Kidd, I. G. (Hrsg.): Posidonius. 3 Bde. Cambridge 1972–99.

FGrHist. Jacoby, F. (Hrsg.): Die Fragmente der griechischen Historiker. 15 Bde. Berlin/Leiden 1923–58.

HA Hohl, E. (Hrsg.): Scriptores Historiae Augustae. 2 Bde. Leipzig 1971.

Hausrath/Haas/Hunger Hausrath, A. / Haas, H. / Hunger, H. (Hrsg.): Corpus fabularum. 2 Bde. Leipzig 1959/1970.

Hense

a Hense, O. (Hrsg.): C. Musonii Rufi Reliquiae. Leipzig 1905. [Neudr. der Originalausg. von 1990.]

b Hense, O. (Hrsg.): Ioannis Stobaei anthologii libri duo posteriores. 2 Bde. Berlin 1894–1909. [Neudr. der Ausg. Berlin 1958.]

Lakmann Lakmann, M.-L. (Hrsg.): Platonici minores 1. Jh. v. Chr. – 2. Jh. n. Chr. Prosopographie, Fragmente und Testimonien mit deutscher Übersetzung. Leiden/Boston 2017.

LS Long, A. A. / Sedley, D. E. (Hrsg.): Die hellenistischen Philosophen. Texte und Kommentare. Übers. von K. Hülser. Stuttgart/Weimar 2000.

LSJ Liddell, H. G. / Scott, R. / Jones, H. St.: A Greek-English Lexicon. Oxford ^{9}1940.

Maehler Maehler, H. (Hrsg.): Pindarus. Pars II: Fragmenta, Indices. München/ Leipzig ²2001.

PCG Kassel, R. / Austin, C. (Hrsg.): Poetae comici Graeci. 8 Bde. Berlin 1983–2001.

PIR Prosopographia Imperii Romani saeculi I, II, III. 3 Bde. Berlin ²1933–2015.

RE Realencyclopädie der classischen Altertumswissenschaft. Stuttgart/München 1893–1978.

RIPh Revue internationale de philosophie. Brüssel 1938 ff.

Sandbach Sandbach, F. H. (Hrsg.): Menandri reliquiae selectae. Oxford 1990.

Schenkl Schenkl, H. (Hrsg.): Epicteti Dissertationes ab Arriano digestae. Leipzig ²1916.

SSR Giannantoni, G. (Hrsg.): Socratis et Socraticorum Reliquiae I–IV. Neapel 1990.

SVF Arnim, H. von (Hrsg.): Stoicorum veterum fragmenta. Leipzig 1903–05. [Neudr. Stuttgart 1964.]

TGF Nauck, A. (Hrsg.): Tragicorum Graecorum Fragmenta. Leipzig ²1889. [Neudr. Hildesheim 1983.]

TrGF Snell, B. / Kannicht, R. / Radt, St. (Hrsg.): Tragicorum Graecorum Fragmenta. Bd. I. Göttingen ²1986. Bde. II–IV. Göttingen 1977–1985.

Usener Usener, H. (Hrsg.): Epicurea. Leipzig 1887. [Neudr. Rom 1963.]

van den Hout van den Hout, M. P. J. (Hrsg.): M. Cornelii Frontonis Epistulae. Leipzig 1988.

Willms 2011 Willms, L.: Epiktets Diatribe *Über die Freiheit* (4.1). Bd. 1: Einleitung und Kommentar (§§ 1–102). Heidelberg 2011. Bd. 2: Kommentar (§§ 103–177), Übersetzung, Register und Literaturverzeichnis. Heidelberg 2012.

Die Ausgaben der *Selbstbetrachtungen* sind bei den Literaturhinweisen (S. 267) zusammengestellt.

ANMERKUNGEN ZUR ÜBERSETZUNG

Erläuterungen zu in den *Selbstbetrachtungen* genannten Personen sind auf den Seiten 235 ff. zu finden, sofern über sie etwas Wesentliches bekannt und die Identifikation eindeutig ist.

ERSTES BUCH

Im ersten Buch führt Marc Aurel diejenigen Menschen an, die seine intellektuelle und charakterliche Entwicklung geprägt haben, – dies allerdings sprachlich in einer sehr knappen Form: Er nennt die Personen und die von ihnen vermittelte Lehre, aber verwendet keine Verben; diese ergänze ich in der Übersetzung nicht, sofern sie (wie z. B. in 1,1) für das Textverständnis nicht notwendig sind; manche Übersetzer fügen Ausdrücke wie »lernte ich«, »übernahm ich«, »wurde mir vermittelt« o. Ä. ein.

1–3 Vgl. zu dieser Passage den Stammbaum, S. 242. *Verus:* Marcus Annius Verus, ein Senator in prätorischem Rang (vgl. auch die Anmerkung zu 1,17).

4 *Urgroßvater:* Gill 2013, S. 55 denkt an Lucius Catilius Severus, den Großvater der Mutter des Marc Aurel; dieser war unter Trajan (reg. 98–117) und Hadrian (reg. 117–138) ein hochrangiger Politiker und wurde als potentieller Nachfolger Hadrians gehandelt. Zusammen mit Marcus Annius Verus, dem Großvater Marc Aurels väterlicherseits, hat er wohl auf Hadrian eingewirkt, seinen Enkel als Kandidaten für seine eigene Nachfolge oder die des Antoninus Pius, der ja die Funktion eines Platzhalters einnehmen sollte, ins Auge zu fassen; politisch hervorgetan hat sich aber auch Marc Aurels Urgroßvater (Marcus) Annius Verus (s. Demandt 2018, S. 94).

5 Mit den Grünen (Πρασιανοί) und Blauen (Βενετιανοί) sind zwei Zirkusparteien gemeint, die nach der Farbe der Bekleidung ihrer Wagenlenker so genannt wurden; vgl. 6,46, wo Marc Aurel sich offener zu den Zirkusspielen äußert. *Palmularii* (»Rundschildner«) und *scutarii* (»Langschildner«) sind die Fans zweier Waffengattungen bei den Gladiatorenspielen.

6 *Diognetos:* vielleicht identisch mit dem gleichnamigen Zeichenlehrer Marc Aurels, von dem HA, Marcus 2,6 berichtet. · *Wachtelschlagen:* Wachtelschlagen oder Wachtelklopfen; zu »Wachtelkämpfen« als beliebtem Zeitvertreib s. Demandt 2018, S. 112. · *Bakchios:* Wahrscheinlich ist Bakchios von Paphos gemeint, der zu einer Gruppe von platonischen Philosophen gehörte, die Mitte des 2. Jh.s n. Chr. in Delphi inschriftlich geehrt wurden; s. Lakmann, S. 83 f. · *Tandasis und Markian:* Über sie ist nichts weiter bekannt. · *was ... der griechischen Lebensweise entspricht:* Gemeint ist die Lebensweise der griechischen Philosophen.

7 *Rusticus:* Quintus Iunius Rusticus dürfte ein Nachkomme des gleichnamigen Stoikers gewesen sein, der als Anhänger von Thrasea Paetus und Helvidius Priscus unter Domitian (reg. 81–96) hingerichtet worden war; vgl. Suet. Domit. 10,3. · *Sophisten:* Ursprünglich wurden mit diesem Begriff Wanderlehrer bezeichnet, die gegen Honorar Vorträge hielten und Unterricht in verschiedenen Wissensbereichen erteilten. Als Lehrer der öffentlichen Rede und der Kunst, zu argumentieren, erhoben Männer wie Georgias von Leontinoi, Protagoras von Abdera, Prodikos von Keos, Hippias von Elis oder Thrasymachos von Chalkedon den Anspruch, ihren Schülern zu Erfolg im politischen Leben zu verhelfen. Ihre Lehrinhalte vollzogen eine Abkehr von den kosmologisch ausgerichteten Interessen der frühen Vorsokratiker und waren in der Hauptsache von Sprachtheorie und Rhetorik sowie von moral-, staats- und rechtsphilosophischen Fragestellungen geprägt. Dabei zogen sie anerkannte Anschauungen über die Götter, die Gesetze oder über moralische Wertvorstellungen in Zweifel, vertraten etwa einen radikalen erkenntnistheoretischen Skeptizismus oder einen provokanten Agnostizismus und postulierten die Gleichheit aller Menschen von Natur. Als Sophisten im weiteren Sinn bezeichnet man auch die Politiker Kallikles und Kritias; stark von der Sophistik beeinflusst waren Euripides und die Historiker Herodot und Thukydides; ein erbitterter Gegner der Sophisten ist Platon, dessen Schriften gleichzeitig die wichtigste Quelle zu dieser geistigen Strömung, die man oft eine »griechische Aufklärung« genannt hat, darstellen; der weitaus größte Teil der von den Sophisten selbst verfassten Schriften ist nicht erhalten. · *Sinuessa:* Hafenstadt im südlichen Latium. · *Aufzeichnungen über Epiktet:* Gemeint sind die sogenannten *Diatriben* des Epiktet, die von dessen Schüler Arrian aufgezeichnet worden sind. Die gewichtigsten aktuellen Monographien zu Marc Aurel divergieren in der Einschätzung von Epiktets Einfluss auf die vorliegende Schrift: s. van Ackeren 2011, S. 14; 19 et pass. und Gill 2013, S. XXVIII ff., beide mit opulenter weiterführender Literatur.

8 *beim Verlust eines Kindes und in langer Krankheit:* vgl. HA, Marcus 21,3–5. Zu den Kindern vgl. den Stammbaum, S. 242. Marc Aurel hat schon in Jugendtagen an verschiedenen Krankheiten gelitten und wurde von Brust- und Magenschmerzen geplagt; auch über eine Opiumabhängigkeit ist in der Forschungsliteratur spekuliert worden, s. Birley 1968, S. 158 f. 327; Demandt 2018, S. 176 f. 235. 548 f.

9 *Sextus:* Wahrscheinlich ist der stoische Philosoph Sextus von Chaironeia gemeint; vgl. aber Farquharson 1944, S. 450.

10 *Von Alexander, dem Grammatiker, …:* Sprachlehrer Marc Aurels.

11 Im Gegensatz zu Fronto, dem Redelehrer des jungen Marc Aurel, findet der berühmte Sophist Herodes Atticus, der Marc Aurel im Griechischen unterrichtete, in den *Selbstbetrachtungen* keine Erwähnung; s. dazu Hammerstaedt 2012, S. 315 f., Halfmann 2017 und Demandt 2018, S. 123 ff. Zu Fronto s. S. 237; zur Haltung Marc Aurels zur Rhetorik s. Kasulke 2005, S. 188–386, wo die bislang als *communis opinio* geltende Auffassung einer offenen Abkehr von der Rhetorik und einer bewussten Bekehrung zur Philosophie ausführlich – und überzeugend – widerlegt wird.

12 *Von dem Platoniker Alexander:* Während mit Alexander in 1,10 der Sprachlehrer gemeint ist, hat Marc Aurel hier einen platonischen Philosophen gleichen Namens im Sinn. Nach überwiegender Meinung ist er mit dem Sophisten Alexander von Seleukia gleichzusetzen, der den Beinamen Peloplaton (»Lehmplaton«) trug und ein Schüler des Dionysios von Milet und des Favorinos war (s. Demandt 2018, S. 122 f.); Lakmann, S. 40 hält es aber auch für möglich, dass der »Platoniker« Alexander mit keiner heute noch identifizierbaren Persönlichkeit identisch ist.

13 *Catulus:* Der Philosoph Cinna Catulus war wahrscheinlich Stoiker; s. Birley 1968, S. 175, Anm. 32. · *Domitius:* eine uns unbekannte Person. · *Athenodotos:* vielleicht gleichzusetzen mit dem stoischen Philosophen Athenodotos, dem Schüler des Musonios und Lehrer Frontos.

14 Die Gerechtigkeit hatte für Marc Aurel eine große Bedeutung, vgl. 3,4. 6. 11; 4,3. 26; 5,12; 6,30. 47. 50; 7,42. 63; 8,39; 9,31; 10,11; 11,1. 10. 20; 12,1. 15. 24. · *Dion:* Mit Dion meint Marc Aurel entweder den Schwager und Schwiegersohn Dionysios' I von Syrakus, der einen Idealstaat nach den Vorstellungen seines Freundes

Platon verwirklichen wollte und die Tyrannenherrschaft Dionysios' II. bekämpfte, oder den Philosophen und Rhetor Dion von Prusa, der wegen seiner Kritik an Kaiser Domitian aus Italien und seiner Heimat verbannt wurde. · Zu den anderen hier genannten Personen s. S. 235–241.

16 *Adoptivvater:* Kaiser Antoninus Pius (reg. 138–161), der Vorgänger Marc Aurels; auffallend ist, dass Marc Aurel Hadrian (reg. 117–138), seinem politischen Förderer, nicht dankt. · *Sophist:* s. die Anmerkung zu 1,7. · *ohne deswegen die anderen zu schmähen:* Gemeint sind die, die keine Philosophen waren. · *er tue es nur aus Tradition:* Warum Dalfen diese Passage athetiert wissen will, verstehe ich nicht ganz. · *maßvoll:* Ich lese mit Farquharson und den Mss. AT statt μεμελετημένον (Dalfen) μεμετρημένον. · *Seine Kleidung stammte ...:* Gemeint ist, dass Antoninus Pius in Bezug auf seine Kleidung keinen Wert auf übertriebenen Luxus legte. · *Lorium:* Ortschaft ca. 20 km nordwestlich von Rom. · *Lanuvium:* Ortschaft ca. 30 km südöstlich von Rom. · *(Man denke nur) an seinen Umgang ... sein ganzes derartiges Wesen:* Hier weichen die Übersetzungen stark voneinander ab. · *was man von Sokrates erzählt, ...:* Marc Aurel hat vielleicht Plat. symp. 219e–220c oder Xen. mem. 1,3,14 im Sinn; zu Sokrates als Vorbild vgl. 8,3; 11,25. 28; zu platonischen Einflüssen auf unsere Schrift s. van Ackeren 2011, S. 479–502, zu platonischen Einflüssen auf die stoische Ethik allgemein s. Tsouna 2016. · *zeugt von einem Mann mit einem aufrechten und unbesiegbaren Charakter:* Warum Dalfen die Worte ἀνδρὸς ... ἔχοντος athetiert, kann ich nicht nachvollziehen. · *Krankheit des Maximus:* Darüber ist nichts bekannt.

17 *Von den Göttern:* Für die Stoiker waren die Götter des Olymp Gestalten, die die immanente stoische, meist als λόγος, aber auch als θεός (d. h. »Gott« im Singular) bezeichnete Gottheit in ihren verschiedenen Aspekten (*dynámeis*) symbolisierten; zum Religiösen in den *Selbstbetrachtungen* s. van Ackeren 2011, S. 444–474 und Gill 2013, S. 80 f.; zur Religiosität und Religionspolitik des Kaisers s. Motschmann 2002 und Spickermann 2017. · *Großväter:* väterlicherseits Marcus Annius Verus, der ranghöchste Politiker unter Hadrian (reg. 117–138) und dessen enger Vertrauter, mütterlicherseits Publius Calvisius Tullus Ruso, der im Jahr 109 und ein zweites Mal (Jahr nicht mehr feststellbar) Konsul war; s. PIR, C 357. · *bei der Geliebten meines Großvaters:* Plotina Pompeia, die Frau Kaiser Trajans. · *Rusticus:* s. die Anmerkung zu 1,7. · *soweit es auf die Götter, ... ankommt:* Epikt. diatr. 1,12,6. · *ein solches Leben:* Gemeint ist ein beschwerliches Leben. · *Benedicta ... Theodotos:* Beide sind sonst unbekannt; wir können aus dem hier Gesagten

mit Befriedigung schließen, dass der standhafte Marc Aurel ihren sinnlichen Verlockungen nicht erlegen ist. · *meine Frau:* Annia Galeria Faustina (um 130 – 175), die Tochter des Antoninus Pius und der gleichnamigen Anna Galeria Faustina, gebar Marc Aurel in einer lange währenden Ehe 13 Kinder, von denen sie allerdings nur wenige überlebten; s. Ameling 1992, S. 147–166; zum Verhalten der hier als liebevoll und treu gepriesenen Gattin gibt es auch gegenteilige, pikante Nachrichten (s. dazu eingehend Priwitzer 2009); der Kaiser jedenfalls hat ihren Ruf stets verteidigt und ihren Tod aufrichtig betrauert (s. Demandt 2018, S. 109 f.). · *dass mir in meinen Träumen Ratschläge zuteil wurden:* Marc Aurel war traumgläubig, ebenso wie sein Lehrer Fronto; vgl. Artem. 4,24. · *und das Wort des Mannes ... Wahrsagers:* eine unklare Stelle, sowohl hinsichtlich Überlieferung als auch Sinn; s. Gill 2013, S. 85. · *Sophisten:* s. die Anmerkung zu 1,7. · *Gran:* Ein Nebenfluss der Donau in der heutigen Slowakei; dort wird er Hron genannt (oder ungarisch Garam); Marc Aurel hat sich nach Demandt 2018, S. 46 im Jahr 172 dort aufgehalten. Da die Bucheinteilung nicht auf den Autor zurückgeht, ist nicht eindeutig zu klären, ob diese Notiz über den Abfassungsort als Subscriptio zu dem Abschnitt, den wir heute als Buch I bezeichnen, oder als Suprascriptio zu dem Text, der folgt (das heutige Buch II), zu lesen ist; auch die Tatsache, dass Buch I eine Sonderstellung gegenüber den restlichen Büchern einnimmt, ist kein zwingendes Argument, die Ortsangabe auf das zweite Buch zu beziehen; van Ackeren 2011, S. 52 gibt auch zu bedenken, dass möglicherweise Marc Aurel lediglich einen Wechsel des Abfassungsortes, nicht aber eine sonstige Zäsur im Text anzeigen wollte.

ZWEITES BUCH

1 *Frühmorgens sage zu dir:* zum Infinitiv als Imperativ und Stilmerkmal moralischer Paränese s. van Ackeren 2011, S. 132; vgl. dazu auch 2,11; 4,18. 49; 7,43. 57; 8,13. 30. 33. 51. 54. 61; 10,4. 16; 11,8; 12,29; zur »Form täglicher und frühmorgendlicher Sätze, die auf den Tag vorbereiten sollen« verweist van Ackeren 2011, S. 275, Anm. 1106 noch auf 5,1 und 10,13; zur Mahnung als einem prägenden Element, ihren stilistischen Darstellungsformen sowie der Einordnung der *Selbstbetrachtungen* in die paränetische Literatur s. van Ackeren 2011, S. 114–146. · *weil sie nicht wissen, was gut und böse ist:* vgl. Plat. Men. 77d–e. · *weil er an demselben Geist und an denselben göttlichen Gaben teilhat:* vgl. 9,8; jeder Mensch hat Anteil am göttlichen Logos oder der rationalen Weltseele, die den Kosmos regiert. Daraus resultiert die Verwandtschaft aller Menschen miteinander und deren Ver-

pflichtung, sich gegenseitig zu helfen: vgl. 3,11; 4,4; 5,16. 20. 30; 7,9. 13. 22. 55. 72; 8,2. 7. 12. 26. 59; 9,1. 9. 12. 16. 23; 10,1. 24; 11,4. 8. 18. 20. 21; 12,26. 30; s. auch van Ackeren 2011, S. 505–511. · *wie die Füße, … Zahnreihe:* Die Beispiele sollen unterstreichen, dass die Leistungen eines einzelnen Organs nur in Bezug auf den Gesamtorganismus nötig und sinnvoll sind (vgl. 9,42); zum Hintergrund ferner Sen. epist. 95,52 (»Wir sind Glieder eines großen Körpers«) und Epikt. diatr. 2,10,3. 6,10.

2 *die herrschende Vernunft:* Das *hegemonikón*, das herrschende, vernünftige Prinzip des stoischen Kosmos, spielt auch in den *Selbstbetrachtungen* eine große Rolle; vgl. 2,2; 3,4. 9; 4,38. 39; 5,3. 11. 26; 6,8. 36; 7,5. 16. 22. 28. 33. 55. 62. 75; 8,3. 43. 48. 56. 61; 9,7. 15. 18. 22. 26. 34. 39; 10,24; 11,18. 19. 20; 12,1. 2. 3. 33; s. van Ackeren 2011, S. 568–580 et pass. · *Fort mit den Büchern!:* vgl. 2,3; 3,14; 8,8; Epikt. diatr. 4,4,33; s. auch Kasulke 2005, S. 269–272. · *Du bist alt:* zu hohem Alter und nahem Tod vgl. auch 2,6; 5,31; 10,15; 12,1. · *wie eine Marionette hin und her gerissen werden:* zu diesem Bild vgl. 10,38; 12,19.

3 *alles hat dort seinen Ursprung:* Πάντα ἐκεῖθεν ῥεῖ heißt wörtlich »alles fließt von dorther«, was an Heraklit erinnert; Marc Aurel rezipiert Heraklits Lehre vom Wandel stärker als andere Stoiker vor ihm (s. dazu van Ackeren 2011, S. 144. 161. 178 ff.); Heraklits Konzept des ständigen Flusses wird ein fundamentales Prinzip der stoischen Physik (vgl. SVF II,526. 576); bei Marc Aurel klingt der ewige Wandel allen Seins unzählige Male an (vgl. 2,12. 17; 4,3. 14. 21. 36. 42. 43. 46; 5,10. 13. 23; 6,4. 15; 7,10. 18. 19. 23. 25. 34; 8,6. 18. 20; 9,19. 21. 28. 29. 35; 10,7. 11; 12,21. 23).

10 Die hier wiedergegebene Position Theophrasts, die von Marc Aurel geteilt wird, steht im Widerspruch zur stoischen Orthodoxie, wonach es keinen graduellen Unterschied zwischen moralischen Verfehlungen gibt (vgl. SVF I,224. 450; III,468. 527. 531–533); zum Einfluss von Theophrasts *Charakteren* auf die *Selbstbetrachtungen*, besonders auf Buch I, s. van Ackeren 2011, S. 81 f.

11 *Wenn es aber keine Götter gibt oder sie sich nicht … kümmern:* zu dieser epikureischen Position vgl. LS 13 D, F, G, H.

12 *kindisch:* zum Gedanken, dass doch die Menschen alle wie Kinder sind, vgl. auch 4,28; 5,11; 6,57; 9,24; zu diesem Gemeinplatz der stoischen Literatur s. Wildberger 2006, S. 258 f. 848 f. (Anm. 1261); vgl. auch Plat. Phaid. 77e. · *Wie*

kommt ein Mensch in Berührung mit Gott ... und wie verhält sich dann dieser Teil des Menschen?: zu dieser Frage vgl. Plat. Alcib. 132c–133c; rep. X,11,611c–612a, Tim. 90c; Aristot. eth. Nic. X,7,1177a 12 – 1177a 18; 1177b 30 – 1178a 4; zur Stelle s. auch Gill 2006, S. 4–11. 29–46. 75–100. Zu »Gott« s. die Anmerkung zu 1,17.

13 *wie es heißt:* vgl. Pind. fr. 292 Maehler, ferner Plat. Tht. 173e. · *bei dem göttlichen Geist in seinem Inneren:* zum »inneren Dämon«, wie es hier wörtlich heißt, vgl. noch 3,12. 16; 5,10. 27; 8,45; 12,3; vgl. auch die Junktur νοῦς καὶ δαίμων in 3,3 (»Geist und göttliches Wesen«) und 3,7 (»Vernunft und göttliches Wesen«); s. Wildberger 2006, S. 222 und Anm. 1083. · *dass man sich rein hält:* zur »Reinigung des Geistes« in der jüngeren Stoa s. Wildberger 2006, S. 234 und Anm. 1157.

14 *in einem unveränderlichen Kreislauf:* zur stoischen Annahme, dass sich der Kosmos in einem ewigen Kreislauf von Entstehen und Vergehen befindet (SVF I,107; I,497; II,598; LS 52), vgl. noch 4,32; 6,46; 9,19; s. ferner van Ackeren 2011, S. 367 ff.

15 *seines Ausspruchs:* Es wird der bei Sext. Emp. adv. math. 7,87–88 und 8,5 = SSR V G 2 (Bd. 2, S. 520), ferner bei Diog. Laert. 6,83 überlieferte Ausspruch, alles sei Einbildung (*tŷphos*), gemeint sein; Marc Aurel meint nun: Wenn Monimos sagt, »alles ist Annahme«, so muss er diese Aussage auch für sie selbst gelten lassen; wenn man den wahren Kern davon erfasse, sei sie nicht zurückzuweisen; nach Farquharson 1944, S. 294 f. finden sich in 3,9; 4,39; 12,8. 22. 25. 26 ganz ähnliche Gedanken.

16 *des ältesten Staates:* Gemeint ist der Kosmos (vgl. 3,11; 4,3. 4. 23; 10,15; 12,36; SVF II,528, S. 169, Z. 26–28). Zum Zusammenhang zwischen dem Gesetz des Kosmos und dem Gesetz des Einzelnen vgl. noch 3,6; 9,12. 23; für die Stoa vgl. Diog. Laert. 7,88 = LS 63 C 3–4; Epikt. diatr. 2,16,27–28; s. dazu umfassend Wildberger 2006, S. 252 ff. mit weiterem Material.

17 *Die Dauer des Menschenlebens ist nur ein Punkt:* zu diesem Gedanken und zur Formulierung vgl. Anth. Pal. 7,472,4; Plut. lib. educ. 17,13A; consol. ad Apoll. 6,104B; 17,111C; 31,117E; Sen. epist. 49,3. · *alles Körperliche ein Fluss:* eine Anspielung auf das berühmte Heraklit-Zitat DK 22 B 12; vgl. auch 2,3 mit Anm. · *alles Seelische Schall und Rauch:* vgl. Pind. P. 8,95; Soph. Phil. 945 f.; TGF 12 = TrGF 13. · *woher er selbst gekommen ist:* Gemeint ist der göttliche Geist.

DRITTES BUCH

Geschrieben in Carnuntum: Zur Frage, ob dies auf – nach heutiger Einteilung – Buch I oder III zu beziehen ist, gilt das am Ende der Anmerkungen zu Buch I Gesagte; Carnuntum, das heutige Petronell-Carnuntum bei Bad Deutsch-Altenburg in Niederösterreich, war ein wichtiger Militärstützpunkt an der Donau, in dem sich Marc Aurel 170–173 und kurz vor seinem Tod 179/180 aufgehalten hat; s. Demandt 2018, S. 212. 264 f.

1 *Erkenntnis des Göttlichen und Menschlichen:* zu dieser stoischen Definition der Philosophie vgl. Sext. Emp. adv. math. 9,13; Sen. epist. 31,8. · *seinem Leben … ein Ende setzen:* vgl. 5,29; 8,47; 10,8. 32; zu der unter gewissen Umständen erlaubten oder sogar gebotenen Selbsttötung in der Stoa vgl. etwa SVF III,757–768; LS 61 Q; 66 G–H; Muson. fr. 28 Hense; Sen. cons. Marc. 20,3; Epikt. diatr. 1,25,18; 4,10,27–28.

3 *Chaldäer:* Die Chaldäer, ein Volk in Babylonien vom Euphrat bis an die arabische Wüste, waren berühmt wegen ihrer Kunst der Weissagung und Sterndeuterei; vgl. etwa Sext. Emp. adv. math. 5,2 ff.; zum Gedanken hier vgl. auch 4,48 und 8,25. · *Alexander, Pompeius und Gaius Caesar … aus dem Leben scheiden:* zur Sinnlosigkeit des Strebens nach (Kriegs-)Ruhm vgl. noch 3,6; 4,19. 32; s. dazu Speidel 2017. · *Heraklit, der so viele Betrachtungen … angestellt hatte:* vgl. DK 22 A 5, B 31. · *mit Kuhmist beschmiert:* Die Hitze, die der Kuhmist im Körper erzeugte, sollte das Wasser in demselben zum Verschwinden bringen; vgl. Diog. Laert. 9,3. · *Demokrit töteten die Läuse:* Von Demokrit ist diese Todesart nicht überliefert, wahrscheinlich verwechselt ihn Marc Aurel mit Pherekydes von Syros; vgl. Diog. Laert. 1,118. · *den Sokrates andere Läuse:* Gemeint sind seine Ankläger. · *Wenn du aber in den Zustand der Empfindungslosigkeit kommst, dann werden deine Schmerzen und Freuden ein Ende haben:* zu diesem Gemeinplatz der Konsolationsliteratur vgl. auch 8,58 sowie Plat. apol. 40c, Plut. consol. ad Apoll. 12–16,107D–110F; Cic. Tusc. 1,25; Sen. epist. 24,18; 65,24; zum Weiterleben der Seele nach dem Tod s. van Ackeren 2011, S. 177 und Gill 2013, S. 163. In der zweiten Hälfte dieses Satzes folge ich dem Text von Trannoy und Farquharson; die Ergänzungen Dalfens übernehme ich nicht. · *Geist und göttliches Wesen:* zur Junktur νοῦς (Geist/Vernunft) καὶ δαίμων s. Algra 2009, S. 366.

4 Zum pflichtgemäßen, am Gemeinwohl orientierten Handeln vgl. auch 1,16; 3,5; 6,7; 9,6; 10,6; 12,20. · *denn sonst wirst du … abgehalten:* Dalfen athetiert

diese Passage, was nicht zwingend nötig erscheint. · *Gemeinsinn:* vgl. 6,23 mit Anm. · *was ihm vom Ganzen her vorbestimmt ist:* Gemeint ist das Weltganze. · *im Einklang mit der Natur leben:* Dies ist die einzige Stelle, in der Marc Aurel den Begriff *homologouménōs* verwendet, die bekannte stoische Telos-Formel ὁμολογουμένως (τῇ φύσει) ζῆν (LS S. 425 ff.) gebraucht er gar nicht; dennoch ist das »naturgemäße« Denken, Fühlen und Handeln als ein zentraler Grundsatz der stoischen Ethik des Öfteren angesprochen (vgl. 1,9; 3,9. 12; 4,1; 5,3. 4; 7,11. 56. 74; 12,1); s. van Ackeren 2011, S. 622 f.

5 *Rede nicht viel:* vgl. auch 4,3; Marc Aurel ist ein Gegner großer Worte und ein Freund knapper Formulierungen; die Kritik an rein ornamentaler Rhetorik ist ein bekannter Topos (vgl. Sen. epist. 114); s. auch Rutherford 1989, S. 41, Anm. 129 und van Ackeren 2011, S. 290 Anm. 1159.

6 *Wenn du etwas Besseres … findest als … Wahrheit:* Marc Aurels Wahrheitsliebe war schon in seiner Jugend auffällig; Hadrian hatte ihn daher scherzhaft »verissimus« genannt; vgl. Cass. Dio 69,21,2; HA, Marcus 1,10; 4,1. · *wie Sokrates sagte:* wahrscheinlich, so Gill 2013, S. 110 z. St., eine Anspielung auf Plat. Phaid. 83a b. · *sage ich:* Die Verwendung eines »persönlichen Ich« ist in den *Selbstbetrachtungen* selten; vgl. noch 6,42; 9,1 und 10,7; s. van Ackeren 2011, S. 190 Anm. 761. · *als Lebewesen:* d. h. als Lebewesen ohne Vernunft, als Tier. · *(achte) nur (darauf,):* im Original ein etwas elliptischer Stil; vgl. 3,5 mit Anm.

7 *Halte niemals etwas für nützlich, was …:* vgl. 3,16, Epikt. diatr. 3,22,14. · *der macht kein Theater:* zum menschlichen Leben als Drama vgl. auch 10,27 11,6; 12,36.

11 *so dass man ihn … ganz unverhüllt … sieht:* Marc Aurel fordert sich auf, die Dinge, so wie Gott, »nackt« zu sehen (vgl. 9,34; 10,1; 12,8. 27); zum Hintergrund ferner Plat. Gorg. 523d und Sen. epist. 92,13; zu diesem Motiv s. ausführlich Rutherford 1989, S. 155–161. · *Teile, … in die er sich wieder auflösen wird:* Erde, Wasser, Luft und Feuer; vgl. 4,4. · *des höchsten Staates …, zu dem die übrigen Staaten gleichsam wie einzelne Häuser gehören:* zu Vorstellungen des stoischen Weltstaates s. Wildberger 2006, S. 245 f. · *Dies kommt von Gott:* zu »Gott« s. die Anmerkung zu 1,17. · *bei den mittleren Dingen:* Mit Dingen, die »in der Mitte liegen«, sind solche gemeint, die an sich weder gut noch schlecht sind, wie Krankheit oder Gesundheit, Armut oder Reichtum, Tod etc.; vgl. auch 6,45; 11,10; Cic. off. 3,14–15 und Diog. Laert. 7,104–105 (= SVF III,119 = LS 58 B).

12 *so als ob du ihn schon zurückgeben müsstest:* vgl. die ganz ähnliche Formulierung in Epikt. diatr. 1,1,32. · *mit heroischer Wahrheit:* Ich bleibe bei der handschriftlichen Überlieferung ἡρωικῇ; Dalfen liest, wie Richards 1905, Ῥωμαικῇ, mit dem m. E. nicht sehr überzeugenden Hinweis auf eine Textstelle aus einem Brief Frontos an Verus (epist. 1,6: *veritas, fides Romana plane*, S. 111,16 van den Hout); die meisten Übersetzer und Herausgeber bleiben bei der Überlieferung; Gill 2013, S. 114 verweist für die Junktur »heroische Wahrheit« auf Aristot. eth. Nic. VII,1,1145a 18–25.

VIERTES BUCH

1 *Denn sie hat keine Vorliebe ..., sondern strebt, unter Vorbehalt:* vgl. zu dieser Stelle 5,20; 6,50; 8,41 sowie 11,37 SVF III,564 = LS 65 W; Sen. ben. 4,34,4; s. zur stoischen »Vorbehaltsklausel« allgemein Hadot 1996, S. 268–277. 282–288 und Wildberger 2006, S. 272 ff.

2 *nach den Regeln vollendeter Kunst:* eigentlich »nach den vollendenden Regeln der Kunst«.

3 *was dir vom Ganzen zugeteilt wurde:* Gemeint ist wieder das Weltganze, das Weltall, der Kosmos. · *entweder Vorsehung oder Atome:* Schon allein wegen der pointierten Formulierung dieser Alternative, die Marc Aurel auch in 6,10; 7,32; 8,17; 9,28; 10,6 und 11,18 verwendet, ist ihm abgesprochen worden, ein stoischer Philosoph zu sein, vielmehr wird er von vielen als Eklektiker abgestempelt. Ob seine Ethik auf einem physikalischen Fundament aufbaut und ob dies eventuell auch epikureisch sein könnte, ferner, ob und in welchem Ausmaß Marc Aurel platonische, epikureische oder herakliteische Elemente aufgegriffen hat, ist vielfach kontroversiell behandelt worden; übersichtlich zusammengefasst ist die Debatte bei van Ackeren 2011, S. 428–445; s. auch Cooper 2004, Annas 2004, Gill 2007a, Gill 2007b; Forschner 2016. · *Lebensatem:* Pneuma ist das materielle Prinzip allen Seins, das alles aus sich gestaltet und sich auf die verschiedenen Stufen der *scala naturae* unterschiedlicher Intensität verteilt (vgl. SVF II,458–460; LS 47 N, P, Q); oft wird es mit dem (immanenten) Gott bzw. der Weltvernunft gleichgesetzt (vgl. Diog. Laert. 7,156 und SVF II,1009). · *die Kluft der unendlichen Zeit nach beiden Seiten hin:* Vergangenheit und Zukunft. Vgl. 4,50; 5,23; 6,18 und 12,7. · *das Leben nur Annahme:* zum Begriff der

hypólēpsis s. van Ackeren 2011, S. 273 f. 280–285. 563 ff.; zum Gedanken hier vgl. auch 2,15.

4 *das Erhafte:* das Körperliche, der Körper. · *das Warme und Feurige jeweils aus einer eigenen Quelle:* Das Feuer nimmt in der stoischen Elementenlehre einen besonderen Platz ein: vgl. LS 47 A 3–4; 7; 9. · *nichts kommt aus dem Nichts, wie es ja auch nicht in Nichts vergeht:* zu diesem fundamentalen Prinzip der stoischen Physik, aber auch Epikurs und der ionischen Naturphilosophie vgl. etwa SVF I,87. 88 = LS 44 D; SVF II,597. 599; LS 52 D; für Epikur vgl. epist. Her. 38–39 = LS 4 A, für die Ioniker vgl. Dion. Laert. 9,44, Aristot. phys. I,8,191a 27–28.

5 *widerstricht er:* Gemeint ist der Tod.

6 *sowohl du als auch er:* Wen Marc Aurel hier gemeint hat bzw. auf welche Situation er anspielt, muss offenbleiben.

12 *das Abweichen von deiner Meinung muss immer ausschließlich so sein:* D. h., es muss immer im Gerechten und im Gemeinwohl begründet sein.

14 *Du tratest in die Welt …:* zur Selbstadressierung als wichtigem Formelement der *Selbstbetrachtungen* s. van Ackeren 2011, S. 16–18. 256 f. 265 f. (auf S. 265, Anm. 1045 werden 47 Stellen angeführt, wo Marc Aurel sich selbst anspricht). · *seiner Vernunft:* Dies bezieht sich auf das, »was dich gezeugt hat«. Der Kosmos selbst ist ewig, seine Einzeldinge werden durch die sogenannten Keimkräfte des Logos (λόγοι σπερματικοί) hervorgebracht (vgl. SVF I 98–100 [LS 46 G,49 J]; II 574–584 [LS 47 B]); wenn in 9,1 von δυνάμεις γόνιμοι (zeugende Kräfte) gesprochen wird, ist dasselbe gemeint; zum konsolatorischen Gehalt dieser These s. van Ackeren 2011, S. 166.

16 Vgl. die Polemik Plutarchs gegen diese stoische Position in stoic. absurd. poet. dic. 4,1058B.

18 *einem guten Menschen:* Die meisten Herausgeber, darunter Farquharson und Dalfen, setzen hier τὸν ἀγαθόν zwischen *cruces*; m. E. ist aber der Text so, wie er überliefert ist, durchaus haltbar; so auch Cortassa 1984, S. 94 und 286 f. sowie Gill 2013, S. 127.

19 *Du lässt jetzt zur Unzeit die Gabe der Natur ungenutzt vorübergehen, wenn du dich abhängig machst vom Gerede irgendeines anderen:* Hier weichen die Übersetzungen entsprechend den vielen verschiedenen Lesarten stark voneinander ab. Zur Vergänglichkeit des Ruhmes vgl. 2,11; 3,10; 9,1. Vgl. Gill 2013, S. 127 f. mit weiteren Belegen.

20 *alles … findet bei sich selbst ein Ende:* D. h., es braucht darüber hinaus nichts. · *daher bedarf es auch nicht des Lobes:* etwas freier übersetzt; wörtlich: »das Lob ist kein Teil von ihm«.

21 *Wenn die Seelen fortleben:* Nach Ansicht der Stoiker überlebt die Seele den Körper eine beschränkte Zeit lang; was aber in dieser Zeit mit ihr passiert, darüber herrscht keine Einigkeit; zum Weiterleben der Seele nach dem Tod vgl. 7,32; 8,25; 11,3; SVF II,809 = LS 53 W; s. Gill 2013, S. 163.

23 *Jener (Dichter) sagt:* Wahrscheinlich ist Aristophanes gemeint (PCG fr. 112,1). · *Geliebte Stadt des Kekrops:* Kekrops war im Mythos der zweite König Athens. Marc Aurel meint hier mit »Stadt« die Welt / den Kosmos.

24 *sagt er:* Gemeint ist »der Weise«; vgl. Demokrit, DK 22 B 3. · *eines seiner Natur nach politischen Wesens:* zur Ausdrucksweise (τοῦ φύσει πολιτικοῦ ζῴου) vgl. 10,33 (τὸν φύσει πολίτην) sowie Sen. clem. 1,3,2 (*sociale animal comuni bono genitum*); wenn Marc Aurel das berühmte Wort des Aristoteles vom »Menschen als einem politischen Wesen« (pol. I,2,1253a 1–2) verwendet, denkt er natürlich nicht nur nicht mehr an die griechische Polis, auch nicht an das Römische Imperium, sondern an den »Weltstaat« (so Demandt 2018, S. 392 f.). · *Denn wenn man das meiste … unterlässt, … wird man mehr Muße und inneren Frieden haben:* vgl. noch 9,31 und 12,3; zum inneren Frieden, der Unerschütterlichkeit, der Seelen- oder Gemütsruhe, zentralen Begriffen hellenistischer Glückslehren, vgl. fr. 70,134,511–512 Usener, Epikt. diatr. 2,18,29; ench. 29,7; LS 21 B 1; 5; W 65.

26 *Er begeht ihn [den Fehler] nur für sich selbst:* zu diesem Gedanken vgl. auch 9,4; 12,16; SVF III,289. · *man muss die Gegenwart … nützen:* Der Weise muss sich darum bemühen, im jeweiligen Moment gut zu handeln (2,5; 6,2. 32; 7,29. 54; 8,36; 10,11; 12,1), ohne sich um das, was war, und das, was sein wird, zu kümmern.

27 *wo doch alles ... miteinander in Beziehung steht:* zum stoischen Begriff der *sympátheia*, wonach jeder Teil des Kosmos als der eines Kontinuums, das kein Vakuum aufweist, mit den anderen Teilen »mitleidet«, d. h., dass jeder Teil von einer Veränderung eines anderen Teiles mit betroffen ist, s. Wildberger 2006, S. 16 f. mit umfangreichem Material (S. 484 f., Anm. 110).

28 Diesen Abschnitt hat Marc Aurel wohl nicht mehr ausgearbeitet, dementsprechend spekulativ und unergiebig ist die gelehrte Literatur dazu.

29 *Ein Abszess des Kosmos:* vgl. 2,16; 9,2; Epiktet forderte, dass falsche Meinungen wie ein Tumor weggeschnitten werden müssten (diatr. 1,11,35; 3,23,30). · *Ein Abtrünniger der Gemeinschaft:* Polis wird hier als Kosmos verstanden; vgl. 4,23.

32 *Gehe dann wieder zu den Zeiten Trajans:* Wie van Ackeren 2011, S. 538 Anm. 700 bemerkt, fehlt bei Marc Aurel, wenn er bekannte Gestalten aus der römischen Geschichte nennt (beispielsweise Antoninus Pius in 1,16; 6,30; 8,25, Brutus in 1,14, Nero in 3,16 oder Augustus in 4,33; 8,5; 8,31), zumeist jeglicher Bezug zur Politik.

33 *Camillus, Caeso ...:* Fabius Vibulanus Caeso und Volesus gehörten nicht zu den »stock figures in the Roman exemplary tradition« (Gill 2013, S. 135 z. St.); zu den übrigen Genannten s. S. 235–241. · *so gerät es schnell in völlige Vergessenheit:* vgl. Hom. Od. 1,242; zum Motiv, dass das Vergessen niemanden und nichts verschont, vgl. 2,12.

34 *Klotho:* eine der drei Moiren, hier mit der stoischen *heimarménē*, dem unabwendbaren Schicksal, gleichgesetzt.

38 *was die Klugen:* Ich habe das von Dalfen athetierte τοὺς φρονίμους, so wie Trannoy und Farquharson, im Text belassen.

40 Zu dieser Definition des Kosmos vgl. SVF II,633 und Poseid. fr. 99a Edelstein/Kidd. · *Sich den Kosmos stets als ein Lebewesen vorstellen:* Man könnte den griechischen Infinitiv auch mit einem deutschen Imperativ wiedergeben; vgl. 2,1 mit Anm. Zum Kosmos als Lebewesen vgl. noch 7,75; 9,1. 28; 12,30; Diog. Laert. 7,139 = SVF II,634 = LS 47 O; Diog. Laert. 7,142–143 = Poseidon. fr. 99a Edelstein/Kidd; weitere Belege bei Wildberger 2006, S. 495 f. Anm. 135.

41 *wie Epiktet sagte:* Fr. 26 Schenkl; vgl. 9,24; 10,33.

46 Die Parallelstellen bei Heraklit: DK 22 B 76. 71. 72. 73. 74. · *dass man auch nicht »wie die Kinder der Eltern« handeln darf:* dass man dem eigenen Urteil den Vorzug gegenüber dem anderer geben soll, sagt Marc Aurel auch in 2,13.

48 *Helike, Pompeji, Herculaneum:* Die bedeutende griechische Stadt Helike im Norden der Peloponnes wurde 373 v. Chr. durch ein Erdbeben und eine anschließende Flutwelle zerstört; Pompeji und Herculaneum wurden beim Vesuv-Ausbruch im Jahr 79 verschüttet.

49 *Der Klippe gleich sein ...:* Diesen berühmten homerischen Vergleich (Il. 15,618–621), nachgeahmt von Verg. Aen. 7,586–590, münzt schon Seneca (vit. beat. 27,3) auf das Leben des Weisen um.

50 *ein Caedicianus und Fabius, ein Iulianus und ein Lepidus:* Die Handschriften überliefern »Kadikianos« – ein Träger dieses Namens lässt sich aber nicht identifizieren; Dalfen folgt der Konjektur des Menagius: Ein Quintus Alburnius Caedicianus war in den Jahren 123–140 *legatus Augusti* in Dakien; vgl. CIL III 1089. Mit Fabius ist vielleicht Fabius Catullinus gemeint, der in 12,27 genannt wird und im Jahr 130 v. Chr. Konsul war, mit Iulianus vielleicht der Jurist Publius Salvius Iulianus, ein Freund des Marc Aurel; vgl. dig. 37,14,17. Was Lepidus betrifft, verweisen einige Übersetzer und Kommentatoren auf den Triumvirn Marcus Aemilius Lepidus, was aber eine Verlegenheitslösung sein dürfte; ich neige zur Ansicht Gills (2013, S. 143 z. St.), wonach sich die Namen auf Zeitgenossen Marc Aurels beziehen, die besonders alt wurden. · *Blicke zurück ... und nach vorne ...:* vgl. 5,23; 9,32; 12,7. 32; zum Gedanken, dass wir unsere Nichtexistenz nach unserem Tod nicht mehr zu fürchten brauchen als die vor unserer Geburt, vgl. Lucr. 3,832–842.

FÜNFTES BUCH

1 *Wenn du ...:* zum Stil der *Selbstbetrachtungen* und im Besonderen zur Dialogizität und Adressierung s. van Ackeren 2011, S. 188–199. · *Ich wache auf, um die Arbeit eines Menschen zu verrichten:* Gill 2013, S. 145 z. St. verweist auf das berühmte *érgon*-Argument, den Versuch, das Glück des Menschen aus seiner Ver-

nunfttätigkeit (seinem *érgon* eben) abzuleiten, bei Aristot. eth. Nic. I,6,1097b 22 – 1098a 20 und II,5,1106a 15–24, und auf die stoische Oikeiosis-Lehre (Diog. Laert. 7,85–86 = LS 57 A); zu den den Menschen ausmachenden *érga* vgl. auch Cic. fin. 3,62–63 (= LS 57 F 1–2). · *Oder bin ich dazu bestimmt, im Bett zu liegen und mich zu wärmen?:* in der Tat »a rather crude picture of Epicurean hedonism here linked with eating and drinking as well as staying in bed«, wie Gill 2013, S. 145 f. bemerkt.

7 *Ein Gebet der Athener …:* vgl. Paus. 1,24,3.

9 *kehre nicht zur Philosophie wie zu einem Schulmeister zurück, sondern …:* vgl. Sen. epist. 94,9 = SVF I,359.

10 *man könne sie überhaupt nicht erkennen:* zu Begriff und Auffassung der Sinneswahrnehmung in den *Selbstbetrachtungen* s. van Ackeren 2011, S. 557–568. · *nur die Stoiker halten sie für – wenn auch nur schwer – erkennbar:* Gill 2013, S. 152 schließt aus dieser Stelle (wie auch aus 1,17 und 7,67), dass sich Marc Aurel nicht besonders für die stoische Logik und Epistemologie interessierte. · *nichts gegen meinen Gott*: zu »Gott« s. die Anmerkung zu 1,17.

12 *des Komödiendichters:* Wer hier gemeint ist, ist unklar. · *Denn so kann sich die breite Masse den Unterschied vorstellen:* Gemeint ist der Unterschied zwischen materiellen Gütern und dem wirklich Guten; vgl. LS 57 F,58. · *nicht mehr wüsste, wo er hinscheißen soll:* vgl. Menander, *Phasma* (*Das Gespenst*), fr. 42 Sandbach.

15 *das Ziel des Menschen:* zu den stoischen Definitionen vom Ziel des Lebens vgl. Diog. Laert. 7,88 (= LS 63 C [3–4]); Stob. 2,76,13–15 (= LS 58 K) und Cic. Tusc. 5,81–82 (= LS 63 M); s. van Ackeren 2011, S. 621–626.

16 *Höher aber als …:* vgl. 5,30; 7,55; 11,18; vgl. dazu auch SVF II,1152–1167 = LS 54 P; 54 O; Diog. Laert. 7,138 = Poseid. fr. 14 Edelstein/Kidd; zur Stufenleiter des Seins, d. h. zur Rangordnung unter den vier Lebensformen der Pflanzen, Tiere, Menschen und Götter, vgl. noch 6,14; 8,46; 10,33; für Literatur zum Gesamtkomplex s. Wildberger 2006, S. 747 f., Anm. 974; zum Gedanken, dass Vernunftbegabung des Menschen seine hohe Position auf dieser Leiter legitimiert, vgl. Diog. Laert. 7,85–86 = LS 57 A (4–5) = SVF III,178 und Cic. fin. 3,67 (= LS 57 F 5–6).

17 Zum stoischen Gedanken, dass die Menschen gemäß ihren charakterlichen Anlagen handeln, vgl. 4,6; 12,16.

19 *macht sie für sich die an sie herantretenden Dinge so:* d. h. so, wie sie sind, also gut oder schlecht; vgl. 2,15.

25 *Mag er selbst zusehen:* Viele Übersetzungen (so Cortassa 1984, S. 323 und Farquharson 1944, S. 91) sind sehr frei, treffen aber mit etwas wie »Was geht das mich an?« den Sinn des Satzes genau.

26 Zu den unterschiedlichen Thesen der stoischen Psychologie vgl. LS 53 B, G, H; zum psychophysischen Holismus in den *Selbstbetrachtungen* vgl. noch 7,67; 10,36; 12,3; s. dazu auch van Ackeren 2011, S. 483; Gill 2013, S. 161 z. St.

27 *Mit den Göttern Gemeinschaft pflegen:* Nach Cortassa 1984, S. 324, Anm. 30 und Gill 2013, S. 161 z. St. könnte es sich hier um ein Zitat oder eine Anspielung auf ein uns unbekanntes Literaturzitat handeln; der Gedanke von der engen Gemeinschaft zwischen Menschen und Göttern (Cic. fin. 3,64 = LS 57 F 3), der in der Stoa allgegenwärtig ist, erscheint bei Marc Aurel noch in 10,1. Zum Sprachlichen: Man könnte den Satz ohne Prädikat auch als Befehl auffassen, denn die Verwendung eines Infinitivs anstelle eines Imperativs ist in den *Selbstbetrachtungen* nicht ungewöhnlich (vgl. schon 2,1 mit Anm.); zu Fragen der Stilistik s. auch van Ackeren 2011, S. 114–146.

28 Marc Aurel verwendet gerne »raue Kynismen« (van Ackeren 2011, S. 299); vgl. noch 6,13; 8,38; 10,19. · *Weder Schauspieler noch Dirne:* Farquharson 1944, S. 336 spricht bei diesem Satz von einem »unsolved enigma«; auch Gill 2013, S. 162 findet ihn »puzzling« und meint, wir könnten den Anfang eines neuen Gedankens vor uns haben, der nicht »fertiggedacht« wurde; zu Marc Aurels Einstellung gegenüber der Welt des Theaters vgl. 6,46 und 8,52.

29 *Wenn es raucht, gehe ich weg:* vgl. dasselbe Bild bei Epikt. diatr. 1,25,18; 4,10,27–28; zur stoischen Haltung zur Selbsttötung vgl. 3,1 mit Anm.

30 Vgl. 5,16 mit Anm.

31 *das Wort des Dichters . . .:* Hom. Od. 4,690.

33 *Schall und Rauch:* so die gängige deutsche Wendung; eigentlich: »Schall und Widerhall«. · *zum Olymp von der Erde mit ihren breiten Wegen:* Hes. erg. 197. · *Was sonst, als die Götter zu ehren ..., den Menschen Gutes zu tun, sie zu ertragen oder sie zu meiden:* vgl. Epikt. diatr. 2,22,20; 4,8,20 und Gell. 17,19,6.

34 *und damit sein Streben und Trachten zu stillen:* Gemeint ist wohl »darüber hinaus brauchst du nach nichts mehr zu streben« / »dabei kannst du es bewenden lassen«.

36 *in belanglosen Dingen:* Gemeint sind wohl, wie schon in 3,11, solche Dinge, die an sich weder gut noch schlecht sind, wie Krankheit oder Gesundheit, Armut oder Reichtum, Tod etc. · *Sonst wirst du zum Sprecher:* Dalfen hat die von mir übersetzte Ergänzung von Trannoy athetiert. Die Passage ist schwer zu deuten, vielleicht will Marc Aurel nur sagen: »Hänge nicht dein Herz an Nichtigkeiten, wie es die Redner tun« – denn das, worüber sie gewöhnlich streiten, ist aus stoischer Sicht belanglos; s. auch Gill 2013, S. 166 f.

SECHSTES BUCH

2 *die gegenwärtige Situation:* oder »das anstehende Schicksal« – also das Sterben.

7 Zu »Gott« s. die Anmerkung zu 1,17.

10 Die Epikureer halten die Welt für »ein Gemisch, eine Verflechtung und Wiederauflösung« (vgl. LS 2 A–E), die Stoiker halten sie für »eine Einheit, Ordnung und Vorsehung« (vgl. 4,3; 6,1).

13 *Anschein:* zur seltenen Bedeutung des Begriffes *historía* s. Weyland 1914, Sp. 1182.

14 *Gegenstände ..., die von ihrer natürlichen Beschaffenheit zusammengehalten werden:* zum Begriff des Zusammenhalts vgl. SVF II,474; 1013.

16 *Dann wirst du weder frei ...:* Gemeint ist »dann, wenn du nicht aufhörst«.

17 *Was doch die Menschen tun!:* Dieser Satz kann wie viele andere (vgl. 6,34. 59; 9,34; 10,19; 11,7) entweder als indirekter Fragesatz, abhängig von einem zu ergänzenden Verb wie »bedenke«, oder wie in der hier gewählten Übersetzung als Ausrufesatz aufgefasst werden. · *betrübt ..., dass nicht schon deine Vorfahren Lobreden auf dich gehalten haben:* Gill 2013, S. 178 z. St. nennt als weitere Beispiele einer »asymmetrical attitude towards the past (before our life) and the future (after our life)« Sen. epist. 54,4–5 und Cic. rep. 6,23,2 (»Was liegt dir denn daran, dass die ganze Nachwelt von dir redet, wo doch keiner von denen, die vor dir da waren, je von dir gesprochen hat?«).

23 *freundlich:* Am besten übersetzt man κοινωνικῶς wohl mit »sozial«, so auch Gill 2013, S. 44: »in a sociable way«; etwas frei, aber die Sache genau treffend ist die Übersetzung von Cortassa 1984, S. 343: »secondo le regole della vita sociale«; zum Argument vgl. Cic. fin. 3,63–64 = LS 57 (bes. F 2–3), ferner Cic. off. 1,11–12; vgl. schon 3,4.

24 *dieselbe zeugende Vernunft:* vgl. 4,14 mit Anm. · *sie wurden gleichermaßen unter die Atome zerstreut:* zu dieser Vorstellung vgl. 2,17; 4,14; 7,10 sowie Lucr. 3,830–860 (= LS 24 E 1–4).

25 *wenn ... alles, was geschieht, ... gleichzeitig eintritt:* zu diesem Gedanken vgl. Epikt. diatr. 1,14,7–10.

26 *Wirst du dann nicht geduldig jeden einzelnen Buchstaben der Reihe nach aufzählen?:* Ich folge hier wie fast alle Herausgeber und Übersetzer der überlieferten Anordnung des Textes und halte die Umstellung des Textes bei Dalfen nicht für sinnvoll.

27 Zum natürlichen Antrieb des Menschen s. etwa 5,16 und 10,6. Zum Umgang des Weisen mit den Fehlern seiner Mitmenschen vgl. 6,50; 8,59; 9,11. 42; 10,4; 11,13. 18.

30 *Sei in allem ein Schüler des Antonius:* Das Lob auf den Amtsvorgänger in 1,16 wird hier zu einem »stoischen Herrscherbild« (Demandt 2018, S. 116) ausgebaut. · *Sophisterei:* s. die Anmerkung zu 1,7. · *bis zum Abend an Ort und Stelle auszuharren:* Ich lese, anders als Dalfen, aber mit den meisten übrigen Herausgebern καὶ οἷος μένειν ἐν τῷ ⟨αὐτῷ⟩ μέχρι.

31 *aufgewacht bist und:* Ich meine mit Gill 2013, S. 184, dass der Klammerausdruck athetiert werden sollte.

32 *Für den Leib ist alles ohne Unterschied:* d. h. weder gut noch böse.

34 Zu diesem Gedanken vgl. 3,16; Gill 2013, S. 185 erinnert an Plat. Gorg., bes. 494e–495a, wo Sokrates darauf hinweist, dass es gegen die Qualifizierung der Lust als etwas Gutes spricht, dass böse Menschen sie genauso empfinden wie gute.

36 *Athos:* Berg auf dem östlichsten Finger der Halbinsel Chalkidiki in Nordgriechenland. · *und darin verschwindet:* im Kosmos / in der Ewigkeit.

40 *Jedes Werkzeug . . . ist gut, wenn es leistet, wozu es gefertigt worden ist:* vgl. zu diesem Gedanken Aristot. phys. II,199b 28–31; metaph. XII,1070a 7–9. · *was zu ihm gehört:* Dalfen tilgt, m. E. ohne zwingenden Grund, τὰ ἑαυτοῦ.

42 *wie auch Heraklit:* DK 22 B 75. · *Jeder arbeitet auf eine andere Weise mit . . .:* zu diesem Gedanken des Stoikers Kleanthes (um 330 – um 232 v. Chr.), so Gill 2013, S. 189, vgl. Epikt. ench. 53; Sen. epist. 107,10. · *Drama, von dem Chrysipp spricht:* Das Zitat (Plut. Stoic. rep. 35,1051A–B = SVF II,1181 = LS 61 R 4–5) referiert die These des Stoikers Chrysipp (281/276–208/204 v. Chr.) im ersten Buch seiner Schrift *Über die Gerechtigkeit*, die besagt, dass sich die Götter zwar bisweilen der Schlechtigkeit entgegenstellten, dass diese jedoch im Hinblick auf das Ganze nicht ohne Nutzen sei, da es ohne sie auch ihr Gegenteil, das Gute, nicht gebe. Das bestreitet Plutarch und weist den Vergleich Chrysipps mit den absichtlich schlecht gebauten Versen der Komödie zurück; denn diese gehorchten der poetischen Gesamttendenz, während die Schlechtigkeit weder der Ordnung des Kosmos noch dem ethischen Ziel des Menschen diene; zur Stelle s. auch Wildberger 2006, S. 265.

43 *Fruchtbringerin:* Gemeint ist Demeter, die Göttin des Ackerbaus und der Fruchtbarkeit.

45 *auch den anderen:* Ich lese καὶ ἑτέροις statt ἢ ἑτέροις und verzichte auf die *cruces* bei Dalfen; so auch Gill 2013, S. 191. · *die mittleren Dinge:* die Dinge, die weder gut noch schlecht sind; vgl. 3,11 mit Anm.

46 *Wie dir, was sich im Amphitheater und ähnlichen Orten abspielt, zuwider ist:* vgl. HA, Marcus 15,1, wonach Marc Aurel während der Darbietungen im Theater – sehr zum Missfallen des Volkes – las oder Amtsgeschäfte erledigte; ferner Fronto, *Ad Marcum Caesarem* 4,13 (van den Hout, S. 66).

47 *Origanion:* Gill 2013, S. 192 meint, es handle sich um drei heute nicht mehr bekannte Personen, vielleicht Sklaven Marc Aurels; manche Kommentatoren glauben, in Philistion einen Mimendichter dieses Namens zu erkennen, zu dessen Leben und Werk es nur spärliche Nachrichten gibt (s. E. Wüst in RE XIX 2, Sp. 2401–05, s. v. *Philistion* [3]).

52 *Denn es liegt nicht in der Natur der Dinge, unsere Urteile hervorzubringen:* vgl. zu diesem Gedanken 4,3; 5,19.

53 *versetze dich nach Möglichkeit in die Seele der Sprechenden:* zu dieser Regel vgl. 7,4. 30.

55 Ich meine zwar, dass der griechische Satz, wenn ich mit Dalfen ἐνεργοίη – und nicht wie viele andere ἐνεργοίην – lese, schlüssiger klingt, ein leichter Anakoluth bleibt aber dennoch bestehen, weshalb statt πῶς αὐτὸς schon Schenkl πῶς ἄν τις vorgeschlagen hat, was genau meiner Übersetzung entspricht.

57 *die falsche Meinung:* zu »falschen Annahmen« als Auslösern von unliebsamen Emotionen vgl. LS 65 B, D (s. auch Gill 2013, S. 195 f.); zur medizinischen Metaphorik, die auf Platon zurückgeht und dann auch ein typisches Merkmal der Diatribe wurde, s. van Ackeren 2011, S. 297 ff.

58 Vgl. 2,9; 5,10; Epikt. ench. 1; diatr. 1,1,7–12; Diog. Laert. 7,88 = LS 63 C (3–4).

SIEBENTES BUCH

4 Zu dieser Devise vgl. 6,53; 7,30.

13 *Ich bin ein melos ...:* Das Wortspiel im Griechischen (*mélos – méros* = Glied – Teil) kann im Deutschen nicht nachgeahmt werden.

16 *Fähigkeit:* Ich lese mit Schenkl ἕξις statt εἴξεις.

23 *Die Natur des Weltganzen hat ...:* vgl. Plut. consol. ad Apoll. 10,106E–F. · *Es ist aber für das Kistchen nichts Schlimmes ...:* zu diesem Gedanken vgl. 8,20; 12,23 sowie Sen. epist. 30,2.

29 *Begrenze die gegenwärtige Zeit:* so Marc Aurel wörtlich; der Satz will wohl so viel heißen wie: »Beschränke dich auf die Gegenwart!«; sich gedanklich auf die Gegenwart zu beschränken, empfiehlt der Kaiser immer wieder; vgl. noch 2,14; 6,32; 12,1. 3. · *Ursache und Stoff:* zur Antithese von αἰτιῶδες und ὑλικόν vgl. 4,21.

30 *Sein Denken auf das richten, was gesprochen wird:* zu dieser Devise vgl. 6,53; 7,4; s. auch Wildberger 2006, S. 186. 742, Anm. 946.

31 *Folge Gott:* vgl. Cic. fin. 3,73 = SVF II,282 und Sen. vit. beat. 15,5 und epist. 90,34. Zu »Gott« s. die Anmerkung zu 1,17. · *Jener sagt zwar:* Wer gemeint ist, ist unklar. · *Das ist schon wenig genug:* Ich lese mit Farquharson (und anderen Herausgebern) ἤδη λίαν ὀλίγα.

32 *Über den Tod:* Wie auch der Anfang von 7,34 von Dalfen als spätere Hinzufügung eingeklammert. · *Einheit:* zum Begriff der *hénōsis* vgl. 6,10. 38; 8,34; 9,9; zum Monismus in der stoischen Naturlehre s. umfassend van Ackeren 2011, S. 361–474.

33 *Über den Schmerz:* von Dalfen als spätere Hinzufügung eingeklammert. · *Das Unerträgliche führt zum Tod, was aber von Dauer ist, ist erträglich:* zu diesem epikureischen Gedanken vgl. auch 7,64; 9,41 und 10,3; ferner Diog. Laert. 10,140; Cic. fin. 2,94–95; Tusc. 2,44.

35 Hier zitiert Marc Aurel Plat. rep. VI,486a–b; zu diesem Gedanken vgl. noch Plat. Phaid. 67d–68b.

36 Der Ausspruch wird zumeist dem Kyniker Antisthenes zugeschrieben (Fr. 20 B Decleva Caizzi).

38 *denn sie kümmern sich nicht darum:* vgl. Euripides, *Bellerophon*, TGF 287,1–2 = TrGF 87,1–2.

39 Ein Zitat eines unbekannten Dichters (im Original Hexameter).

40 *und dass der eine ist, der andere aber nicht ist:* vgl. Euripides, *Hypsipyle*, TGF 757,6 f.

41 *kümmerten, so hat auch das seinen Grund:* Euripides, *Antiope*, TrGF 208,1 f.

42 Euripides, aus einer unbekannten Tragödie (TrGF 918,3 f.).

44 Plat. apol. 28b.

45 Plat. apol. 28d–e.

46 Frauen sind nach einer in der Antike weit verbreiteten Ansicht glaubwürdiger oder in höherem Maße mit visionären Kräften ausgestattet als Männer; hier dürfte Marc Aurel auf Plat. Gorg. 512 d–e anspielen.

48 *gleichsam von einer höheren Warte aus:* zum Blick auf die Dinge aus der Vogelperspektive vgl. auch 9,30; 10,23; 11,1; 12,24.

50 *was aber aus himmlischem Samen entspross ...:* Euripides, *Chrysippos*, TGF 839,9–11.

51 *den Todesstrom ablenkend:* Eur. Suppl. 1110 f. · *trotz der Erschöpfung ohne Klagen aushalten:* aus einer unbekannten Tragödie (TrGF 303).

58 *Wichtig ist die Handlung, unwichtig, an welchem Stoff die Handlung vollzogen wird:* Ich lese die korrupte Stelle nach Casaubonus (so wie Farquharson und Marchand): ὅτι καὶ διάφορον <ὁ πράσσεις καὶ ἀδιάφορον> ἐφ' οὗ ἡ πρᾶξις; zum Gedanken hier vgl. Epikt. diatr. 2,5,1.

63 *sagt er:* Epikt. diatr. 1,28,4; 2,22,36 schreibt diese Aussagen Platon zu; im Platonicum finden wir keine wörtlichen Übereinstimmungen, wohl aber vergleichbare Gedanken; vgl. etwa soph. 228c und rep. III,19,412e–413a.

65 *Unmenschen:* Ich lese statt ἄνθρωποι mit Casaubonus und Farquharson ἀπάνθρωποι.

66 *Sophisten:* s. die Anmerkung zu 1,7. · *dass Sokrates ... standhafter in Eiseskälte die Nacht im Freien zubrachte:* vgl. Plat. symp. 220a–d. · *Mann aus Salamis:* Die Insel Salamis liegt gegenüber dem Piräus, dem athenischen Hafen; mit »Mann aus Salamis« ist Leon von Salamis gemeint, über den nichts weiter bekannt ist, außer dass er unschuldig umgebracht wurde, vgl. Xen. Hell. 2,3,39. In Plat. apol. 32c–d berichtet Sokrates, er habe den an ihn und vier andere Personen gerichteten Befehl, Leon von Salamis abzuholen, ignoriert und sei einfach nach Hause gegangen. · *in den Straßen stolz einherschritt:* vgl. Aristoph. Nub. 362; Plat. symp. 221b.

67 Aus dem letzten Satz hier sowie aus 8,1 schließt van Ackeren 2011, S. 603 das persönliche Bekenntnis des Kaisers, kein professioneller Philosoph zu sein.

68 *Ohne Zwang in größtem Seelenfrieden das Leben verbringen, ...:* vgl. 8,51; zum Motiv des vollendeten Glücks des Weisen, das von Schmerz und Ungerechtigkeit nicht beeinträchtigt werden kann, vgl. ferner Sen. epist. 65,24; 71,18; Epikt. diatr. 3,22,40. · *eines Menschen, der Gott gleichberechtigt ist:* zu »Gott« s. die Anmerkung zu 1,17.

ACHTES BUCH

1 *wenn du den Rest deines Lebens, wie lange er auch sein mag, so verbringen wirst, wie es deine Natur will:* Ich lese entgegen Dalfen, aber mit den meisten anderen Herausgebern: τὸ λοιπὸν τοῦ βίου ὅσον δήποτε, ὡς ἡ φύσις σου θέλει.

2 *Wirken ... eines ... Gott gleichgestellten Wesens:* vgl. zur Annäherung an Gott Epikt. ench. 15; zum Gesamtkomplex der »Angleichung an Gott« s. Merki 1952 und Lavecchia 2006.

17 *Wenn es in deiner Macht steht, warum tust du es?:* Was Marc Aurel hier meint, ist unklar.

18 Der Tod ist nicht Vernichtung, sondern Auflösung (vgl. auch 2,12; 8,50); s. van Ackeren 2011, S. 388. 591 f.

19 *Auch die Sonne wird sagen:* Für die Stoiker sind die Sterne beseelt und göttlich; vgl. SVF I,165; II,527, S. 168, 29–31; Poseid. fr. 127–128 Edelstein/Kidd.

20 Vgl. die sehr ähnlichen Bilder bei Sen. epist. 54,5; 7,23 und 9,17.

22 *Das geschieht dir zu Recht:* Was Marc Aurel hier meint, ist unklar; es bezieht sich jedenfalls nicht auf den vorherigen Satz.

25 *Secunda:* wahrscheinlich die Frau des in 1,15 genannten Philosophen Maximus. · *Diotimos, … Epitynchanos:* wohl Freigelassene. · *Charax, … Demetrios, Eudaimon:* zu Charax s. S. 236. Der überlieferte Wortlaut des Textes spricht gegen eine Identifizierung des Demetrios mit dem berühmten Kyniker und Freund Senecas; es ist vielmehr mit Lakmann, S. 91 davon auszugehen, dass es sich um einen sonst unbekannten platonischen Philosophen handelt, der zu der Zeit, als Marc Aurel sein Werk schrieb (nach dem Jahr 170), bereits verstorben, aber noch bekannt war – er lebte also wahrscheinlich in der ersten Hälfte des 2. Jh.s n. Chr.; auch eine Identifizierung mit dem bei Lucian. Cal. 16 genannten Platoniker Demetrios von Alexandrien, der im 1. Jh. v. Chr. lebte, ist unwahrscheinlich. Mit Eudaimon ist vielleicht der in HA, Hadrianus 15,3 genannte Mann gleichen Namens aus Hadrians Umfeld gemeint. · *Einige blieben nicht einmal für kurze Zeit in Erinnerung, …:* Dieser Gedanke wird in 4,32 breiter ausgeführt. · *Körper zerfallen …:* vgl. 7,32; zum Topos der Kürze der Lebenszeit vgl. noch 2,14; 4,48; 7,23; 10,31; 11,18.

27 *Gefäß, das uns umgibt:* Gemeint ist der Körper.

31 *Frau:* Livia Drusilla (gest. 29 n. Chr.), die dritte Ehefrau des Augustus. · *Tochter:* Iulia (gest. 14 n. Chr.), die Tochter des Augustus und der Scribonia. · *Enkel:* Gaius (gest. 4 n. Chr.) und Lucius (gest. 2 n. Chr.), die Söhne Iulias mit Agrippa. · *Stiefkinder:* Tiberius (reg. 14–37 n. Chr.), Augustus' Nachfolger, und Drusus (gest. 9 v. Chr.), der Sohn von Augustus' späterer Gattin Livia Drusilla aus ihrer Ehe mit Tiberius Claudius Nero. · *Schwester:* Octavia war eine ältere Schwester des Augustus und die vierte Ehefrau des römischen Feldherrn und Triumvirn Marcus Antonius. · Zu Agrippa, Arius und Maecenas s. S. 235–241. · *Pompeji:* Stadt in Kampanien, beim Vesuv-Ausbruch im Jahr 79 verschüttet. · *Der Letzte seines Geschlechts, …:* zu diesem Gedanken vgl. 4,32.

32 *ihr Ziel:* eigentlich »das Ihrige«. · *Aber nicht dabei, dass du gerecht, besonnen und vernünftig handelst:* Denn dies hängt nicht von äußeren Faktoren ab; vgl. 5,34.

34 *Das hat Gott keinem anderen Teil (des Kosmos) gegeben:* zu »Gott« s. die Anmerkung zu 1,17. · *die Güte, mit der Gott den Menschen ausgezeichnet hat:* zur Güte Gottes s. eingehend Wildberger 2006, S. 265–268.

35 *die Natur des Weltganzen:* Ich lese, wie viele andere Herausgeber und Übersetzer, nicht ἡ τῶν λογικῶν φύσις (so Dalfen), sondern, einer Konjektur von Gataker folgend, ἡ τῶν ὅλων φύσις; van Ackeren 2011, S. 369 f. weist auf die enge Verbindung von Naturauffassung und Ethik hin; vgl. auch 1,9; 2,17; 3,12; 4,1. 39. 51; 5,4. 29; 6,48; 7,11. 56. 74; 10,15; 12,1–5.

37 *Pantheia:* s. S. 239. · *Pergamos:* wahrscheinlich ein Freigelassener oder der Lieblingssklave des Lucius Verus; s. A. Stein in RE XIX 1, Sp. 693, s. v. *Pergamos* (3). · *Verus:* Er starb im Jahr 169. · *Chabrias:* wahrscheinlich ein Freigelassener Hadrians. · *Diotimos:* vgl. 8,25.

38 *All das ist Gestank und Blutgesudel in einem Sack:* vgl. Epikt. fr. 23, Schenkl.

39 *sagt er:* Wer gemeint ist, ist nicht bekannt. · *die Weisesten:* Ich lese bei dieser textkritisch nicht befriedigend sanierten Stelle nicht wie Dalfen σοφωτάτοις, sondern σοφωτάτους.

41 *Wenn er zur kreisrunden Kugel wird:* vgl. Emp., DK 28 B 27,4 und B 28,2; ferner 11,12 und 12,3 sowie Hor. sat. 2,7,86, wo der Weise definiert wird als *in se ipso totus, teres atque rotundus* (»ganz in sich selbst, glatt und rund«); zur Idealform der Kugel vgl. schon Xenophanes, DK 21 B 23–26; Parmenides, DK 28 B 8,29–42; Plat. Tim. 33b; symp. 189e; ferner SVF II,1009; Cic. nat. 1,18; 2,45–49.

45 *Ist diese Sache es wirklich wert, …?:* Was Marc Aurel hier meint, ist unklar; es bezieht sich jedenfalls nicht auf den vorherigen Satz.

48 *Daher ist die von Leidenschaft freie Vernunft eine feste Burg:* zu diesem Bild vgl. Epikt. diatr. 4,1,86–90 und Willms 2011, S. 477 z. St., ferner Hadot 1996, S. 156–184.

50 *Dann würdest du …:* d. h., »wenn du so fragst«. · *das Wunderbare an ihrer Kunst ist, …:* zum physikalischen Aspekt der hier ausgeführten These s. van Ackeren 2011, S. 379 f. nebst Anm. 110.

51 *klare und süße Quelle:* Stobaios (3,1,126, Bd. III, S. 98, Z. 2–4 Hense) überliefert ein Fragment Epiktets, in dem dieser die Seele, die mit *aretḗ* Umgang pflegt, mit einer immer fließenden Quelle vergleicht; s. auch die Interpretation dieser Stelle bei Farquharson 1944, S. 778 f.

55 Am Ende dieses Passus ist gedanklich zu ergänzen: »der das aber nicht tut«.

56 *was Gott aber nicht wollte:* zu »Gott« s. die Anmerkung zu 1,17.

57 Farquharson 1944, S. 76 f. sieht in diesem Kapitel eine Vorwegnahme neuplatonischen Denkens. · *Die Sonne scheint herabgegossen:* zu diesem Gedanken vgl. Sen. epist. 41,5; zur Lichtmetaphorik s. Kasulke 2005, S. 321 ff. · *Daher werden ihre Strahlen nach dem Wort ekteínesthai aktînes genannt:* Diese etymologische Verbindung lässt sich sprachwissenschaftlich nicht bestätigen.

NEUNTES BUCH

1 *weil die Natur des Weltganzen die vernunftbegabten Wesen füreinander geschaffen hat:* vgl. 2,1 mit Anm.

2 *der zweitbeste Weg:* Im nichtmetaphorischen Sprachgebrauch ist mit δεύτερος πλοῦς die Fahrt mit den Rudern, wenn der Wind ausbleibt, gemeint; das berühmte Bild stammt von Plat. Phaid. 99c–d, wo Sokrates seine eigene Untersuchung als »zweite Fahrt« bezeichnet.

3 *Verachte nicht den Tod:* In 4,50 und 12,35 fordert Marc Aurel zur Todesverachtung auf. Er widerspricht sich hier wohl nicht, vielmehr ist das Verbot, den Tod zu verachten, an dieser Stelle als eine Aufforderung zu verstehen, sich mit dem Tod auseinanderzusetzen und ihn nicht zu verdrängen.

4 Zu diesem Gedanken vgl. 4,26; 12,16; SVF III,289.

9 *wegen des Elementarfeuers:* Gemeint ist der Äther; vgl. SVF II,555, S. 175, Z. 32 und Sen. nat. 2,13,1–2. · *Ebenso … strebt alles, was an der vernünftigen Natur Anteil hat, zu dem ihm Verwandten:* zum Gedanken, dass alle Menschen kraft ihres Anteils an der göttlichen Vernunft miteinander verwandt sind, vgl. 2,1 mit Anm. · *den anderen Dingen überlegen:* zum Gedanken, dass die Menschen aufgrund ihres Verstandes über den Tieren stehen, vgl. auch 3,16 und 8,12; Marc Aurel argumentiert hier im Rahmen einer *scala naturae*, dass der Mensch das am stärksten gemeinschaftsbezogene Wesen im Kosmos ist. · *wie es bei den Sternen der Fall ist:* Deutlicher als anderswo werden hier die Sterne zu den Lebewesen, zu Bürgern der Kosmopolis gezählt; s. dazu Wildberger 2006, S. 846 f. (Anm. 1249). · *Sympathie:* vgl. 4,27 mit Anm.

10 *Gott:* s. die Anmerkung zu 1,17.

16 *des vernunftbegabten politischen Lebewesens:* vgl. 2,1 mit Anm.

21 *unter deiner Mutter:* Domitia Lucilla. · *unter deinem Vater:* Gemeint ist der Adoptivvater, Kaiser Antoninus Pius.

24 Zum Gedanken, dass die Menschen alle wie Kinder sind, vgl. auch 4,28; 5,11; 6,57; 9,24; zu diesem Gemeinplatz der stoischen Literatur s. Wildberger 2006, S. 258 f. 848 f. (Anm. 1261). · *ärmliche Seelen, die Leichname tragen:* vgl. 4,41. · *Nekyia:* Damit ist wohl die Unterweltsfahrt der homerischen Odyssee (11,219 ff.) gemeint; Capelle 2008, S. 212 allerdings denkt auch an eine Szene aus einer Menippeischen Satire (6,47).

28 *und jenes wird sich … verändern:* Gemeint ist das Produkt der Veränderung.

29 *Raff dich auf, … und sieh dich nicht um, ob es jemand erfahren wird:* vgl. Epikt. diatr. 3,24,118. · *Hoffe nicht auf Platons Staat:* d. h. auf eine grundlegende Änderung der bestehenden staatlichen Einrichtungen und gesellschaftlichen Realität – in der *Politeia* lässt Platon seinen Lehrer Sokrates den idealen Staat entwickeln; s. Hadot 1996, S. 414–419; van Ackeren 2011, S. 542 f. · *Denn wer wird ihre Überzeugungen ändern?:* Gemeint ist die Überzeugung der Untergebenen.

36 *Umgekehrt:* Im letzten Satz war von der Auflösung der Materie die Rede, jetzt geht es um das Gegenteil: ihre Konkretisierung.

40 *gib deinen Gebeten eine solche Wendung:* Dank und Gebet an die Götter begegnen uns in den *Selbstbetrachtungen* mehrmals: 4,23; 8,45; 10,14; eine detaillierte Analyse von 9,40 findet sich bei Rutherford 1989, S. 200–205; zum Gebet s. auch van Ackeren 2011, S. 464–474.

41 *Epikur sagt: ». . .«:* Fr. 191 Usener = 259 Arrighetti.

42 *Das wäre ja, wie wenn das Auge eine Gegenleistung dafür verlangte, dass es sieht, . . .:* vgl. 2,1 mit Anm.

ZEHNTES BUCH

2 Zu den verschiedenen Abstufungen des Seins vgl. 6,14.

7 *[es wäre] lächerlich, . . . zu behaupten, dass sich die Teile des Ganzen . . .:* D. h., nicht die Natur des Ganzen soll am Untergang und der Veränderung der Dinge schuld sein, sondern die Natur der Einzeldinge selbst ist dafür verantwortlich. · *sei es dass dieses in bestimmten Perioden im Feuer aufgeht:* Gemeint ist das Ganze. · *. . . oder in ewigem Wechsel sich erneuert:* Marc Aurel steht der stoischen Vorstellung eines in periodischen Abständen wiederkehrenden Weltenbrandes (Diog. Laert. 7,134 = LS 44 B) reserviert gegenüber; s. dazu van Ackeren 2011, S. 367.

8 *Und wenn du bei ihnen bleiben kannst, so bleibe, als ob du auf die Inseln der Seligen übersiedelt wärst:* vgl. zu dieser Vorstellung Hes. erg. 170–171; Pind. O. 2,71; Plat. Mx. 235c; Gorg. 523a; rep. VII,18,540b. Die Inseln der Seligen liegen nach der Vorstellung Homers und Hesiods im Strom Okeanos, wohin Menschen, die sich die besondere Gunst der Götter erwerben konnten, entrückt werden. Dort erfreuen sie sich, ohne den Tod zu erleiden, eines glückseligen Daseins. Nach späteren Vorstellungen sind die Inseln der Seligen, die auch »Elysion« genannt werden, ein Teil der Unterwelt, der vom gerechten Rhadamanthys beherrscht wird. · *vielmehr wollen sie [die Götter], dass alle vernunftbegabten Wesen ihnen gleich werden:* zu diesem platonischen Gedanken vgl. Plat. Tht. 176b–e; Tim. 90d; leg. IV,716b–d.

9 *Krieg:* Van Ackeren 2011, S. 95 Anm. 246 macht die wichtige Beobachtung, dass Marc Aurel kriegerische Aufstände, die ihn rund zehn Jahre seines Lebens

beschäftigt und ihn immer wieder von Rom fortgeführt haben, weder schildert noch sonst irgendwie zum Gegenstand seiner Reflexionen macht. · *Knechtschaft:* den Bedürfnissen und Lockungen des Leibes gegenüber.

10 *Sarmaten:* ein iranischer Nomadenstamm, der unter der Regentschaft Marc Aurels die Donaugrenze bedrohte. Dieser hat denn auch im Jahr 175 nach der Beendigung eines Feldzuges gegen die Sarmaten den Titel »Sarmaticus« angenommen (HA, Marcus 24–25).

11 *Wer so handelt:* Der griechische Satz hat kein Subjekt, im Deutschen ergänze ich es dem Sinn nach. · *will nichts anderes, als durch das Gesetz auf geradem Weg ans Ziel zu kommen ...:* zu diesem Gedanken und zur Formulierung vgl. 5,3; 7,55. Vgl. auch Plat. leg. IV,716a; [Aristot.] mund. 7,401b 26. Zu »Gott« s. die Anmerkung zu 1,17.

12 *Denn am besten ist es, das zu erreichen, da ja das Abweichen ein Abweichen davon ist:* Der Sinn des griechischen Textes ist zweifelhaft und dürfte verderbt sein; s. Farquharson 1944, S. 837. · *Wer in allem der Vernunft folgt:* oder Gott – beides ist gleichzusetzen; vgl. 12,31 (»der Vernunft und Gott zu folgen«).

21 *Die Erde liebt den Regen; auch der hehre Äther liebt ihn:* aus einer unbekannten Tragödie des Euripides (TrGF 898,7 ff.). · *Ich Teile deine Liebe:* vgl. Epikt. diatr. 4,7,20.

23 Marc Aurel zitiert hier wohl aus dem Gedächtnis – und daher ungenau – Plat. Tht. 174d–e.

26 *daraufhin nimmt eine andere Ursache sie auf:* vgl. Plut. Stoic. rep. 41,1052F = SVF II,806 = LS 53 C; zum Zusammenhang von Ursachen in der Stoa und in den *Selbstbetrachtungen* s. van Ackeren 2011, S. 396–412; zur Unterscheidung von Ursächlichem und Hyletischem (hyletisch = stofflich / auf die Materie bezogen): S. 593–595.

30 *Wenn du am Fehler eines Menschen Anstoß nimmst, dann übergehe ihn und überlege, welch ähnliche Fehler du begehst:* vgl. 11,10. 18. Diese schon Platon zugeschriebene Devise (vgl. etwa Plut. cohib. ira 16,463E) findet sich auch bei Epikt. diatr. 2,21,9; 4,4,7; klarer wird der Gedanke in 8,14 formuliert.

31 *Wenn du Satyrion siehst, ...:* Ob es sich, mitten unter den sonst unbekannten Namen, bei Kriton und Xenophon um die bekannten Jünger des Sokrates, bei Severus um den Peripatetiker und Konsul (s. S. 240), bei Euphrates um den aus Plin. epist. 1,10,10 und Epikt. diatr. 3,15,8 und 4,8,17 bekannten Philosophen und bei Alkiphron um den bekannten Rhetor aus dem 2. Jh. n. Chr. handelt, wird von Kommentatoren und Übersetzern bezweifelt; der Sinn des schlecht überlieferten Passus dürfte dennoch klar sein: Ein Vergleich zwischen Zeitgenossen und Personen der Vergangenheit zeigt die Vergänglichkeit des Ruhms. · *Schall und Rauch:* eigentlich »Schall und Nichts«; vgl. auch 2,17 und 5,33. · *Bleib also, bis du dir auch das angeeignet hast, ...:* Während der Körper ein Gefäß ist (3,3; 10,38), ist der Geist wie Feuer (vgl. 4,10; 10,31).

32 *Nur musst du dich dazu entschließen, nicht länger zu leben:* zur Selbsttötung vgl. 3,1 mit Anm.

33 *all den anderen Dingen ..., die von der Natur oder einer unvernünftigen Seele durchwaltet werden:* zu den verschiedenen Seinsgraden vgl. 6,14.

34 *Wer von den wahren Grundsätzen durchdrungen ist:* eigentlich »gebissen ist«. · *Blätter, die der Wind auf die Erde verstreut:* vgl. Hom. Il. 6,147–149. · *so ist der Menschen Geschlecht*: Sen. epist. 104,11. · *wachsen heran in der Frühlingszeit:* vgl. Hom. Il. 6,148.

36 *das [traurige] Ereignis:* Dalfen athetiert das Adjektiv κακόν; freilich ist der Tod nach Ansicht Marc Aurels kein »Übel« oder »traurig«; dennoch ist es durchaus plausibel, dass hier der Autor von der Warte des so empfindenden Volkes aus vom Tod als einem »traurigen Ereignis« spricht.

ELFTES BUCH

1 *in jedem Teil:* Im Hinblick auf die Konnotation von μέρος (eigentlich: Glied) in 12,36 könnte man auch sagen: »in jedem Akt«; denn, wie schon Cortassa 1984, S. 462, Anm. 2 z. St. bemerkt hat, wird auch in 10,27; 11,6 und 12,36, wie bei Platon (Phil. 50b) und Seneca (epist. 77,20), das menschliche Leben mit einem Bühnenstück verglichen. · *Das Meinige gehört mir:* Der Satz wird ganz unterschiedlich übersetzt; ich folge Farquharson 1944, S. 855 z. St. (»I have what is my own«); die-

ser verweist auf die ähnliche Konnotation von ἀπέχειν in 4,49; s. auch LSJ, s. v. ἀπέχω (IV).

2 *Pankration:* eine griechische Kampfsportart, bei der alle Mittel außer Beißen und Kratzen erlaubt waren; vgl. Philostr. imag. 2,6,3; Lucian. Anach. 1–4.

3 *und nicht aus reinem Widerspruch:* Im griechischen Text folgt darauf: ὡς οἱ Χριστιανοί (»wie es bei den Christen der Fall ist«); Dalfen hat es als späteren Zusatz getilgt. Wie dem auch sei: Diese Stelle haben viele Interpreten als Anspielung auf die frühen Christen aufgefasst, denen ja nach einigen antiken Quellen theatralischer Widerspruch um des Widerspruchs willen nachgesagt wurde (s. dazu Brunt 1979; Motschmann 2002, S. 220–274; van Ackeren 2011, S. 449 f.; und zur Haltung des Kaisers zu den Christen allgemein Demandt 2018, S. 338–340).

6 Zu dieser kleinen »Dramentheorie« des Kaisers s. van Ackeren 2011, S. 139 f. · *wehe mir Kithairon:* Soph. Oid. T. 1391; gleich nach der Peripetie, wo Ödipus seines furchtbaren Schicksals gewahr wird, nämlich Mörder seines Vaters und Gatte seiner Mutter zu sein, ruft er das Kithairongebirge an, in das er sich in seiner Verzweiflung begeben hatte; den Vers zitiert auch Epikt. diatr. 1,24,16, allerdings in einem anderen Kontext. · *Wenn ich und meine Kinder von den Göttern verlassen wurden, / so hat auch das einen Grund:* Euripides, *Antiope*, TrGF 208,1 f.; die Verse wurden schon in 7,41 zitiert. · *Den Dingen nämlich nicht zu zürnen:* Euripides, *Bellerophon*, TrGF 287,1; der Vers wurde auch schon in 7,38 zitiert. · *Das Leben ernten wie eine reife Ähre:* Euripides, *Hypsipyle*, TGF 757,6 = TrgF 757,925; der Vers erscheint schon in 7,40. · *Nach der Tragödie aber wurde die Alte Komödie ... eingeführt:* Die griechische Komödie wird in eine Ältere, Mittlere und eine Neue Komödie unterteilt (vgl. Zimmermann 2011, S. 671). Marc Aurel trifft hier einen Aspekt der Älteren Komödie und ihres wichtigsten Vertreters Aristophanes (um 450–380 v. Chr.) ziemlich präzise; denn dessen Stücke bringen sowohl prominente zeitgenössische Politiker als auch Dichter und Philosophen auf die Bühne; diese »Redefreiheit«, d. h. scharfe politische Invektive, aber auch ein provokant unbefangener Umgang mit der Sexualität, versuchten die Politiker Morychides (440/438–437/436 v. Chr.) und Syrakosios (um 415 v. Chr.) gesetzlich einzuschränken, vgl. Brockmann 2003, S. 58–60. 171 f. und Zimmermann 2011, S. 121 f. Die bekanntesten Autoren der Mittleren Komödie waren Antiphanes, Eubulos und Alexis; aus den Fragmente ihrer Werke lässt sich feststellen, dass die

in der Älteren Komödie vorherrschenden politischen und sozialkritischen Themen verschwunden sind und von der Schilderung des Alltagslebens und von der satirischen Darstellung eines festen Bestands von vertrauten Figuren wie dem Söldner und der Kurtisane abgelöst wurden. Der wichtigste Vertreter der Neuen Komödie ist Menandros (342/341–291/290 v. Chr.). Die Bedeutung der letzten Phase der Komödienproduktion ist in der bei aller Klischeehaftigkeit dennoch realistischen und lebendigen Charakterzeichnung der Protagonisten aus der athenischen Lebenswirklichkeit zu sehen.

8 *Es ist uns freilich möglich, wieder mit dem Nachbarn zusammenzuwachsen und wieder ein ergänzender Teil des Ganzen zu werden:* vgl. Diog. Laert. 6,69, wonach Diogenes auf die Frage, was das Schönste für die Menschen sei, antwortete: »Die Freiheit des Wortes.«

15 *Wolfsfreundschaft:* Dem Wolf ist, wie man aus der Lektüre antiker Fabeln weiß, nicht zu trauen.

18 *mit welchem Dünkel sie gerade dies tun:* zur Ablehnung jeder Dünkelhaftigkeit vgl. 6,13; 9,2; 12,27. · *Wie wirst du sie also beseitigen?:* Gemeint ist »deine Meinung«. · *diese [d. h. Milde und Sanftmut] sind nicht nur menschlicher, sondern auch männlicher:* vgl. 11,9; Plut. cohib. ira 8,456F; gegenteiliger Ansicht ist Aristot. eth. Nic. IV,5,13,1126b 1–2. · *auch verfügt dieser Mensch:* d. h., der Milde und Sanftmütige. · *Leidenschaftslosigkeit:* Die ἀπάθεια wird von Platon und Aristoteles noch negativ bewertet (Plat. Phil. 21e 2; Aristot. eth. Nic. II,2,1104b 24), entwickelt sich aber in der hellenistischen Philosophie zu einem Begriff für das Ideal des Freiseins von allen vernunftwidrigen Affekten; vgl. LS 2 F und SVF III,201. · *Denn beide sind verwundet:* d. h., die Bekümmerten und die Erzürnten. · *Musenführer:* Gemeint ist der Gott Apoll.

19 *der göttlichere Teil in dir:* Gemeint ist die Vernunft.

20 *seinen [natürlichen] Platz:* Dalfen tilgt φυσικὴν, das er wahrscheinlich für eine spätere Ergänzung angesehen hat.

22 Schon in 7,3 war von »aufgescheuchten Mäusen« die Rede; Marc Aurel spielt hier auf ein bekanntes Fabelmotiv (Aisop. 314 Hausrath/Haas/Hunger; Babr. 108 Crusius) an, das auch Hor. sat. 2,6,79 ff. aufgegriffen hat.

23 Vgl. Plat. Phaid. 77e; Epikt. diatr. 2,1,15.

24 Die Bewohner Spartas auf der Peloponnes sind noch heute für ihr Faible für Abhärtung sprichwörtlich.

25 Hier irrt sich Marc Aurel: Nach Diog. Laert. 2,25, Aristot. rhet. II,23,1398a 25–27 und Sen. ben. 5,6,2 war nicht Perdikkas II., der Vorgänger seines Bruders Philipp II. auf dem makedonischen Königsthron, der Gesprächspartner des Sokrates, sondern Archelaos, Perdikkas' Sohn.

26 *Epikureer:* nach einer Konjektur von Gataker, der Ἐπικουρείων für das überlieferte Ἐφεσίων liest; dieser Stelle sehr ähnlich ist ein Ausspruch Epikurs bei Sen. epist. 11,8 = fr. 210 Usener.

27 Pythagoras von Samos gründete seine religiös-philosophische, aber auch politisch aktive Schule in den Zwanzigerjahren des 6. Jahrhunderts v. Chr. in Süditalien; nach seinem Tod bestand sie noch einige Jahrzehnte fort. Zu den tragenden Säulen der pythagoreischen Lehre gehört neben der Seelenwanderungslehre und der Forderung nach einer asketischen, durch viele Tabus bestimmten Lebensführung die Überzeugung, dass der Kosmos eine nach bestimmten Zahlenverhältnissen aufgebaute harmonische Einheit bildet und dass deren einzelne Bestandteile harmonisch strukturiert sind, sowie die Überzeugung, dass in der Natur, im Staat, in der Familie und im einzelnen Menschen dieselben zahlenmäßig ausdrückbaren Gesetzmäßigkeiten gelten; durch die Kenntnis der maßgeblichen Zahlenverhältnisse ist nach pythagoreischer Ansicht eine weise, naturgemäße Lebensführung möglich. · *Frühmorgens zum Himmel emporblicken:* Nach dem Pythagoreer Euryphamos (nach Stob. 4,39,27 [Bd. III, S. 914, Z. 17 ff. Hense]) ist es die aufrechte Haltung und der dadurch erleichterte Blick gen Himmel, der für den Menschen die Gotteserkenntnis ermöglicht; vgl. auch 7,47.

28 Vgl. Diog. Laert. 2,37.

29 Zu dieser Maxime vgl. Solon bei Diog. Laert. 1,60; Aristoph. Equ. 541 f.; Plat. leg. VI,762e; Aristot. pol. III,4,1277b 11 ff.; Cic. leg. 3,5.

30 Ein jambischer Vers unbekannter Herkunft; vgl. TGF 304 = TrGF 1018.

31 Vgl. Hom. Od. 9,413.

33 *Genauso ist auch ein Mann, der sich nach einem Kind sehnt:* vgl. Hes. erg. 186.

33–35 Marc Aurel zitiert sehr frei, aber sinngemäß Epikt. diatr. 3,24,86–93.

37 Epikt. fr. 27 Schenkl. · *dass dieses mit Vorbehalt verbunden … ist:* Gemeint ist das Streben.

38 Epikt. fr. 28 Schenkl.

ZWÖLFTES BUCH

1 *Denn was leidet, wird es schon sehen:* zum Sinn s. Farquharson 1944, S. 882 z. St.

2 Zu »Gott« s. die Anmerkung zu 1,17. · *den aus ihm selbst in diese geflossenen und abgeleiteten Geist:* d. h., in die leitende Vernunft.

3 *Von diesen sind die anderen insofern dein:* Gemeint sind mit »die anderen« also die beiden ersten. · *die ringsum herrschende:* Ich lese mit den übrigen Herausgebern περιηγέι, nicht wie Dalfen περιήθει; vgl. Emp., DK 21 B 28,2. Zum »empedokleischen Sphairos« vgl. ebenfalls 8,41 mit Anm.

5 *dass du mit Gott rechnest:* zu »Gott« s. die Anmerkung zu 1,17.

11 *alles …, was Gott ihm zuteilt:* zu »Gott« s. die Anmerkung zu 1,17.

14 *Entweder Notwendigkeit … der göttlichen Hilfe würdig:* Van Ackeren 2011, S. 418 sieht in dieser Stelle inhaltlich eine »Reformulierung« von 9,28.

15 Die Klammer erklärt sich damit, dass der Gedanke von 12,14 in 12,15 fortgeführt wird. · *sollen vorher erlöschen:* d. h., bevor der Tod kommt und Wahrheit, Gerechtigkeit und Besonnenheit »auslöscht«.

16 *Er hat sich selbst schon verurteilt:* vgl. 4,26; 9,4 und SVF III,289.

19 *wie eine Marionette:* zu diesem Bild vgl. 2,2; 7,3.

23 *wer sich in dieselbe Richtung wie Gott ... bewegt:* zu »Gott« s. die Anmerkung zu 1,17.

24 *von seiner Erzeugung:* Ich lese mit den meisten früheren Herausgebern statt στηρίγματος (Dalfen nach Schenkl) σπέρματος; vgl. zum Inhalt auch 10,26.

27 *Fabius Catullinus:* s. S. 237. · *Lusius Lupus:* eine sonst nirgendwo genannte und daher nicht erschließbare Persönlichkeit. · *Baiae:* römischer Kurort am Golf von Neapel. · *Capri:* Insel im Golf von Neapel; in den späteren Jahren seiner Regierungszeit zog sich Kaiser Tiberius dorthin zurück. · *Velius Rufus:* vielleicht der Adressat eines von Frontos Briefen (ad amic. I,11, S. 177 f. van den Hout). · Zu den übrigen genannten Personen s. S. 235–241. · *sich ... den Göttern folgsam ... erweisen:* zur Nachfolge Gottes s. Wildberger 2006, S. 872, Anm. 1326.

28 *Erstens sind sie mit den Augen sichtbar:* Gemeint sind die Sterne, nach Ansicht der Stoiker göttliche Wesen (vgl. 8,19); zu diesem Gedanken vgl. auch 10,26. · *Daraus, dass ich ihre Macht immer wieder spüre, entnehme ich, dass es sie gibt:* zu diesem nicht sehr überzeugenden Gottesbeweis s. van Ackeren 2011, S. 450 ff.

31 *Gott zu folgen:* zu »Gott« s. die Anmerkung zu 1,17. · *Dem aber widersetzt sich, dass man diese Dinge hier schätzt:* Gemeint ist das Wahrnehmen, die Existenz von Trieben, das Wachsen etc.

34 Marc Aurel spielt wohl auf die Epikureer an; vgl. Epik. sent. 2 = Diog. Laert. 10,139; Lucr. 830; 866.

36 *in dieser großen Stadt:* Gemeint ist der Kosmos; vgl. 2,16. · *Doch im Leben sind die drei Akte das ganze Drama:* zum menschlichen Leben als Drama vgl. auch 10,27 und 11,6. · *die Zusammensetzung:* das Ins-Leben-Treten.

PERSONEN UND GOTTHEITEN IN DEN *SELBSTBETRACHTUNGEN*

Erläuterungen zu Personen, die zwar in den *Selbstbetrachtungen* genannt werden, die aber nicht eindeutig mit uns bekannten Persönlichkeiten identifiziert werden können, sind in den Anmerkungen zu finden.

Die folgende Übersicht soll eine erste Einordnung der Gottheiten und der identifizierbaren Personen ermöglichen und den Kontext ihrer Nennung in den *Selbstbetrachtungen* erhellen; für weitere Informationen s. die einschlägigen Lexika sowie – besonders zum unmittelbaren Umfeld Marc Aurels – den Stammbaum und das Nachwort.

Agrippa: Marcus Vipsanius Agrippa (64/63–12 v. Chr.) war ein Freund des Kaisers Augustus und bekleidete hohe militärische und politische Ämter. Er war in zweiter Ehe mit Marcella, einer Nichte des Augustus, verheiratet, in dritter Ehe mit dessen Tochter Iulia, mit der er fünf Kinder hatte. 8,31

Alexander: Alexander der Große (356–323 v. Chr.), König von Makedonien. Bei seinem Feldzug gegen die Perser drang er weiter gen Osten vor als alle vor ihm. Der junge Herrscher über dieses gewaltige Weltreich starb allerdings im Alter von nur 33 Jahren. 3,3; 6,24; 8,3; 9,29; 10,27

Antoninus: Antoninus Pius (86–161), 138–161 röm. Kaiser; Bruder von Marc Aurels Mutter Domitia Lucilla. Er adoptierte Marc Aurel und machte ihn zu seinem Nachfolger. Später war er auch Schwiegervater Marc Aurels. Dieser hebt ihn in den *Selbstbetrachtungen* als Leitfigur seiner Regentschaft besonders hervor. 4,33; 6,30; 8,25; 10,27

Apollonios: Apollonios von Chalkedon (2. Jh. n. Chr.), stoischer Philosoph; für den Unterricht Marc Aurels wurde er eigens nach Rom geholt (vgl. HA, Antoninus Pius 10,4; Lucius Verus 2; Kasulke 2005, S. 207–210). 1,8. 17

Archimedes: Archimedes von Syrakus (um 287–212 v. Chr.), Mathematiker, Astronom, Physiker und Erfinder. 6,47

Arius: Areios Didymos (um 83 – nach 9 v. Chr.), stoischer Philosoph; Lehrer und Freund des Kaisers Augustus. 8,31

Asklepios: Griechischer Heilgott; bei den Römern Aesculap. 5,8; 6,43

Augustus: 63 v. Chr. – 14 n. Chr.; Begründer des Prinzipats und insofern erster röm. Kaiser, reg. 27 v. Chr. – 14 n. Chr. 4,33; 8,5. 31

Brutus: Marcus Iunius Brutus (um 85 – 42 v. Chr.) war ein gebildeter und sich zum Stoizismus bekennende Politiker; mit seinem Schwiegervater Marcus Porcius Cato teilte er die republikanische Gesinnung. Nachdem sich im Winter 45/44 abzeichnete, dass Caesar die Republik nicht wiederherstellen würde, beschloss er zusammen mit Gleichgesinnten, den Tyrannen zu töten. Nach der Ermordung Caesars musste Brutus vor dessen aufgebrachten Anhängern fliehen und fand im Kampf gegen die Triumvirn Antonius, Lepidus und Octavian in der Schlacht bei Philippi den Tod. 1,14

Camillus: Marcus Furius Camillus; legendärer Befreier Roms von den Galliern (390 v. Chr.), Vater des Vaterlandes und zweiter Gründer Roms. 4,33

Cato: Marcus Porcius Cato (234–149 v. Chr.), auch Cato der Ältere genannt. Seine Strenge als Zensor wurde sprichwörtlich. Er lehnte griechische Einflüsse ab und wollte die Moral des Adels zu den altrömischen Idealen von Sittenstrenge und Sparsamkeit zurückführen. Seine häufige Mahnung, Karthago müsse zerstört werden, ist noch heute ein berühmtes Zitat. 1,14; 4,33

Celer: Caninius Celer (2. Jh. n. Chr.), griechischer Rhetor und Lehrer von Marc Aurel und Lucius Verus (vgl. HA, Marcus 2,4; Verus 2,5). 8,25

Charax: Aulus Claudius Charax (geb. um 100 n. Chr.; vgl. FGrHist 103); Politiker und Historiograph; gesichert ist, dass er die römische Ämterlaufbahn durchlief, hohe Funktionen in der Reichsverwaltung ausübte und *Historien* verfasste; deren spärlichen Fragmenten lässt sich entnehmen, dass er sowohl Griechisches als auch Römisches behandelte und sich, indem er Mythologisches und Aitiologisches in den Vordergrund rückte, um die Bewahrung griechischer und lokaler Identität und deren Verankerung im Reichsgefüge bemühte (s. ausführlich Hose 1994, S. 472–480). 8,25

Chrysipp: 281/76–208/4 v. Chr., stoischer Philosoph. 6,42

Demetrios von Phaleron: um 350 – um 283 v. Chr., athenischer Staatsmann und peripatetischer Philosoph, ein hervorragender Rhetor und Verfasser vieler Schriften, die allerdings nur in spärlichen Fragmenten erhalten sind. 9,29

Demokrit: 460–357 v. Chr.; der aus Abdera in Thrakien stammende Philosoph begründete zusammen mit Leukippos die griechische Atomistik. 3,3

Dentatus: Der mehrmalige Konsul Manius Curius Dentatus (geb. um 325 v. Chr.) besiegte die Sabiner, beendete den dritten Samnitenkrieg und siegte über die Senonen und über Pyrrhus, den König von Epirus. Als legendäres Muster an Bescheidenheit und Unbestechlichkeit wird er schon von Cato dem Älteren gepriesen (vgl. Cic. Cat. 55–56); s. Beck 2005, S. 188–203. 4,33

Diogenes: Diogenes von Sinope (um 413 – um 323 v. Chr.), kynischer Philosoph. 8,3; 11,6

Epiktet: Um 50 – um 138, stoischer Philosoph; Autor der *Diatriben* und des *Encheiridion* (Handbüchlein der Moral), die von seinem Schüler Arrian aufgezeichnet worden sind. Die gewichtigsten aktuellen Monographien zu Marc Aurel divergieren in der Einschätzung von Epiktets Einfluss auf die vorliegende Schrift. 1,7; 4,41; 11,34

Eudoxos: Eudoxos von Knidos (um 400–350 v. Chr.), Zeitgenosse Platons, Mitglied der Akademie und hervorragender Mathematiker. 6,47

Fabius Catullinus: Militär und Konsul unter Hadrian (reg. 117–138); aus der etwas dunklen Stelle in den *Selbstbetrachtungen* leitet Groag 1909 die Vermutung ab, Fabius sei »in Widerstreit mit der Außenwelt geraten« oder habe sich, »durch einen Unglücksfall gebeugt, in die Einsamkeit eines Landgutes (ἐπ' ἀγροῦ)« zurückgezogen. 4,50; 12,27

Faustina: Annia Galeria Faustina (die Ältere; 105 – um 140) war die Ehefrau des Kaisers Antoninus Pius. Vgl. auch die Anmerkung zu 1,17. 8,25

Fronto: Marcus Cornelius Fronto (um 100 – um 170), berühmter Redner und Redelehrer des jungen Marc Aurel; dieser stellt ihn in 1,11 in die Reihe der Persönlichkeiten, die ihn durch ihre charakterlichen Vorzüge geprägt haben, erwähnt aber den Rhetorikunterricht bei ihm nicht; glücklicherweise sind wir über den Inhalt der rhetorischen Ausbildung, die Marc Aurel bei Fronto genoss, durch den Briefwechsel der beiden detailreich informiert (s. dazu Manuwald 2012). 1,11

Gaius (Caesar): Der berühmte römische Feldherr und Politiker Gaius Iulius Caesar (100–44 v. Chr.), der Eroberer Galliens, tat sich auch als Schriftsteller hervor; er adoptierte seinen Neffen Gaius Octavius, den späteren Kaiser Augustus; nach seiner Ermordung wurde er vergöttlicht. 3,3; 8,3

Hadrian: 76–138; 117–138 röm. Kaiser; Verwandter von Marc Aurels Mutter; politischer Förderer Marc Aurels. Auf dem Sterbebett adoptierte er Antoninus Pius und machte ihn zum Caesar. Diesen, der mit Annia Galeria Faustina, einer Tante Marc Aurels, verheiratet war und dessen beide Söhne schon verstorben waren, veranlasste er, seinerseits zwei mögliche Nachfolger zu adoptieren, darunter Marc Aurel. 4,33; 8,5. 25. 37; 10,27

Helvidius: Gaius Helvidius Priscus (gest. 93), Schwiegersohn des Thrasea Paetus; er war offen antimonarchisch eingestellt und auch in den Prozess gegen seinen Schwiegervater verwickelt, kam aber mit einer Verbannungsstrafe davon; im Jahr 73 n. Chr. wurde er von Domitian zum Selbstmord gezwungen. 1,14

Heraklit: Heraklit von Ephesos (550–485 v. Chr.), Vorsokratiker. Er hatte für die kosmologischen Spekulationen der ionischen Naturphilosophen nur Spott übrig. Bekannt ist vor allem seine von Platon überlieferte Formel »Alles fließt« (πάντα ῥεῖ): Die Dinge befänden sich in ewiger Veränderung, daher sei es nicht möglich, ihre Wirklichkeit ganz zu erfassen. Die kosmische Ursubstanz bilde nicht nur Meer und Erde, sondern auch die menschliche Seele; nach einem tugendsamen Leben könne diese am kosmischen Feuer teilhaben. 3,3; 4,46; 6,42. 47; 8,3

Hipparchos: Hipparchos von Nikaia in Bithynien (um 160–125 v. Chr.), bedeutender Astronom. 6,47

Hippokrates: Der berühmteste Arzt des griechischen Altertums lebte um 460–370 v. Chr. Von seinem Leben wissen wir abgesehen von seinem Geburts- (Kos) und Sterbeort (Larisa in Thessalien) nichts mit Sicherheit. Das *Corpus Hippocraticum* umfasst über 60 Abhandlungen, allerdings stammen einige davon vermutlich nicht von Hippokrates selbst, zumal darin z. T. ganz heterogene und sich widersprechende Lehrmeinungen vertreten werden; auch der berühmte »Eid des Hippokrates«, eine als Arztgelöbnis formulierte kurze medizinische Ethik in griechischer Sprache, lässt sich ihm nicht sicher zuschreiben. 3,3

Krates: Krates von Theben (2. Hälfte des 4. Jh.s v. Chr.), kynischer Philosoph. 6,13

Kroisos: um 590 – um 541 v. Chr., letzter König von Lydien; sein Reichtum war sprichwörtlich. 10,27

Lucilla: Domitia Lucilla (gest. vor 161) war die Mutter Marc Aurels. 8,25

Maecenas: Gaius Cilnius Maecenas (gest. 8 v. Chr.) war ein Vertrauter und Berater des Kaisers Augustus; aus vornehmer Familie stammend, scharte er einen literarischen Zirkel um sich, zu dem Vergil, Horaz, Properz und Varius Rufus gehörten. Von seinen eigenen literarischen Werken sind nur Fragmente erhalten. 8,31

Maximus: Claudius Maximus, stoischer Philosoph (vgl. HA, Marcus 3,2; s. auch Demandt 2018, S. 121 f.). 1,15. 16. 17; 8,25

Menippos: Menippos aus Gadara in Syrien, kynischer Philosoph; er nahm im 3. Jh. v. Chr. die Torheiten der Menge genauso wie die Dünkelhaftigkeit der Philosophen aufs Korn; Varro und Lukian, ein Zeitgenosse Marc Aurels, haben seinen satirischen Stil aufgegriffen und weiterentwickelt. 6,47

Nero: 37–68; 54–68 röm. Kaiser (der letzte der julisch-claudischen Dynastie). Nach den ersten Jahren seiner Regentschaft, in denen er noch gemäßigt und beherrscht erschien, entwickelte sich Nero zu einem zügellosen und brutalen Schreckensherrscher; seine Eskapaden, skurrilen Auftritte als Dichter und Wagenlenker und seine Schandtaten, darunter die Ermordung seiner Mutter, die Scheidung von Octavia und deren Ermordung, die Schuld am Tod seiner nächsten Frau Poppaea Sabina sowie eine Unzahl von »Säuberungsmaßnahmen« gegen Kritiker seines blutigen Regimes führten zu seinem Sturz; nach dem Abfall der Prätorianer, der zum Schutz der römischen Kaiser bestimmten Garde, starb er durch eigene Hand. 3,16

Pantheia: Pantheia von Smyrna, eine Geliebte des Lucius Verus (s. Demandt 2018, S. 155 f. und Stein 1949). 8,37

Phalaris: Ein wegen seiner Grausamkeit berüchtigter Tyrann von Akragas, dem heutigen Agrigent auf Sizilien, um die Mitte des 6. Jh.s v. Chr. 3,16

Philipp: Gemeint ist sicherlich Philipp II., der als König von Makedonien (359–336 v. Chr.) die Grundlagen zum Aufstieg der von seinem Sohn Alexander dem Großen regierten Makedonen zur führenden Macht in Griechenland schuf. 9,29; 10,27

Phokion: Phokion (402/401–318 v. Chr.); er bekleidete in Athen das Amt eines Strategen und war auch ein bekannter Rhetor. Plutarch stellt ihn in seiner über ihn verfassten Biographie als Muster an Aufrichtigkeit dar. 11,13

Platon: Der Athener Platon (427–347 v. Chr.) war neben seinem Schüler Aristoteles der berühmteste Philosoph des antiken Griechenland und des Altertums überhaupt. Er begründete die Philosophenschule der »Akademie« in Athen. Mit seinen etwa 25 philosophischen Dialogen, deren Echtheit z. T. umstritten ist, und der *Apologie*, der Wiedergabe der Verteidigungsrede seines als gottloser Verderber der Jugend angeklagten Lehrers Sokrates, hat Platon in der Metaphysik und Erkenntnistheorie, in der Ethik, Anthropologie, Staatstheorie, Kosmologie, Kunsttheorie und Sprachphilosophie bis heute Maßstäbe gesetzt. 9,29; 10,23

Pompeius: Gnaeus Pompeius (106–48 v. Chr.) war ein hochberühmter und erfolgreicher römischer Feldherr, der nach äußerst wechselvoller politischer Karriere im Bürgerkrieg gegen Caesar, mit dessen Tochter Iulia er verheiratet und mit dem er im sog. Ersten Triumvirat verbündet gewesen war, in Ägypten den Tod fand. 3,3; 8,3

Pythagoras: Der griechische Philosoph Pythagoras von Samos (570/560 – um 480) soll Hörer von Thales und Anaximander von Milet gewesen sein, Ägypten und Babylon bereist und sich zwischen 530 und 525 nach Unteritalien begeben haben, wo er eine Gemeinschaft von nach seiner Lebensregel lebenden Männern und Frauen gründete. Zu seinen Anhängern bzw. der von ihm begründeten Schule vgl. die Anmerkung zu 11,27. 6,47

Scipio: Gemeint ist wohl Publius Cornelius Scipio Aemilianus (186–129 v. Chr.), ein berühmter römischer Feldherr und Politiker, der Zerstörer von Karthago (daher der Beiname Africanus Minor) und Eroberer von Numantia. 4,33

Severus: Claudius Severus, Peripatetiker und zweimaliger Konsul (zum zweiten Mal im Jahr 173); HA, Marcus 3,3. 1,14; 10,31

Sokrates: Der Philosoph Sokrates (469–399 v. Chr.) hat sich nach der Darstellung seines Schülers Platon von der Naturspekulation seiner Vorgänger abgewandt und sich dem Nachdenken über vernunftbestimmte Grundsätze des menschlichen Handelns als der wesentlichen Aufgabe der Philosophie verschrieben. Er selbst verfasste keine Schriften. Die maßgeblichen Quellen von Platon über Xenophon und Aristoteles bis zum Komödiendichter Aristophanes widersprechen sich zum Teil stark; daher ist die Darstellung des historischen Sokrates und seiner Lehre bis heute umstritten. 1,16; 3,3. 6; 6,47; 7,19. 66; 8,3; 11,23. 25. 28. 39

Stertinius: Ein General unter Kaiser Tiberius (reg. 14–37). 12,27

Telauges: Nach Diog. Laert. 8,43 der Sohn und Nachfolger des Pythagoras und Lehrer des Empedokles (Emp., DK 28 B 155), was von der Fachwelt allerdings in das Reich der Legenden verwiesen wird (s. Schirren/Rechenauer 2013, S. 199). 7,66

Theophrast: Theophrastos von Eresos auf Lesbos (um 370–287 v. Chr.) war Schüler und Freund des Aristoteles und dessen Nachfolger als Leiter der Peripatetischen Philosophenschule in Athen. Von seinem umfangreichen Schrifttum ist nur ein kleiner Teil erhalten, darunter eine Untersuchung über Pflanzen, eine kurze Schrift zur Metaphysik und eine Sammlung von ca. 30 anschaulichen Skizzen verschiedener Charaktertypen. 2,10

Thrasea: Publius Clodius Thrasea Paetus, Senator, Stoiker mit republikanischer Gesinnung; 66 n. Chr. wurde er auf Veranlassung Neros (reg. 54–68) wegen Hochverrats angeklagt und beging nach der Verurteilung Selbstmord; dadurch ist er zum Prototyp des philosophisch motivierten Kritikers tyrannischer Herrschaft geworden. 1,14

Trajan: 53–117; 98–117 röm. Kaiser. Unter ihm erlebte das römische Imperium seine größte Ausdehnung und eine Zeit des Friedens und Wohlstands, weswegen Trajan von der Nachwelt sehr oft – so auch Marc Aurel – zum Idealbild eines guten Kaisers erhoben wurde. 4,32

Verus:

1. Großvater Marc Aurels; vgl. die Anmerkung zu 1,1. 1,1
2. Marcus Annius Verus, Vater Marc Aurels. 8,25. 37

Vespasian: 9–79; 69–79 röm. Kaiser. 4,32

Xanthippe: Ehefrau des Philosophen Sokrates (um 470 – 399 v. Chr.); einige Zeitgenossen dichteten ihr den Ruf einer zänkischen Ehefrau an – als solche ging sie in die Literaturgeschichte ein. 11,28

Xenokrates: Xenokrates von Chalcedon (um 395 – um 314 v. Chr.) war ein Schüler Platons und Schulhaupt der Akademie; er ist von Diog. Laert. 4,11 als ἀτυφότατος bezeichnet worden, als Mann »völlig ohne Aufgeblasenheit« (τῦφος); als äußerst bescheiden charakterisiert ihn auch Plutarch (vit. pud. 11,533 C). 6,13

Zeus: Oberster Gott der Griechen; bei den Römern Jupiter. 5,6. 7. 8. 27; 11,8

STAMMBAUM MARC AURELS

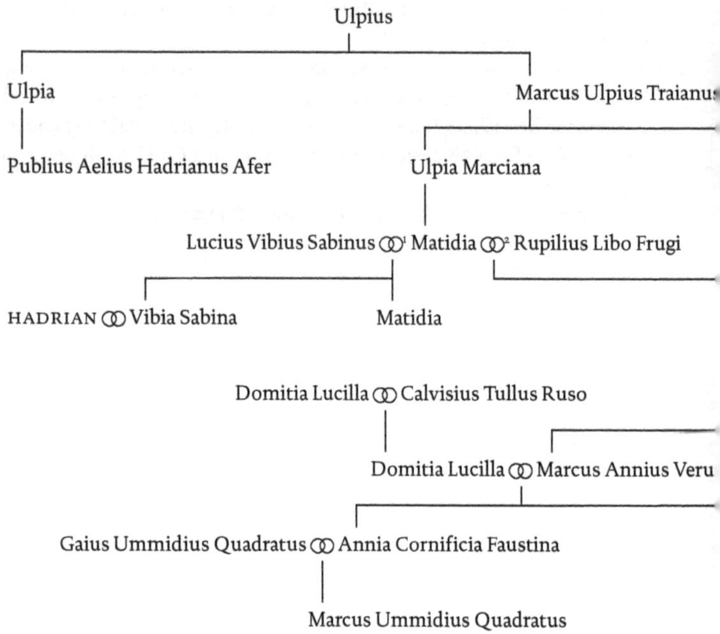

Für detailliertere Informationen vgl. Demandt 2018, S. 548 f.

RAJAN ⚭ Plotina

Annius Verus

.upilia Faustina ⚭ Marcus Annius Verus

NTONINUS PIUS ⚭ Annia Galeria Faustina

Marcus Annius Libo

ARC AUREL ⚭ Annia Galeria Faustina

Annius Libo

13 Kinder

- Annia Aurelia Galeria Faustina (147 – nach 161)
- Annia Aurelia Galeria Lucilla (149–182)
- Zwilling der Lucilla
- Titus Aelius Antoninus (nach 150 – vor 161)
- Titus Aelius Aurelius (nach 150 – vor 161)
- Hadrianus (152? – vor 166)
- Domitia Faustina (156? – vor 161)
- Fadilla (159? – nach 193)
- Cornificia (160 – nach 211)
- Titus Aurelius Fulvus Sabinus (161–165)
- COMMODUS (161–192)
- Marcus Annius Verus (162–169)
- Vibia Aurelia Sabina (171–212?)

LEBEN UND WERK MARC AURELS – EIN NACHWORT VON GERNOT KRAPINGER

DAS LEBEN MARC AURELS

Marc Aurel wurde am 26. April 121 n. Chr. mit dem Namen Marcus Annius Verus geboren.* Nach dem frühen Tod des Vaters Annius Verus hat ihn sein aus Ucubi in Baetica, dem heutigen Espejo (Spanien), stammender Großvater gleichen Namens, der dreimal Konsul und Stadtpräfekt von Rom war, adoptiert. Marc Aurels Mutter Domitia Lucilla, eine Schwester des Antoninus Pius (reg. 138–161), erbte das riesige Vermögen des Gnaeus Domitius Afer. Marc Aurel war die Kaiserwürde zwar nicht in die Wiege gelegt, er wurde aber schon als Kind ein Protegé des Kaisers Hadrian (reg. 117–138), eines kinderlosen Verwandten seiner Mutter; im Jahr 127 erfolgte die Erhebung in den Ritterstand, ein Jahr später die Aufnahme in die Priesterschaft der Salier.

Nach dem Elementarunterricht und der Einführung in die lateinische und griechische Sprache und Literatur gab ihm Diognetos Malunterricht und führte ihn als Erster der Philosophie zu. Der wichtigste Lehrer wurde ihm der berühmte Redner Cornelius Fronto; ein Briefwechsel zwischen den beiden ist uns als einzigartige Quelle erhalten. Ferner unterrichtete Marc Aurel, dessen Hinwendung zur Philosophie seit seinem zwölften Lebensjahr offensichtlich war, auch der Sophist Herodes Atticus. Daneben

* Vgl. Stammtafel auf S. 99. Ausführliche Stammtafeln bieten zudem Birley 1968, S. 417 ff., Fündling 2008, S. 230 f. und Demandt 2018, S. 547 ff.

haben ihn Quintus Iunius Rusticus und die durch Arrian vermittelte Lehre Epiktets stark beeinflusst.

Im Jahr 136 entschied sich der kränkelnde Kaiser Hadrian überraschend, den 36-jährigen Lucius Ceionius Commodus zu adoptieren und zum Caesar und Thronfolger zu ernennen. Zugleich wurde der inzwischen 15-jährige Marc Aurel mit Ceionia Fabia, der Tochter des Ceionius verlobt – er war somit der Schwiegersohn von Hadrians Erben.

Keine zwei Jahre später rückte Marc Aurel ganz nahe an den Thron. Der Thronfolger erlag nämlich am 1. Januar 138 überraschend einem Blutsturz, und der sterbenskranke Hadrian musste sich schleunigst einen Ersatzkandidaten suchen. Er adoptierte Antoninus Pius und machte ihn zum Caesar. Auf Hadrians Anordnung adoptierte Antoninus, der mit Annia Galeria Faustina, einer Tante Marc Aurels, verheiratet war und dessen beide Söhne schon verstorben waren, seinerseits nun zwei mögliche Nachfolger: seinen Verwandten Marcus sowie den Sohn des zuvor von Hadrian adoptierten und in demselben Jahr verstorbenen Lucius Aelius Caesar, Lucius Verus, den Bruder von Marcus' Verlobter. Seinen Adoptivvater und Vorgänger auf dem Kaiserthron, Antoninus Pius, hebt Marc Aurel in den *Selbstbetrachtungen* als Leitfigur seiner Regentschaft besonders hervor (vgl. 1,16; 6,30).

Als Hadrian vier Monate später starb, wurde das Verlöbnis mit Ceionia gelöst, und Marc Aurel, offenbar abermals eine Marionette dynastischer Erwägungen, wurde mit der Tochter des Antoninus Pius und der Annia Galeria Faustina I., seiner eigenen Cousine, verlobt: Annia Galeria Faustina II. war zuvor mit Lucius Verus verlobt gewesen (diese erst einige Monate zuvor geschlossene Verlobung war nun aufgelöst worden). Die Eheschließung erfolgte im Jahr 145. Das erste gemeinsame Kind wurde am 30. November 147 geboren; an dem darauf folgenden Tag erhielt Marc Aurel die *tribunicia potestas* und das *imperium proconsulare*, und Faustina wurde mit dem Beinamen *Augusta* geehrt.

Als Marc Aurel, nachdem er schon 139 zum Caesar erhoben worden war, Antoninus Pius am 7. März 161 als Kaiser nachfolgte, hatte er bereits vier Töchter, und Faustina war gerade wieder schwanger. Sein Briefwechsel mit Fronto offenbart nicht nur den Verlauf seiner geistigen Entwicklung, sondern gibt auch Einsichten in das Familienleben des angehenden Kaisers.

DIE DOPPELHERRSCHAFT MIT LUCIUS VERUS

Marcus bat den Senat, seinem Adoptivbruder Lucius den Titel eines Mitregenten zuzuerkennen.* Dieser nahm Marcus' Namen Verus an, Marcus den seines Vorgängers, Antoninus. Vorerst herrschten also zwei Augusti, nur *pontifex maximus* blieb Marc Aurel allein. Er verlobte seine älteste Tochter Lucilla mit seinem Mitregenten Verus. Der jüngere Adoptivbruder gab sich bis zu seinem Tod mit seiner Nebenrolle zufrieden und erledigte die Aufgaben, die der ältere ihm zuwies.

Mit Marc Aurels Herrschaftsantritt endete die nachtrajanische Ära einer fast 50-jährigen verhältnismäßig friedlichen Außenpolitik des Römischen Reiches – der der Philosophie ergebene Kaiser musste trotz schwacher Konstitution den größten Teil seiner Regierungszeit im Feldlager verbringen. Der erste Krisenherd lag im Osten: Schon unter Antoninus Pius hatten sich die lange frik-

* S. dazu Priwitzer 2017.

tionsfreien Beziehungen zu den Parthern verschlechtert, was 161 in einer förmlichen Kriegserklärung der Parther unter Großkönig Vologaeses IV. kulminierte; die Parther eroberten daraufhin die Provinz Armenia und vernichteten ein römisches Heer. Im Jahr 162 wurde eine römische Gegenoffensive in Gang gebracht, unter dem formellen Oberbefehl des Verus, aber unter der maßgeblichen militärischen Leitung von fähigen Generälen wie Statius Priscus und Avidius Cassius. Das römische Heer eroberte die Städte Seleukeia am Tigris und Ktesiphon. Eine plötzlich im Heer ausgebrochene Seuche* zwang Verus im Sommer 166 allerdings nach einem Friedensschluss zur Rückkehr nach Rom, nachdem er Avidius Cassius als Statthalter von Syrien eingesetzt hatte. Zusammen mit Marc Aurel, der an den Militäroperationen gar nicht beteiligt war, feierte er am 12. Oktober desselben Jahres einen Triumph. Beide erhielten den Titel *Pater Patriae*, und die noch am Leben befindlichen Söhne Marc Aurels, Commodus und Annius Verus, wurden *Caesares*.

Inzwischen hatte sich nördlich der Alpen ein weiterer Krisenherd entzündet, und Marc Aurel plante einen neuen Kriegszug, um die Donaugrenze zu sichern. Denn der durch Einbrüche germanischer Stämme ausgelöste Druck an der Donaufront wurde stetig größer, und während die von den heimkehrenden Soldaten aus dem Osten eingeschleppte Seuche inzwischen ganz Italien und Rom erfasst hatte, hob man neue Legionen aus, für deren Unterhalt Marc Aurel sogar die »Kronjuwelen« und andere kaiserliche Pretiosen versteigerte (HA 17,4–5).** Im Frühjahr 168 brachen

* S. dazu Eck 2012 und Klinkott 2017, bes. S. 296–302.

** S. Speidel 2017, S. 64 ff.

Marcus und Verus von Rom auf und marschierten zunächst nach Aquileia, wo sie ihr Hauptquartier einrichteten. Durch die energische Kriegsführung der Römer wurden die Markomannen und Quaden dazu genötigt, frühere Bündnisverträge zu erneuern.

Der Krieg war damit aber nicht zu Ende, da sich die Unruhen inzwischen bis zu den sarmatischen und skythischen Stämmen an der unteren Donau und am Schwarzen Meer ausgedehnt hatten. Als sich im Winter 168/169 die Seuche auch in Aquileia auszubreiten begann, beschlossen die beiden Adoptivbrüder, nach Rom heimzukehren. Auf dem Weg dorthin erlitt Verus einen Schlaganfall und starb drei Tage später. Marcus überführte den Toten nach Rom, wo er vom Senat unter die Götter erhoben und in Hadrians Mausoleum (der heutigen Engelsburg) beigesetzt wurde. In den *Selbstbetrachtungen* setzte er ihm ein Denkmal brüderlicher Zuneigung: Verus habe ihn gelehrt, auch an sich zu denken, und habe ihm durch seine Wertschätzung und Liebe Freude bereitet (1,16).

ALLEINHERRSCHAFT BIS ZUM TOD

Seine durch den Tod des Mitregenten eben erst verwitwete Tochter vermählte Marc Aurel mit T. Claudius Pompeianus, einem seiner Generäle, und reiste anschließend wieder in den Norden. Die Markomannen und Quaden hatten inzwischen die Donau überschritten und brachen bis nach Oberitalien durch, wo sie auch Aquileia belagerten. Die Eindringlinge konnten zwar zurückgeschlagen werden, weswegen am 15. Oktober 172 Marc Aurel und sein Sohn Commodus den Beinamen *Germanicus* erhielten, die Bedrohung aber blieb, so dass der Kaiser sein Hauptquartier nach Carnuntum an die Donau (im heutigen Niederösterreich) verlegte; zur gleichen Zeit wurde der gesamte Balkan von den plündernden Kostoboken überrannt; 174 verlegte Marc Aurel die Heeresleitung nach Sirmium (im heutigen Serbien), um der diesseits der Donau brandschatzenden und plündernden Jazygen Herr zu werden.

Im Zuge der Kampfhandlungen an der Donau kam es zu einem denkwürdigen Ereignis: Der Überlieferung nach waren die Römer auf einer Strafexpedition gegen die vertragsbrüchigen Quaden in eine gefährliche Situation geraten; den Quaden war es nämlich gelungen, in der Sommerhitze eine römische Heeresabteilung in einer wasserlosen Gegend einzukesseln. Bevor sich aber die römischen Soldaten ergeben mussten, um den Verdurstungstod abzuwenden, rettete sie ein Gewitterregen; mit Helmen und Schilden fingen sie das Wasser auf – und schlugen darauf mit frischer Kraft die Quaden in die Flucht. Sowohl Pagane als auch Christen schrieben die Rettung der Soldaten der Kraft ihrer Gebete und ihrer Religion zu.*

Während des Krieges gegen Markomannen und Quaden kam es 177 in Lugdunum (heute Lyon) und in Vienna (heute Vienne im Département Isère) zu blutigen Ausschreitungen gegen christliche Gemeinden. Ob Marc Aurel im staatlichen Vorgehen gegen die neue Religion eine aktive Rolle eingenommen hat, ist in der Forschung umstritten.**

Das Kriegsglück gegen die Germanen war wechselhaft, die ersten Erfolge konnten nicht gehörig genutzt werden, da sich

* S. Kovács 2008.

** Zum Verhältnis des Kaisers zu den Christen s. 11,3 und die in Anm. 460 verzeichnete Literatur, ferner Molthagen 2017 und Zilling 2017.

der Kaiser durch einen Aufstand des Avidius Cassius in Syrien im April 175 – der General hatte sich von seinen Soldaten zum Kaiser ausrufen lassen – zu einem übereilten Frieden mit Markomannen, Quaden und Jazygen genötigt sah. Der Grund der Usurpation des Avidius Cassius lag wohl darin, dass das Gerücht aufgekommen war, Marc Aurel sei an der Donau gefallen. Die Nachbarprovinzen Ägypten, Judäa und Arabien hatten den neuen Kaiser sofort anerkannt. Als die Kunde vom Tod des Kaisers als falsch erkannt wurde, wollte der Usurpator seinen Schritt nicht zurücknehmen und forderte den Senat in einem Brief auf, seine Proklamation anzuerkennen. Einer solch offenen Rebellion musste sich Marc Aurel sofort entgegenstellen. Daher holte er seinen einzigen überlebenden Sohn Commodus an seine Seite, ließ ihn in alle Priesterkollegien aufnehmen und ernannte ihn zum *princeps iuventutis*, womit er die Weichen für seine Nachfolge gestellt hatte.

Kaum war Marcus im Herbst 175 aufgebrochen, wurde der Rebell von eigenen Offizieren, die wohl einen Bürgerkrieg verhindern wollten, ermordet. Cassius' Unterstützer zeigten sich nach der Ankunft des Kaisers reumütig, und Marc Aurel begegnete ihnen mit Milde. Nach dem Friedensschluss an der Donau trat die Kaiserfamilie über Kleinasien den Rückweg nach Rom an. Faustina allerdings starb in dem kleinasiatischen Städtchen Halala. Marcus ließ sie einäschern und die Urne später in der Grabstätte der Dynastie, in Hadrians Mausoleum in Rom, beisetzen. Auf seine Bitte hin erhob der Senat die Tote zur Göttin. Den Gerüchten, die der Kaiserin und Mutter von 13 Kindern einen ausschweifenden Lebenswandel nachsagten, trat ihr Ehemann in Wort und Schrift energisch entgegen. In den *Selbstbetrachtungen* dankte er den

Göttern dafür, eine solche Frau gehabt zu haben, »so hingebungsvoll, so zärtlich, so schlicht und einfach«*.

Auf seiner Rückreise nach Rom kam Marc Aurel auch nach Athen und ließ sich im nahen Eleusis zusammen mit Commodus in den Mysterienkult der Göttin Demeter einweihen. Den Sohn stellte er in den Vordergrund, als er nach der Rückkehr in Rom am 23. Dezember 176 einen Triumph über die Germanen und Sarmaten feierte. Um die Mitte des folgenden Jahres gab der Senat Marcus' Wunsch nach und proklamierte den 16-jährigen Commodus zum Augustus und Vater des Vaterlandes. Wieder hatte das Reich zwei Kaiser, und die Nachfolge war offiziell geregelt.

Im Laufe des Jahres 177 drangen abermals bedrohliche Nachrichten aus der Donauregion nach Rom. Einmal mehr waren es die Quaden, die in römisches Gebiet eindrangen und die markomannischen und jazygischen Nachbarstämme mitzogen.

Im Jahr 178 entschloss sich Marcus, trotz seiner 57 Jahre und zunehmender Erschöpfung, persönlich einen zweiten Germanenkrieg zu führen, um die Ergebnisse des ersten zu verteidigen. Im August brach er auf, und Commodus musste ihn begleiten. Die Jazygen gaben rasch nach, und im folgenden Jahr konnten sich beide Kaiser mit ganzer Kraft gegen die Quaden und Markomannen wenden. In ihrem Stammesgebiet wurden zur dauerhaften Sicherung des Umlandes befestigte Lager errichtet. Gegen Ende des Winters 179/180 erkrankte Marc Aurel ernstlich – sein Zustand verschlimmerte sich rasch. Er empfahl Commodus noch den Generälen und dem Heer, dann starb er am 17. März 180,

* 1,17, s. Anm. 38.

wahrscheinlich in Vindobona; über die unmittelbare Todesursache ist viel spekuliert worden, Gewissheit gibt es nicht.*

Mit Commodus, Marc Aurels Sohn und Nachfolger, sank nach Cassius Dio (72,36,4), einem römischen Senator, Konsul und Geschichtsschreiber der nächsten Generation (163 – um 229), das goldene römische Kaisertum zu einem eisernen und rostigen herab.**

DIE *SELBSTBETRACHTUNGEN*

DATIERUNG

Der teilweise fragmentarische und heterogene Charakter des Werkes lässt annehmen, dass es über einen längeren Zeitraum verfasst wurde. Einige Hinweise zu einer zeitlichen Einordnung liefert uns der Autor an verschiedenen Stellen seiner Gedanken:

In 6,30 mahnt er sich selbst, nicht »zu verkaisern«, was als *terminus post quem* die Thronbesteigung annehmen lässt; in 2,2 nennt sich der Kaiser »alt«, in 2,6 glaubt er, seine besten Jahre schon hinter sich zu haben; Ähnliches äußert er in 5,31 und 10,15.

Zeitbezüge im engeren Sinn sind selten; lediglich der Ausbruch einer Seuche, die heute ins Jahr 169 datiert wird (9,2), und der Tod seines Adoptivbruders Lucius im Jahr 169 finden Erwähnung (8,25. 37); die Nennung der Sarmaten in 10,10 ist zu unbestimmt, um sie in zeitliche Nähe zum militärischen Vorgehen ge-

* Über die unterschiedlichen Quellen zu Todesart und -ort s. Demandt 2018, S. 402–405.

** Zur Rezeption Marc Aurels in der abendländischen Literatur, Philosophie und Kunst bietet Müller 2013 einen hervorragenden Überblick.

gen dieselben (174/175) zu rücken. Angesichts dieses Befundes und der beiden Ortsangaben im Werk (s. die Anmerkungen zu 1,17 und zum Anfang von Buch 3) ist davon auszugehen, dass die *Selbstbetrachtungen* im Zeitraum 172–178 verfasst wurden, also in den Kriegswirren an der Front* – ein Umstand, der sicherlich in den eindringlichen Bildern, den militärischen Metaphern und im pessimistischen Grundton der Schrift einen Widerhall gefunden hat. Die resignative oder zumindest melancholische Stimmung wird auch durch Appelle zur Heiterkeit und Gemütsruhe (3,5; 4,24; 5,20; 6,43; 7,28. 33. 68; 8,28. 57; 9,31; 10,12; 12,3. 30) und durch die Hymnen auf die Schönheit und die Wohlgeordnetheit des Universums (4,23; 5,4) nicht aufgehoben.**

TITEL

Das in griechischer Sprache verfasste Werk wurde später in zwölf Bücher und 487 Aphorismen unterteilt. Ausgaben und Übersetzungen gaben ihm ganz unterschiedliche Titel: »Unterhaltungen mit sich selbst« (Reche), »Selbstermahnungen« (Mommsen), »Selbstbetrachtungen« (Wittstock) oder »Wege zu sich selbst« (Nickel) sind nur einige Beispiele.*** Die Überschrift, die sich auf

* So auch Ceporina 2012, S. 45 f.; für das erste Buch nimmt Ceporina, offensichtlich wegen des vom Rest völlig unterschiedlichen Inhalts und Charakters des Textes, als Ort und Zeit der Abfassung entweder Rom in der Zeit zwischen 176 und 180 oder Sirmio zwischen 178 und 180 an.

** Von der Grausamkeit dieses Krieges zeugen auch einprägsame Reliefs der Marc-Aurel-Säule, die sich heute auf der Piazza Colonna in Rom befindet; s. dazu Griebel 2013 und Demandt 2018, S. 79–87.

*** S. dazu eingehender van Ackeren 2011, S. 49–51 sowie Demandt 2018, S. 46.

Manuskripten findet – Μάρκου Ἀντωνίνου αὐτοκράτορος τῶν εἰς ἑαυτὸν βιβλία XII, »Marcus Antoninos' 12 Bücher an sich selbst« – stammt sicher nicht vom Autor, der oft genannte Kurztitel Εἰς ἑαυτόν (»An sich selbst«) geht auf die Erstausgabe von Andreas Gesner (1559) zurück; auch wenn diese Überschrift nicht authentisch ist, passend ist sie allemal, denn sie verweist auf die Selbstreferentialität des Textes,* wie die von Dalfens (1967, bes. S. 204 ff.) epochaler Studie initiierten Untersuchungen zur Eigenart dieser Schrift aus den letzten beiden Dezennien eingehend gezeigt haben.

CHARAKTERISTIK UND AKTUALITÄT

Gerade die Selbstreferentialität ist es, die Marc Aurels Werk zu einem bemerkenswerten literarischen Text und zu einem einzigartigen Dokument der antiken Philosophie macht. Der Kaiser hat nicht an und für ein Publikum geschrieben, sondern richtete sich nur an sich selbst.** Pierre Hadot hat diese Form des therapeutischen Selbstgesprächs als »geistige Übung« bezeichnet.*** Und tatsächlich kann man den repetitiven und unstrukturierten Charakter der *Selbstbetrachtungen* besser verstehen und wertschätzen, wenn man diese als eine schriftliche geistige Übung betrachtet.

Freilich hat Marc Aurel solche Übungen nicht erfunden, sie waren vielmehr ein fester Bestandteil der stoischen Philosophie

* Die Überschrift Εἰς ἐμαυτόν (»An mich selbst«) wäre, wie Demandt 2018, S. 46 meint, freilich noch zutreffender.

** Ausführlich und differenziert erläutert dies van Ackeren 2006 und 2011 pass.

*** Hadot 1996, S. 80–84.

bei Musonius Rufus und Seneca; auch die kynische und pythagoreische Tradition bietet allerlei Anregungen für ein derartiges mentales Training.* In gewisser Hinsicht wird ein Konzept von »Seelsorge« (ἐπιμέλεια τῆς ψυχῆς, vgl. Plat. apol. 29e und 30b sowie Laches 185e f.) weiterentwickelt, das von Sokrates stammt, auf den sich ja die Stoa und die meisten der hellenistischen Schulen als Ahnherrn berufen: Dieser wirft in der platonischen *Apologie* seinen Anklägern vor, dass sie sich mehr um Geld, Ruhm und Ehre bemühten als um Einsicht und Wahrheit und um die eigene Seele.

Neuerdings hat eine solche philosophische Seelsorge Konjunktur. Ganz nach dem Beispiel sokratischer Maieutik sollen dabei Gedanken ans Licht gebracht werden, die in einem Menschen schlummern und für sein Leben wichtig sind.** Hand in Hand gehen diese lebenspraktischen Angebote vonseiten der Religion, der Psychologie und Philosophie auf dem Buchmarkt mit einem zunehmenden Interesse an Marc Aurels *Selbstbetrachtungen*: In den letzten 15 bis 20 Jahren haben sich nicht nur Vertreter der Klassischen Philologie und der Alten Geschichte, die den Kaiser und seine Schrift als Forschungsobjekt ja nie aus den Augen verloren haben, sondern auch Philosophen mit den *Selbstbetrachtungen* befasst, einem Text, dem lange Zeit angekreidet wurde, nur lebenspraktische Ratschläge und viel zu wenig oder gar keine theoretischen Erörterungen aufzuweisen. Mittlerweile gibt es einen regelrechten Boom von Publikationen, die die antike Philosophie, darunter besonders die Gedanken Epiktets, Senecas und

* S. dazu den historischen Abriss von Sellars 2016, S. 112–119.

** S. dazu Nussbaum 1994; Schmid 1998, 2002 und 2018; Nehamas 1998 und Long 2002.

Marc Aurels, als Anregungen zur individuellen Lebensbewältigung ernst nehmen und somit gerade das schätzen, was lange Zeit als großes Manko angeprangert wurde.*

John Sellars, ein renommierter Kenner der Stoa und ihrer Rezeption in der Philosophiegeschichte, geht als ein Vertreter einer »Philosophy as a Way of Life« von der Beobachtung aus, dass für Stoiker die Philosophie nicht bloß Theorie, sondern auch eine Praxis zum Zweck der Selbstveränderung war. Dafür ist es aber nicht ausreichend, philosophische Einsichten zu rezipieren, sie müssen vielmehr durch beständige Übung im Bewusstsein gehalten werden. Das macht, so Sellars, Marc Aurel in seinen *Selbstbetrachtungen*: Indem er sich schreibend mit verschiedenen persönlichen und philosophischen Themen beschäftigt, festigt er stoische Einsichten, welche sein Denken, Empfinden und Handeln bestimmen sollen. Die wichtigsten darunter sind, dass man nicht die Dinge, die einen beunruhigen, wohl aber seine Einstellungen zu diesen Dingen ändern kann, sowie dass es nichts gibt, das nicht einem ständigen Wandel unterworfen ist; ferner, dass alle Menschen an derselben göttlichen Natur Anteil haben und deshalb dementsprechend gleich zu behandeln sind. Hauptzweck solcher Übungen ist es, ungerechtfertigte Gemütsaufwallungen zu beseitigen und die richtigen Denk- und Handlungsweisen zu etablieren.**

Dass man dem Beispiel Marc Aurels auch heute noch folgen kann, zeigt neben vielen diesbezüglichen Bucherscheinungen un-

* Ich nenne aus Platzgründen exemplarisch nur Holiday 2017 und Pigliucci 2017; für diese Entwicklung grundlegend und einflussreich war wohl Hadot 1997.

** S. Sellars 2016, S. 112–124.

serer Zeit das Projekt »Stoicism Today«*, bei dem Philosophen, Psychotherapeuten sowie ein Sachbuchautor zusammenarbeiten, um stoische Gedanken als lebenspraktisches und psychotherapeutisches Fundament zu erforschen und bekannt zu machen. Ausgehend von einer entsprechenden Analyse der stoischen Theorie im Allgemeinen und der Gedanken von Marc Aurel im Besonderen sieht Christopher Gill, nicht nur Übersetzer und Kommentator der *Selbstbetrachtungen*, sondern einer der besten Kenner der antiken Ethik und Psychologie überhaupt, gute Chancen, diese Ideen auf unsere Zeit zu übertragen. Kerngedanken der Stoiker seien heute sogar plausibler als in der Antike, etwa die Thesen, dass Tugend das einzige Gut sei und dass wir alle Menschen als Schwestern und Brüder ansehen sollten.**

Schon allein wegen ihrer weltbürgerlichen Perspektive und des Geistes tiefer Humanität sind den *Selbstbetrachtungen* nicht nur viele Leser, sondern auch – nach Kaiser Iulian, Friedrich dem Großen, Helmut Schmidt und Bill Clinton – viele Persönlichkeiten in politischer Verantwortung zu wünschen, die sich zu den aufgeführten Idealen bekennen. Denn diese Sammlung von Gedanken äußert sich nicht nur zu Themen wie ›Kürze des Lebens‹, ›Unsicherheit des Nachruhms‹, ›Vergänglichkeit menschlicher Geschichte‹ sowie ›Formen des Weiterlebens nach dem Tod‹, sondern auch zur ›Notwendigkeit, für das Gemeinwohl zu arbeiten‹ und zu den Themen ›Einheit der Menschheit‹ und ›verderblicher Einfluss der Macht‹. Marc Aurel versucht, Patriotismus mit einer die gesamte Menschheit im Auge behaltenden Perspektive zu ver-

* S. http://modernstoicism.com/
** S. Gill 2016.

einbaren. »Die staatliche Gemeinschaft und das Vaterland«, sagt er, »ist für mich als Antoninus Rom, für mich als Mensch aber der Kosmos.«* Er redet vom Universum als von »der geliebten Stadt des höchsten Gottes«** und hat Anregungen für diese Vorstellung gewiss von Poseidonios, einem Vertreter der Mittleren Stoa, übernommen. Allerdings offenbart sich in den *Selbstbetrachtungen* eine eigenständige Weltanschauung eines Mannes, der über die grundsätzlichen Fragen eingehend nachgedacht hat und nicht darauf erpicht ist, in allem den Säulenheiligen stoischer Orthodoxie zu folgen; in den Leitlinien seines Denkens zeigt sich Marc Aurel freilich als Vertreter der Stoa, die nach seinem Tod für eine lange Zeit von der Bühne der Philosophie abgetreten ist.***

* 6,44.

** 4,23.

*** Zu Leben, Werk, Lehre und Nachwirkung Marc Aurels vgl. Reydams-Schils 2018; zur Rezeption des Stoizismus vgl. Ricken 2005.

PFLICHT UND GELASSENHEIT – EIN BEGLEITTEXT VON HELMUT SCHMIDT

MIT FÜNFZEHN JAHREN BEKAM ICH DIE *SELBSTBETRACHTUNGEN* DES MARC AUREL GESCHENKT. DAS BUCH HAT MICH IN SCHWEREN STUNDEN GELEITET, VOM RAF-TERROR BIS ZUR NACHRÜSTUNG.

Auf meinem Schreibtisch steht eine Reiterfigur. Sie soll mich an den Vorsatz erinnern, den ich vor acht Jahrzehnten gefasst habe: an den Willen, meine Pflichten zu erfüllen. Zugleich mahnt mich diese Reiterfigur zur inneren Gelassenheit. Eine ähnliche Nachbildung hatte schon in meinem Bonner Büro auf dem Schreibtisch gestanden. Bei dem überlebensgroßen Original, das ursprünglich vollständig vergoldet war, handelt es sich um das eindrucksvolle Reiterstandbild des römischen Kaisers Marcus Aurelius; es stammt wohl aus dem Jahre 166 nach Christus und wurde vor knapp fünfhundert Jahren von Michelangelo auf dem Platz vor dem Kapitol aufgestellt.

Meine Verehrung für Marc Aurel geht auf das Jahr meiner Konfirmation zurück. Das kirchliche Ritual selbst habe ich nicht sehr ernst genommen, das meiste fand ich etwas seltsam. Was mir am Konfirmationsunterricht Spaß gemacht hat, war die Tatsache, dass ich das Harmonium spielen durfte. Am Tag der Konfirmation gab es eine kleine Familienfeier, und da bekam ich von meinem Onkel Heinz Koch ein Buch geschenkt, die *Selbstbetrachtungen* des Marcus Aurelius.

Ich habe noch am selben Abend angefangen, darin zu lesen,

und was ich las, hat mir gewaltig imponiert. Die Reflexionen eines römischen Kaisers, der damals bereits seit 1750 Jahren tot war, waren ein prägender Leseeindruck. Ich hatte auch vorher schon viel und gern gelesen: Teile der europäischen Romanliteratur des 19. Jahrhunderts oder Geschichten von Mark Twain – was man mit vierzehn und fünfzehn Jahren damals eben gelesen hat – und etwas später die *Buddenbrooks*. Bei der Lektüre der *Selbstbetrachtungen* des Marc Aurel hatte ich jedoch zum ersten Mal das Gefühl, dass dieses Buch ein für mein weiteres Leben richtungsweisendes Buch werden würde. Meine unmittelbare Empfindung war: So will ich auch werden. Einige Jahre später habe ich das Buch mit in den Krieg genommen.

Bei dem Geschenk von Onkel Heinz handelte es sich um die alte Kröner-Ausgabe. Sie hat mich bis auf den heutigen Tag begleitet. Auch wenn ich den Text inzwischen in vielen Ausgaben besitze, muss ich gestehen, dass ich ihn immer nur abschnittsweise, mit vielen zeitlichen Unterbrechungen und nie systematisch gelesen habe. Obwohl das Buch nur gut zweihundert Seiten umfasst, fand ich es ziemlich dick; es war mir auch zu abstrakt, zu wenig unterhaltsam, und als besonders störend empfand ich die vielen Wiederholungen. Erschwerend kam hinzu, dass ich zuvor nie einen philosophischen Text gelesen und keine entsprechende Anleitung hatte. Gleichwohl hat mich Marc Aurel vom ersten Tag an fasziniert. Heute bin ich der Überzeugung, dass ich das, was mir aufgrund mangelnder philosophischer Schulung möglicherweise entging, durch lebenslange Beschäftigung und stete Vertiefung hinlänglich ausgleichen konnte.

Vor allem die beiden Tugenden, die Marc Aurel in den Mittelpunkt seiner Betrachtungen rückt, sprachen mich auf der Stelle an: die innere Gelassenheit und die bedingungslose Pflichterfüllung. Wobei ich damals allerdings noch nicht so weit war, zwischen dem Prinzip der Pflichterfüllung und der Pflicht selbst zu unterscheiden. Die Forderung, seine Pflicht zu erfüllen, lässt offen, in welchem konkreten Handeln die Pflicht besteht, und ist deshalb, für sich genommen, keine wirkliche Hilfe. Wenn ich die *Selbstbetrachtungen* heute zur Hand nehme, entdecke ich weitere Forderungen, denen ich mich sofort anschließen kann – die Forderung nach Humanität und Menschlichkeit etwa oder die Forderung nach Gerechtigkeit. Was den Text wohltuend von vergleichbaren Schriften unterscheidet, ist die Tatsache, dass der Kaiser seine Forderungen nur an sich selbst richtet.

Wenn ich Marc Aurel alles in allem mein erstes Vorbild nenne, so tue ich das unter den in der Vorrede gemachten Einschränkungen. Denn natürlich hatte auch Marc Aurel seine Schwächen und seine Schattenseiten. Wenn wir die *Selbstbetrachtungen* lesen und ihren Stoizismus bewundern, dürfen wir daraus nicht schließen, dass der Autor auch im wirklichen Leben ein Stoiker war. Im Gegenteil, der historische Kaiser hat ganz und gar nicht so gelassen und vorbildlich gehandelt, wie er es in seiner Schrift fordert. Er war im Jahre 161 Kaiser geworden – wie seine Amtsvorgänger durch Adoption. In den knapp zwanzig Jahren seiner Herrschaft hat er manches wieder eingeführt, was seine Vorgänger abgeschafft hatten, etwa die Sklavenfolter. Er nahm die Christenverfolgung wieder auf und begann nach fünfzig Friedensjahren, zur Festigung des Reiches erneut massiv Kriege zu führen. Seine wichtigste Aufgabe sah er in der Abwehr der Barbaren im Nordosten und in Kleinasien. Er starb 180 mit 58 Jahren an der Pest. [Zur Todesursache vgl. S. 251; zu den Christen vgl. S. 249].

Marc Aurel ist ein gutes Beispiel dafür, dass das Bild eines Menschen im Laufe der Geschichte sich vollkommen ablösen kann von der historischen Figur.

Der römische Kaiser steht uns heute in erster Linie durch sein wunderbares Buch vor Augen, ein Buch, das die Menschen der Antike gar nicht kannten, denn er hatte es tatsächlich nur für sich geschrieben. Es war in der Antike unbekannt und tauchte erst im 10. Jahrhundert in einer Handschrift wieder auf. Weil er für sich selbst schrieb und beim Schreiben oft unterbrochen wurde, sind dem Autor die den Leser störenden Wiederholungen vielleicht gar nicht aufgefallen. Vielleicht waren sie ihm aber auch als Stilmittel wichtig. Die *Selbstbetrachtungen* sind in Griechisch geschrieben; denn Griechisch war zur Zeit Marc Aurels immer noch die Sprache der Philosophie, der Rhetorik und der Literatur.

Marcus Aurelius verstand das Schreiben als eine ständige Selbstermahnung. Obwohl er fast während seiner gesamten Regierungszeit aktiv in Kriegsgeschehen verwickelt war, suchte er jenen Prinzipien treu zu bleiben, die er für sich festgelegt und dann gegen Ende seines Lebens nach und nach niedergeschrieben hat. Heute lesen wir die *Selbstbetrachtungen* als eine Art Idealkatalog für gerechtes und kluges Regieren und nehmen den Kaiser für das, was in seinem Buche steht.

Es begegnet uns in der Geschichte immer wieder, dass ein Vorbild sich von der historischen Figur löst und idealisiert wird. Manchmal kann eine historische Figur überhaupt nur als Vorbild in Erscheinung treten, wenn man bestimmte Charakterzüge bewusst ausblendet und Unangenehmes einfach wegschneidet. Friedrich II. von Preußen etwa, der für viele noch heute ein verehrungswürdiger Mann ist. Er hat für die Vergrößerung seines Besitzes einen Krieg nach dem anderen geführt – und zwar gegen das ebenfalls deutsche Haus der Wittelsbacher. Einen Alexander den Großen im Taschenformat habe ich ihn einmal genannt. Das Ideal hat sich in diesem Fall sehr weit von der historischen Wirklichkeit gelöst. Aber das sollen die Friedrich-Verehrer mit sich selber ausmachen.

Ich jedenfalls habe mich nicht für die Gesamtperson interessiert, sondern mir nur das herausgepickt, was mir exemplarisch, vorbildlich und nachahmenswert schien. Man kann es auch anders ausdrücken: Jemand muss kein Heiliger sein, um Vorbild für dieses oder jenes werden zu können. Die Frage ist: Wie gehen wir damit um, wenn wir von einem Menschen, den wir als Vorbild empfinden, in anderen Zusammenhängen Negatives erfahren? Dass der Soldatenkaiser Marcus Aurelius die imperialen Interessen des Römischen Reiches mit großer Härte durchsetzte, habe ich irgendwann zu einem späteren Zeitpunkt meines Lebens verstanden. Der Eindruck, den seine *Selbstbetrachtungen* auf mich als Fünfzehnjährigen gemacht hatten, wurde dadurch nicht im Geringsten getrübt.

Marcus Aurelius war für mich ein Vorbild. Seine Ermahnungen sind mir selbstverständlich geworden. Seine beiden für mich wichtigsten Gebote, innere Gelassenheit und Pflichterfüllung, standen mir immer vor Augen. Das Gegenteil von Gelassenheit ist Aufgeregtheit, Nervosität – ein Zustand, in dem man im äußersten Fall nicht mehr Herr seiner selbst ist. Gelassenheit bewahrt einen davor, zu schnell zu entscheiden und dabei Fehler zu begehen. Sie ist eine Hilfe, fast eine Voraussetzung für die Anwendung der Vernunft: Nur wer die innere Gelassenheit mitbringt, kann auf die Stimme der Vernunft hören.

Richtig ist, dass ich oft ungeduldig war. Insbesondere im Umgang mit meinen Mitarbeitern ging mir manches nicht schnell genug, manches war mir nicht sorgfältig genug vorbereitet. Hier liegt jedoch nur auf den ersten Blick ein Widerspruch vor, denn tatsächlich blieb ich innerlich immer gelassen – auch in den Tagen von Mogadischu. Um im Herbst 1977 die entführte Lufthansa-Maschine aus der Hand der Terroristen zu befreien, hatte ich meinen Freund Hans-Jürgen Wischnewski mit einem heiklen Kommando betraut. »Du hast jede Vollmacht«, sagte ich zu ihm, »und wenn es dir notwendig scheint, reicht diese Vollmacht über das Grundgesetz hinaus.« Das heißt, ich habe mich ihm völlig ausgeliefert, und er hat mein Vertrauen in großartiger Weise gerechtfertigt.

Das Ganze stand fünfzig zu fünfzig. Entweder fliegen wir neunzig Passagiere nach Hause, oder sie werden alle in die Luft gesprengt. Wischnewski konnte wunderbar mit den Arabern umgehen, deshalb auch sein Ehrenname Ben Wisch. Er hat dem Diktator in Somalia den Hof gemacht und ihn durch Schmeicheleien davon abgehalten, seine eigenen Soldaten zur Befreiung des Flugzeugs einzusetzen, was zweifellos schiefgegangen wäre. Als Wischnewski am 18. Oktober 1977 kurz nach Mitternacht in Bonn anrief, um mitzuteilen, dass der Auftrag »erledigt« sei, wusste niemand besser als ich, was wir ihm zu verdanken hatten. Ben Wisch war die Zuverlässigkeit in Person.

Zwei Tage vorher hatte ich mich im Kanzleramt mit den Schriftstellern Heinrich Böll, Siegfried Lenz und Max Frisch zu einem ausgiebigen Meinungsaustausch getroffen. Der Termin war seit Monaten verabredet, und es gab in meinen Augen keinen Grund, ihn wegen der Entführung des Arbeitgeberpräsidenten

Hanns Martin Schleyer durch die RAF platzen zu lassen. Am Tag des Treffens mit den Schriftstellern versuchte die Bundesregierung vergeblich, die entführte Lufthansa-Maschine in Dubai festzuhalten, deshalb musste ich das Gespräch mehrfach unterbrechen. Der Verleger Siegfried Unseld, den ich ebenfalls eingeladen hatte, hielt hinterher fest, wie ruhig ich auf ihn gewirkt hätte – ganz anders als Böll, der sich über unverhältnismäßige Polizeieinsätze erregt habe. Es ging natürlich auch um politische und gesellschaftliche Verantwortung. 37 Jahre später fasste Siegfried Lenz die damalige Diskussion so zusammen: »Der Schriftsteller kann es auf dem Papier entscheiden, so oder so. Der Politiker muss es tragen.«

Ähnlich gelassen blieb ich auch Anfang der achtziger Jahre bei den Demonstrationen gegen den so genannten Nato-Doppelbeschluss. Dem war eine jahrelange strategische Kontroverse innerhalb des westlichen Bündnisses vorausgegangen, die 1979 in einen Kompromiss mündete: Wenn nach vier Jahren Verhandlungen mit den Russen nichts erreicht ist, wird der Westen nachrüsten. Die Verwirklichung der zweiten Hälfte dieses Beschlusses führte 1983 unter meinem Nachfolger zur Nachrüstung und wiederum vier Jahre später zum Vertrag nuklearer Mittelstreckenwaffen. Der so genannte INF-Vertrag (Intermediate-Range Nuclear Forces) war der erste völkerrechtlich gültige beiderseitige Abrüstungsvertrag seit dem Zweiten Weltkrieg. Inzwischen hatten in den USA, in Frankreich, in der Bundesrepublik und in der Sowjetunion die Regierungen gewechselt. Gleichwohl haben die entscheidenden Personen an den Spitzen der Regierungen an der strategischen Vernunft des Doppelbeschlusses festgehalten – ein Triumph des internationalen Kompromisses.

Ich hatte erkannt, dass die Sowjetunion auf eine Weise rüstete, die es dem Nachfolger von Breschnew oder späteren Nachfolgern erlauben würde, die Bundesrepublik von ihren Bündnispartnern zu isolieren. Eine Rakete mit drei nuklearen Sprengköpfen hätte Köln, Düsseldorf und Dortmund mit einem Schlag ausgelöscht. Eine solche militärische Erpressung zu verhindern war der eigentliche Sinn des Nato-Doppelbeschlusses. Die so genannte Friedensbewegung, die eine Nachrüstung des Westens als Voraussetzung für Abrüstungsgespräche ablehnte, diffamierte mich damals als Kriegstreiber. Auch für meine eigene Partei wurde der emotionale, an Hysterie grenzende Widerstand gegen den Doppelbeschluss zu einer schweren Belastungsprobe. Es war Helmut Kohl, der meine Sache weiterführte. Meiner späteren Genugtuung über den Erfolg des INF-Vertrages hat dies keinen Abbruch getan, im Gegenteil.

Für mich war entscheidend, dass ich mir Anfang der achtziger Jahre die innere Gelassenheit bewahrt habe und meiner Pflicht nicht ausgewichen bin. Oder anders ausgedrückt: Die innere Gelassenheit hat mir die nötige Kraft gegeben, meiner Pflicht nachzukommen. Ich vermute, dass in dem Augenblick, in dem ich mich an Marc Aurel erinnerte, die Gelassenheit jedes Mal zurückgekehrt ist.

Abgedruckt in *DIE ZEIT Magazin* 9/2015. Mit freundlicher Genehmigung des Zeitverlag Gerd Bucerius GmbH & Co. KG

LITERATURHINWEISE

TEXTAUSGABEN, ÜBERSETZUNGEN UND KOMMENTARE

Capelle 2008 Capelle, W.: Marc Aurel. Selbstbetrachtungen. Überarbeitet und neu eingeleitet von J. Fündling. Stuttgart 2008. [13. überarbeitete Aufl.]

Cortassa 1984 Cortassa, G. (Hrsg.): Scritti di Marco Aurelio. Lettere a Frontone, Pensieri, Documenti. Turin 1984.

Dalfen 1987 Dalfen, J. (Hrsg.): Marcus Aurelius. Ad se ipsum Libri XII. Leipzig [2]1987.

Farquharson 1944 Farquharson, A. S. L. (Hrsg.): The Meditations of the Emperor Marcus Antoninus. With Translation and Commentary. Oxford 1944. [Neudr. 1968.]

Gataker 1652 Gataker, Th.: Marc Aurel. De rebus suis. Cantabrigia 1652.

Gill 2013 Gill, C. (Hrsg.): Marcus Aurelius. Meditations. Books 1–6. Oxford 2013.

Trannoy 1962 Trannoy, A. I. (Hrsg.): Marc Aurèle. Pensées. Paris [2]1962.

Ausgaben zu anderen in den Anmerkungen genannten Autoren sowie Textsammlungen sind auf den Seiten 198 f. aufgeführt.

SONSTIGE ZITIERTE UND WEITERFÜHRENDE LITERATUR

van Ackeren 2005 Ackeren, M. v.: Heraklit. Einheit und Vielfalt seiner Philosophie. Bern 2005.

van Ackeren 2006 Ackeren, M. v.: »Sage zu dir selbst …« – Zur Dialogizität Marc Aurels. In: Zur Geschichte des Dialogs. Philosophische Positionen von Sokrates bis Habermas. Hrsg. von M. F. Meyer. Darmstadt 2006. S. 54–67.

van Ackeren 2011 Ackeren, M. v.: Die Philosophie Marc Aurels. 2 Bde. Berlin/Boston 2011.

van Ackeren 2012 Ackeren, M. v. (Hrsg.): A Companion to Marcus Aurelius. Chichester (u. a.) 2012.

van Ackeren / Opsomer 2012 Ackeren, M. v. / Opsomer, J. (Hrsg.): Selbstbetrachtungen und Selbstdarstellungen. Der Philosoph und Kaiser Marc Aurel im interdisziplinären Licht. Akten des Interdisziplinären Kolloquiums Köln. 23.–25. Juli 2009. Wiesbaden 2012.

Algra 2009 Algra, K.: Stoics on souls and demons: Reconstructing Stoic demonology. In: Frede/Reis 2009. S. 359–387.

Ameling 1992 Ameling, W.: Die Kinder des Marc Aurel. In: Zeitschrift für Papyrologie und Epigraphik 90 (1992) S. 147–166.

Annas 2004 Annas, J.: Marcus Aurelius. Ethics and its Background. In: Rhizai. Journal for Ancient Philosophy and Science 2 (2004) S. 103–119.

Beck 2005 Beck, H.: Karriere und Hierarchie. Die römische Aristokratie und die Anfänge des cursus honorum in der mittleren Republik Berlin 2005.

Birley 1968 Birley, A. R.: Mark Aurel. Kaiser und Philosoph. München 1968.

Birley 2012 Birley, A. R.: Family, Youth, and Education. In: van Ackeren 2012. S. 139–154.

Brennan 2009 Brennan, T.: Stoic souls in Stoic corpses. In: Frede/Reis 2009. S. 389–407.

Brockmann 2003 Brockmann, Chr.: Aristophanes und die Freiheit der Komödie. Untersuchungen zu den frühen Stücken unter besonderer Berücksichtigung der Acharner. München/Leipzig 2003.

Brunt 1979 Brunt, P. A.: Marcus Aurelius and the Christians. In: Studies in Latin Literature and Roman History. Bd. I. Hrsg. von C. Deroux. Brüssel 1979. S. 483–520.

Ceporina 2012 Ceporina, M.: The *Meditations*. In: van Ackeren 2012. S. 45–61.

Cooper 2004 Cooper, J.: Moral Theory and Moral Improvement. Marcus Aurelius. In: Ders.: Knowledge, Nature and the Good: Essays in Ancient Philosophy. Princeton 2004.

Dalfen 1967 Dalfen, J.: Formgeschichtliche Studien zu den *Selbstbetrachtungen* Marc Aurels. München 1967.

Demandt 2018 Demandt, A.: Marc Aurel. Der Kaiser und seine Zeit. München 2018.

Eck 2012 Eck, W.: Die Seuche unter Mark Aurel. Ihre Auswirkungen auf das Heer. In: L'impatto della »peste Antonina«. Hrsg. von E. Lo Cascio. Bari 2012. S. 63–77.

Ernst 2016 Ernst, G. (Hrsg.): Philosophie als Lebenskunst. Antike Vorbilder, moderne Perspektiven. Berlin 2016.

Forschner 2016 Forschner, M.: Über stoische und epikureische *meditatio mortis*. In: Ernst 2016. S. 91–108.

Frede/Reis 2009 Frede, D. / Reis, B. (Hrsg.): Body and Soul in Ancient Philosophy. Berlin / New York 2009.

Fündling 2008 Fündling, J.: Marc Aurel. Darmstadt 2008.

Gill 2006 Gill, C.: The Structured Self in Hellenistic and Roman Thought. Oxford 2006.

Gill 2007a Gill, C.: Marcus Aurelius. In: Greek and Roman Philosophy 100 BC – 200 AD. Bd. 2. Hrsg. von R. W. Sharples und R. Sorabji. London 2007. S. 157–189.

Gill 2007b Gill, C.: Marcus Aurelius' *Meditations*: How Stoic and How Platonic? In: Platonic Stoicism – Stoic Platonism. The Dialogue between Platonism and Stoicism in Antiquity. Hrsg. von M. Bonazzi und C. Helmig. Leuven 2007. S. 189–208.

Gill 2009 Gill, C.: Galen and the Stoics. What Each Could Learn from the Other about Embodied Psychology. In: Frede/Reis 2009. S. 409–423.

Gill 2016 Gill, C.: Stoische Philosophie als Lebensberatung und Psychotherapie. Antike und moderne Ansätze. In: Ernst 2016. S. 127–160.

Grieb 2017 Grieb, V. (Hrsg., unter Mitwirkung von C. Koehn): Mark Aurel – Wege zu seiner Herrschaft. Gutenberg 2017.

Griebel 2013 Griebel, J.: Der Kaiser im Krieg. Die Bilder der Säule des Marc Aurel. Berlin (u. a.) 2013.

Groag 1909 Groag, E.: Q. Fabius Maximus Catullinus [Fabius, Nr. 61]. In: RE VI, 2. Stuttgart 1909. Sp. 1761.

Hadot 1996 Hadot, P.: Die innere Burg. Anleitung zu einer Lektüre Marc Aurels. Frankfurt a. M. 1996.

Hadot 1997 Hadot, P.: Philosophie als Lebensform. Geistige Übungen in der Antike. Berlin 1997.

Halfmann 2017 Halfmann, H.: Marc Aurel und Herodes Atticus. In: Grieb 2017. S. 211–222.

Hammerstaedt 2012 Hammerstaedt, J.: Die Zweite Sophistik als geistiger Hintergrund von Marc Aurels *Selbstbetrachtungen*. In: van Ackeren / Opsomer 2012. S. 309–329.

Holiday 2017 Holiday, R.: Der tägliche Stoiker. 366 nachdenkliche Betrachtungen über Weisheit, Beharrlichkeit und Lebensstil. München 2017.

Horst 2017 Horst, C.: Die Macht des Philosophenkaisers. In: Grieb 2017. S. 189–210.

Hose 1994 Hose, M.: Erneuerung der Vergangenheit. Die Historiker im Imperium Romanum von Florus bis Cassius Dio. Stuttgart/Leipzig 1994.

Kasulke 2005 Kasulke, C. T.: Fronto, Marc Aurel und kein Konflikt zwischen Rhetorik und Philosophie im 2. Jh. n. Chr. München/Leipzig 2005.

Klinkott 2017 Klinkott, H.: Parther – Pest – Pandora-Mythos. Katastrophen und ihre Bedeutung für die Regierungszeit von Marc Aurel. In: Grieb 2017. S. 285–306.

Kovács 2008 Kovács, P.: Das Regenwunder Marc Aurels. In: Acta Antiqua Academiae Scientiarum Hungaricae 48 (2008) S. 387–404.

Lavecchia 2006 Lavecchia, S.: Una via che conduce al divino: la »homoiosis theo« nella filosofia di Platone. Mailand 2006.

Long 2002 Long, A.: Epictetus. A Stoic and Socratic Guide to Live. Oxford 2002.

Manuwald 2012 Manuwald, B.: Marc Aurel und sein Lehrer Fronto. Philosophie vs. Rhetorik? In: van Ackeren / Opsomer 2012. S. 285–307.

Merki 1952 Merki, H.: Ὁμοίωσις θεῷ. Von der platonischen Angleichung an Gott zur Gottähnlichkeit bei Gregor von Nyssa. Freiburg i. Br. 1952.

Molthagen 2017 Molthagen, J.: Die Verfolgung von Christen unter Marc Aurel. In: Grieb 2017. S. 343–362.

Motschmann 2002 Motschmann, C.: Die Religionspolitik Marc Aurels. Stuttgart 2002.

Müller 2013 Müller, G. M.: Mark Aurel. In: Historische Gestalten der Antike. Rezeption in Literatur, Kunst und Musik. Hrsg. von P. v. Möllendorff, A. Simonis und L. Simonis. Stuttgart 2013. S. 659–668. [Der Neue Pauly. Suppl. 8.]

Nehamas 1998 Nehamas, A.: The Art of Living. Socratic Reflections from Plato to Foucault. Berkeley 1998.

Nussbaum 1994 Nussbaum, M. C.: The Therapy of Desire. Theory and Practice in Hellenistic Ethics. Princeton 1994.

Pigliucci 2017 Pigliucci, M.: Die Weisheit der Stoiker. Ein philosophischer Leitfaden für stürmische Zeiten. München 2017.

Priwitzer 2009 Priwitzer, S.: Faustina minor – Ehefrau eines Idealkaisers und Mutter eines Tyrannen. Quellenkritische Untersuchungen zum dynastischen Potential, zur Darstellung und zu Handlungsspielräumen von Kaiserfrauen im Prinzipat. Bonn 2009.

Priwitzer 2017 Priwitzer, S.: Marc Aurel und der Doppelprinzipat. In: Grieb 2017. S. 1–22.

Reydams-Schils 2018 Reydams-Schils, G.: Markus Aurelius. In: Die Philosophie der Antike. Bd. 5/1. Philosophie der Kaiserzeit und der Spätantike. Hrsg. von C. Riedweg, C. Horn und D. Wyrwa. Basel 2018. S. 175–215.

Richards 1905 Richards, H.: Notes on Marc Aurel. In: Classical Review 19 (1905) S. 18–21.

Ricken 2005 Ricken, F.: Stoizismus. In: Der Neue Pauly. Rezeptions- und Wissenschaftsgeschichte 15/3. Stuttgart u. a. 2005. Sp. 297–311.

Rutherford 1989 Rutherford, R. B.: The *Meditations* of Marcus Aurelius. A Study. Oxford 1989.

Schirren/Rechenauer 2013 Schirren, Th. / Rechenauer, G.: Biographie. In: Die Philosophie der Antike. Bd. 1. Frühgriechische Philosophie. Hrsg. von H. Flashar, D. Bremer und G. Rechenauer. Basel 2013. S. 175–215.

Schmid 1998 Schmid, W.: Philosophie der Lebenskunst. Eine Grundlegung. Frankfurt a. M. 1998.

Schmid 2002 Schmid, W.: Auf der Suche nach einer neuen Lebenskunst. Die Frage nach dem Grund der Neubegründung der Ethik bei Foucault. Frankfurt a. M. 2002.

Schmid 2018 Schmid, W.: Was Philosophie auch leisten kann. Ein Plädoyer für eine Öffnung der Philosophie. In: Information Philosophie 2 (2018) S. 8–13.

Sellars 2012 Sellars, J.: Marcus Aurelius in Contemporary Philosophy. In: van Ackeren 2012. S. 532–544.

Sellars 2016 Sellars, J.: Stoische geistige Übungen. In: Ernst 2016. S. 109–126.

Sommer 2017 Sommer, M.: Des kleinen Kaisers großer Krieg. Lucius Verus, der Partherfeldzug und der Traum vom römischen Frieden. In: Grieb 2017. S. 75–92.

Speidel 2017 Speidel, M. A.: Der Philosoph als Imperator. Marc Aurel und das Militär. In: Grieb 2017. S. 49–74.

Spickermann 2017 Spickermann, W.: Kulte, Religion und Heiligtümer in der Zeit des Marc Aurel. In: Grieb 2017. S. 325–342.

Stein 1949 Stein, A.: Panthea. In: RE XVIII,3. Stuttgart 1949. Sp. 697.

Tsouna 2016 Tsouna, V.: Die stoische Lebenskunst und ihre platonischen Vorläufer. In: Ernst 2016. S. 161–206.

Weyland 1914 Weyland, W.: Zu Schenkls Marc Aurel. In: Berliner Philologische Wochenschrift 37 (1914) Sp. 1180–84.

Wildberger 2006 Wildberger, J.: Seneca und die Stoa. Der Platz des Menschen in der Welt. Bd. 1: Text. Bd. 2: Anhänge, Literatur, Anmerkungen und Register. Berlin / New York 2006.

Zilling 2017 Zilling, H. M.: Das Bild Marc Aurels in der christlichen Geschichtsschreibung. In: Grieb 2017. S. 363–380.

Zimmermann 2011 Zimmermann, B. (Hrsg.): Handbuch der griechischen Literatur der Antike. Bd. 1: Die Literatur der archaischen und klassischen Zeit. München 2011.

Griechischer Originaltitel:
Μάρκου Ἀντωνίνου αὐτοκράτορος τῶν εἰς ἑαυτὸν βιβλία XII

2019 Philipp Reclam jun. Verlag GmbH,
Siemensstraße 32, 71254 Ditzingen
info@reclam.de
Umschlaggestaltung: AMMA Kommunikationsdesign, Stuttgart
Umschlagabbildung: Büste Marc Aurels, heute im Louvre, Paris.
© akg-images / Nimatallah
Druck und buchbinderische Verarbeitung: GGP Media GmbH,
Karl-Marx-Straße 24, 07381 Pößneck
Printed in Germany 2025
RECLAM ist eine eingetragene Marke
der Philipp Reclam jun. GmbH & Co. KG, Stuttgart
ISBN 978-3-15-010983-0
reclam.de

MIX
Papier | Fördert gute Waldnutzung
FSC® C014496